Michaela Diers

Hildegard
von Bingen

Durchgehend farbig illustriert

Deutscher Taschenbuch Verlag

Von Michaela Diers außerdem bei dtv lieferbar:
›Bettine von Arnim‹ (dtv 24772)

Ausführliche Informationen über
unsere Autoren und Bücher
finden Sie auf unserer Website
www.dtv.de

Aktualisierte Neuausgabe 2012
© 1998 Deutscher Taschenbuch Verlag GmbH & Co. KG,
München
Umschlagkonzept: Balk & Brumshagen
Umschlagbild: ›Die Erleuchtung der Hildegard von Bingen‹
(1151, bridgemanart.com/Private Collection)
Satz: Greiner & Reichel, Köln
Gesetzt aus der Trump 9,5/12,5˙
Druck und Bindung: Druckerei Kösel, Krugzell
Gedruckt auf säurefreiem, chlorfrei gebleichtem Papier
Printed in Germany · ISBN 978-3-423-28010-5

Inhalt

Kapitel 1
Frühe Jahrzehnte

Hildegard von Bingen wurde 1098 im linksrheinischen Ge-
biet, wie die nur vage Ortsbestimmung des zeitgenössischen
Verfassers ihrer Lebensbeschreibung lautet, geboren. Lange
Zeit galt Böckelheim an der Nahe als die Geburtsstätte Hildegards, bis die Benediktinerin Marianna Schrader aufgrund
detaillierter Quellenstudien zur Familie Hildegards Bermers-
heim bei Alzay als Geburtsort ausmachte. Neuere Forschungen, die erfahrungsgemäß nicht unwidersprochen bleiben
werden, weisen auf den Ort Niederhosenbach bei Kirn hin.
Die Forschungsdiskussion ist also »augenscheinlich noch
keineswegs zum Abschluß gelangt«[1].

Hildegards Vater, Hildebert, stammte aus edelfreiem Geschlecht, das heißt, er gehörte dem hohen Adel an. Hildegard
war das zehnte Kind ihrer Mutter Mechthild. Sieben ihrer
Geschwister sind namentlich bekannt. Drutwin, der älteste
Bruder; Roricus, der Kanoniker in Tholey an der Saar war,
und Hugo, der an der Mainzer Kathedrale als Domkantor
wirkte. Die Stellung der Brüder sowie die Tatsache, dass ihr
Neffe Arnold als Erzbischof von Trier einer der Kirchenfürs-
ten des Reiches und Wezzelin, der Propst von St. Andreas
in Köln, ebenfalls ein Neffe von ihr war, belegen den hohen
Rang der Familie. Die Familie war auch wohlhabend, denn
sie verfügte über umfangreichen Grundbesitz. Von den vier
Schwestern Irmengard, Odilia, Jutta und Clementia ist nichts
Näheres bekannt, außer dass Clementia als Nonne in Hildegards Kloster auf dem Rupertsberg lebte. Hildegards Herkunft
aus dem hohen Adel übte einen nicht zu unterschätzenden
Einfluss auf ihr weiteres Leben aus. Stets blieb sie sich dieser
vornehmen Abstammung bewusst und verstand es klug, die
familiären Beziehungen zugunsten ihres Klosters zu nutzen.

Über Hildegards Leben berichtet ihre Vita, an deren Abfassung mehrere Autoren beteiligt waren. Gottfried, ein Mönch des Klosters Disibodenberg, der ab 1174 Probst, d.h. Seelsorger und Vertreter in Rechts- und Verwaltungsaufgaben, des Rupertsberger Klosters und Hildegards Sekretär war, schreibt über Hildegards frühe Jahre. Er beginnt seinen Bericht bereits zu Hildegards Lebzeiten, das heißt, er schreibt ihr Leben mit ihrem Wissen und ihrer Billigung nieder. Allerdings verstarb er bereits im Jahr 1176, sodass er die Vita nicht vollenden konnte. Sein Werk ging in der Arbeit Theoderichs, eines Mönches aus Echternach, auf, der die Vita kurz nach Hildegards Tod fortführte. Er ordnete das ihm vorliegende Material neu und ließ auch Hildegard selbst zu Wort kommen, indem er von ihr verfasste autobiografische Skizzen einfügte. Über Hildegards Frühzeit berichtet ebenfalls ihr Bewunderer und späterer Sekretär Wibert von Gembloux in seiner Fragment gebliebenen Vita. Man könnte also annehmen, dass man über Hildegards frühe Jahre gesicherte Erkenntnisse hat. Das Gegenteil ist der Fall.

Theoderich benennt als das Ziel seiner Arbeit, »das Herz der Leser zur wahren Weisheit, zur himmlischen Schau und zur göttlichen Tugend«[2] zu erheben. Nicht anders verfasst auch Wibert sein Werk, »daß es erbaulich und so manchem förderlich«[3] sei. Beide Texte beschreiben einen von Gott erwählten Menschen zur Erbauung der Leser, zu dessen Lobpreis und insbesondere auch zum Erlangen von dessen Heiligsprechung. Die Autoren verfolgen eine Darstellungsabsicht, die sich von der eines modernen Biografen grundsätzlich unterscheidet. Während man von einer Biografie die authentische Darstellung des betreffenden Individuums erwartet, ist eine Vita (Heiligenleben) ein Text, der aufzeigt, dass die beschriebene Person den tradierten Mustern der Heiligkeit genügt. Entsprechend dürfen die Aussagen der Hagiografen (Verfasser von Viten) nicht unkritisch als Abbild der historischen Wirklichkeit betrachtet werden. In Berichten, »deren Absicht eben darin bestand, Besonderheiten von ›Individuen‹ wegzuradieren und ihr Leben zu Mosaiksteinchen einer

Ewigkeit zu machen, kann man sich nur schwer vorstellen, wie das Erdendasein dieser Personen, das häufig auf eine Aneinanderreihung von Stereotypen reduziert wird, ausgesehen haben mag«[4], schreibt ein Kenner der Materie. Nicht anders verhält es sich im Fall Hildegards. Die Werke Gottfrieds und Wiberts stammen von Augenzeugen und Vertrauten, sind also trotz ihrer Parteilichkeit wichtige Quellen für ihre Lebensgeschichte. Zugleich jedoch folgen sie anderen Intentionen, als man heute erwartet, denn sie zeichnen Hildegards Bild nach jenen Schablonen der Heiligkeit, die ihnen der Zeitgeist ihrer Epoche vorgibt. Stets wird man daher mit hagiografischen Überformungen der historischen Gestalt zu rechnen haben. Ihren sinnfälligen Ausdruck findet dies in der Tatsache, dass Theoderich, der die Endfassung der Vita besorgte, Hildegard kaum oder gar nicht kannte. Zweifellos hätte sich ein kundigerer Autor finden lassen. Theoderich wurde jedoch nicht wegen seiner Kenntnisse über die Person ausgewählt, sondern weil man ihn für die Bewältigung der literarischen Aufgabe besonders geeignet hielt.

Entsprechend schwierig ist es, verlässliche Aussagen über Hildegards Kindheit und Jugend zu machen, da nur wenig weitere Quellen Licht ins hagiografische Halbdunkel bringen. Wibert jedenfalls berichtet, dass die Eltern, als ihnen mit Hildegard ihr zehntes Kind geboren wurde, »sie es auf gemeinsamen Beschluß nach reiflicher Überlegung als freiwillige Opfergabe gleichsam als ihren Zehnten für Gott ab(sonderten)«[5], das heißt, für ein Leben im Kloster bestimmten. Seit dem 6. Jahrhundert ist der Zehnte die wichtigste Abgabe, die Laien an die Kirche zu entrichten haben. Hildegards Eltern übertrugen diese aus dem Alten Testament abgeleitete Bestimmung auf ihr Kind. Die Begründung, die Wibert für den Entschluss der Eltern anführt, ist durchaus vorstellbar. Die Frömmigkeit der Epoche trägt stark rituelle Züge und geht von einer Art Rechtsverhältnis zwischen Mensch und Gott aus. Gleich einem guten König ist dieser Gott gütig und milde, vor allen Dingen aber ist er gerecht. Wehe denen, die ihren Verpflichtungen nicht nachkommen und somit seinen Zorn auf sich ziehen. »Sie (Hildegards Eltern) fürchteten nämlich, und diese quälende Furcht ängstigte sie nicht wenig, daß der Zehnte Gottes, wenn er draußen (in der Welt) bliebe, von den Vögeln des Himmels oder den Tieren des Feldes, die nachts auf Nahrungssuche umherstreifen, geraubt würde.«[6]

Nicht nur die Gründe von Hildegards Eltern, auch die Tatsache, dass sie ein Kind für das Leben im Kloster bestimmen, mögen heute befremden. Das Verständnis der Kindheit als einer eigenständigen, zu schützenden Lebensepoche, die der Ausbildung individueller Anlagen und persönlicher Entwicklung des Menschen vorbehalten bleibt, ist allerdings ein neuzeitliches Phänomen. Im Mittelalter hingegen ist die Erfüllung gesellschaftlich-religiöser Normen auch für Kinder verpflichtend, sodass es zur Zeit Hildegards gängige Praxis war, die Söhne und Töchter des Adels als Oblaten (lat: oblati = Dargebrachte) dem Kloster zu übergeben. Die Übertragung ihrer Erbansprüche auf die Gemeinschaft bzw. die Übergabe der Mitgift war eine wichtige wirtschaftliche Voraussetzung für ein funktionierendes Kloster. Ja, im Rahmen einer weitgehend analphabetischen Gesellschaft bestand ein weiterer Vorzug der Einrichtung darin, dass eine gründliche Ausbildung von Kindheit an ermöglicht wurde. Große mittelalterliche Gelehrte wie Beda Venerabilis (gest. 735), Hrabanus Maurus (gest. 856) oder Hermann der Lahme (gest. 1054) waren als Kinder dem Kloster übergeben worden.

Die Oblation durch die Eltern war für die Kinder bindend und auch die Benediktsregel geht in Kapitel 59 von deren Unwiderruflichkeit aus. Die feierliche Profess, also die öffentliche Ablegung des lebenslang geltenden Gelübdes, erfolgte meist im Alter von fünfzehn Jahren und bestätigte sodann das Gelöbnis der Eltern.

Hildegards Familie pflegte enge Beziehungen zum Grafengeschlecht von Sponheim. Als die Sponheimer nach einem Weg suchten, Jutta von Sponheim ein religiöses Leben zu ermöglichen, fiel die Entscheidung zugunsten eines Lebens als

Klausnerin. Mit diesem Entschluss ergab sich für Hildegards Eltern die günstige Gelegenheit, die Bestimmung Hildegards für das Klosterleben in die Praxis umzusetzen. So fasste man den Plan, Hildegard gemeinsam mit der nur sechs Jahre älteren Jutta in eine Klause im Anschluss an das Männerkloster Disibodenberg zu übergeben.

Durch die Publikation der Vita Juttas[7] im Jahr 1992 wurde eine zusätzliche wichtige Quelle für die frühen Jahre Hildegards erschlossen. Zugleich ist nun die Gestalt Juttas greifbarer geworden, einer Frau, die einen kaum hoch genug zu veranschlagenden Einfluss auf die junge Hildegard gehabt haben muss.

Die Vita berichtet vom frühen Tod des Grafen Stefan von Sponheim, des Vaters Juttas, und davon, dass die schwer erkrankte Zwölfjährige das Gelöbnis ablegte, falls sie genese, Nonne zu werden. Vom Mainzer Erzbischof Ruthard nahm die Vierzehnjährige »gegen den Willen aller ihrer Verwandten«, die sie lieber verheiratet hätten, den Schleier und wurde für drei Jahre der Witwe Uda von Göllheim als Schülerin übergeben. In diesen Jahren entwickelte Jutta den brennenden Wunsch nach einer Wallfahrt: »Jeder günstigen Gelegenheit zum Ausreißen kamen der Fleiß und die Wachsamkeit der frommen Witwe zuvor.«[8] Auch Juttas Bruder Meinhard, der nicht zu Unrecht um Leib und Leben seiner Schwester fürchtete, war von dem Plan entsetzt. Offenbar bedurfte es der Mithilfe des Bischofs Otto III. von Bamberg, um Jutta zur Vernunft zu bringen und die fromme Abenteuerlust auf ein Leben als Klausnerin umzulenken. Die Vita spricht von der Einvernehmlichkeit des Entschlusses und würde dies auch tun, wenn dem nicht so war. Festzuhalten bleibt, dass der Bruder die Situation realistisch einschätzte, während die Schwester von anderem träumte. Mit der Klause auf dem Disibodenberg war eine Ersatzlösung gefunden worden, die in deutlichem Gegensatz zu den Plänen der gleichermaßen frommen wie eigenwilligen jungen Frau stand.

Auch Hildegards Hagiograf Wibert berichtet von Juttas Entschluss, als Inklusin zu leben: »Sie wollte für Gott frei sein und die wohltuende Süßigkeit wenigstens als Vorgeschmack erfahren, wenn sie ihr von oben eingegossen würde, bis sie – frei vom Leib – vor Ihm erschiene, auf ewig Seine offenbare Herrlichkeit genieße und ganz gesättigt werde.«[9] In Anlehnung an die altchristliche Eremitentradition beschreibt Wibert die Klause als eine sichere Insel in den Stürmen der Welt, auf die bereits im Diesseits ein Abglanz jenseitiger Herrlichkeit fällt. Im Vergleich zur Vita Juttas wirkt sein Bericht idyllisch, denn vor allem anderen verfolgt er die Absicht, durch die Darstellung der tiefen Frömmigkeit und radikalen Weltabkehr, die das Leben Juttas und Hildegards kennzeichnete, das bewundernde Staunen der Zeitgenossen zu erregen. Wibert will die Heiligkeit der Frauen belegen, für eine weniger ideale Realität findet sich daher in seiner Darstellung kein Raum.

Im Anschluss an die Publikation der Vita Juttas, die 1137 verfasst wurde, also die älteste Quelle zur Jugend Hildegards darstellt, haben sich Zweifel am bislang angenommenen Datum der Einschließung ergeben. Nach der Datierung in der Vita Juttas und der Angabe in den Annalen des Klosters Disibodenberg erfolgte diese an Allerheiligen des Jahres 1112. Die alte Datierung, die den Berichten Theoderichs und Wiberts folgt, geht hingegen vom Jahr 1106 aus: ein nicht unerheblicher Unterschied, denn Hildegard war entweder acht oder vierzehn Jahre alt. Das entscheidende Argument für das spätere Datum ist der Eintrag in den Klosterannalen, wonach die Grundsteinlegung der Klosterkirche am 30. Juni 1108 erfolgte. Insbesondere die Tatsache, dass das Kloster Disibodenberg erst 1008 neu besiedelt wurde, spricht für das spätere Datum. Mehrere Forscher gehen davon aus, dass sich die frühere Datierung auf den Zeitpunkt bezieht, da Hildegard und Jutta zusammentrafen und gemeinsam Juttas Lehrerin, Uda von Göllheim, zur Erziehung übergeben wurden. Trifft dies zu, so ist die fromme Witwe Hildegards erste Lehrerin gewesen.

So war es also der 1. November 1112 als Jutta, die zu diesem Zeitpunkt zwanzig Jahre alt war, zusammen mit der vierzehnjährigen Hildegard »und mit einer anderen Dienerin Gottes« eingeschlossen wurden. Über die dritte junge Frau heißt es weiter: »doch ist sie von niedrigerem Stand, aber mit (Jutta) verwandt. Sie soll ihnen dienen.«[10] Gilt die Klause auch

Lesende Frauen unter dem Schutz der antiken Göttin Diana.
Aus einer zwischen 1410 und 1415 entstandenen Sammelhandschrift der Werke von Christine de Pizan (1365 – ca. 1430).

als himmlisches Refugium inmitten der Welt, so bedeutet das noch lange nicht, dass hier irdische Standesunterschiede keine Geltung mehr besäßen. Auch dies ist in einer Zeit, in der man zwar von der Gleichheit der Menschen vor Gott, aber auch von ihrer Verschiedenheit auf Erden ausgeht, so außergewöhnlich nicht.

Wibert schildert die Einmauerung der Frauen als festlichen Akt in Anwesenheit des lokalen Adels: »Viele Persönlichkeiten von hohem und mittlerem Rang wohnten dem Ritus, der einer feierlichen Bestattungszeremonie glich, mit brennenden Fackeln bei.«[11] Die Frauen wurden im Namen der Dreifaltigkeit Gott übergeben. Geistliche Gesänge erklangen, als sich die Versammelten entfernten und der Zugang zur

Klause vermauert wurde. Wibert unterstreicht, dass das Geschehen einem Begräbnis gleichgekommen sei. Diese Einordnung entstammt einem breiten Traditionsstrang christlicher Weltverachtung, gemäß dem das Leben in der Welt mit seinen zahlreichen Gefahren für das Seelenheil einem Tod gleichkommt, während der Welt erstorben zu sein wahres Leben bedeutet, da es ewiges Leben verheißt. Es ist ein zwar kunstvoll gedrechselter, in seiner Anlage jedoch zu konventioneller Rahmen, den Wibert für Hildegard zimmert. Ihre Theologie zeichnet sich gerade umgekehrt durch Wertschätzung für die Welt und die Leiblichkeit des Menschen aus. Zum Glück also wird sich diejenige, die man hier »zu Grabe trug«, noch als ausgesprochen lebendig erweisen.

Wie hat man sich die Klause vorzustellen? Wibert berichtet von einem Gebäude aus Stein mit vermauerten Zugängen und davon, dass es nur ein kleines Fenster gegeben habe, durch das die Frauen versorgt wurden und zu festgelegten Zeiten zu sprechen gewesen seien. Sonst lassen sich keine Aussagen machen, denn die Klause auf dem Disibodenberg ist archäologisch nicht erschlossen. Freilich kann man aus der Bauweise anderer Klausen Rückschlüsse ziehen. Oft stieß die Klause an den Chor der Klosterkirche an, sodass die Klausnerin, getrennt durch ein Gitter, am Gottesdienst teilnehmen und die Kommunion empfangen konnte. Eine oder auch mehrere Personen konnten Aufnahme finden, die Klause also auch aus mehreren kleinen Räumen und sogar einem kleinen Gärtchen bestehen. Ansonsten unterstanden die Inklusinnen dem Abt des Männerkosters, folgten in ihrem Tagesablauf dem der Mönche und verrichteten wie diese die in der Benediktsregel vorgeschriebenen Stundengebete. Die Angliederung der Klausnerinnen an das bereits bestehende Benediktinerkloster auf dem Disibodenberg, also die Verbindung einer Frauenklause mit einem Männerkloster, war zu diesen Zeiten keine Seltenheit. Man trug auf diese Weise der Tatsache Rechnung, dass es im Vergleich zu den Mönchsklöstern nur wenige Nonnenklöster gab. Erst allmählich entstanden mehr und mehr Frauenkonvente. Nicht nur im Falle des Disibodenbergs sollte sich aus der Klause ein eigenständiges Frauenkloster entwickeln.

So schließen sich also am 1. November 1112 für fast drei Jahrzehnte die Mauern hinter Hildegard – wenn sie sich denn geschlossen haben. Die geschilderten Vorgänge, die bis heute das Bild der Frühzeit Hildegards bestimmen, können sich so zugetragen haben, müssen es aber nicht. In neueren Forschungen[12] finden sich plausible Argumente gegen eine Einmauerung. Die Bezeichnung »inclusa/reclusa« ist im Sinne einer strengen Klausur, also Absonderung zu verstehen, bedeutet aber nicht zwingend Einmauerung. Die Überlegungen in der Forschung beziehen sich somit auf die Art und Weise, wie die kleine Frauengemeinschaft an das Männerkloster angeschlossen war. Der Anschluss könnte auch nach Art der zeitgenössischen Doppelklöster erfolgt sein. Mönche und Nonnen lebten hier räumlich getrennt unter der Leitung des Abtes, nahmen aber gemeinsam am Gottesdienst teil. In Zeiten fehlender Frauenklöster waren Doppelkonvente eine praktikable Lösung angesichts einer zunehmenden Anzahl von Nonnen. Sie wurden besonders bei den Prämonstratensern, aber auch bei Benediktinern, die nach den Regeln des im Schwarzwald gelegenen Klosters Hirsau, einem bedeutenden Reformzentrum der Epoche, lebten, praktiziert. In der Tat unterhielten die Disibodenberger Mönche enge Kontakte zum Kloster Hirsau.

Aber auch weitere Gründe sprechen für eine weniger strikte Abgrenzung: der in ihrer Vita betonte Einfluss, den Jutta auf die Mönche und Mitmenschen ausübte, die zehn weiteren Nonnen, die die kleine Frauengemeinschaft anwachsen ließen und nicht zuletzt auch die ergreifende Sterbeszene Juttas, in der sie unter dem Gesang der herbeigeeilten Mönche ihr Leben aushaucht. Wie sollte all dies im Fall einer Einmauerung der Frauen praktisch zu bewerkstelligen gewesen sein?

Eine weniger rigide Absonderung würde selbstverständlich auch den Blickwinkel auf Hildegard und ihre Entwicklung verändern. Der Kontrast zwischen minimalen Außeneindrücken und überbordender Begabungsentfaltung würde sich mildern, und auch ihre detaillierten naturkundlichen Kenntnisse ließen sich weniger bemüht erklären. Aber vielleicht ist gerade dies nicht gewollt. Wibert, in dessen Darstellung Hildegard als achtjähriges Mädchen eingemauert wird, unterstreicht hiermit auch den göttlichen Ursprung ihrer Visionen.

Festzuhalten bleibt, dass von der Einmauerung allein der nur bedingt zuverlässige Wibert berichtet, der Hildegard auf diese Weise zu einer »klassischen heiligen Klosterfrau konservativen Zuschnitts stilisierte«[13]. Ein solcher Übergriff zugunsten des frommen Zwecks ist ihm durchaus zuzutrauen. Auch die fast achtzigjährige Hildegard beklagte sich über die Eigenmächtigkeiten des eifrigen jungen Sekretärs, der in ihre Briefe »verbessernd« eingriff. Sein erst in den achtziger Jahren des 12. Jahrhunderts verfasstes, also im Vergleich zur Vita Juttas deutlich jüngeres Werk, trägt somit einem sich wandelnden Zeitgeist Rechnung, indem für Frauen streng klausurierte Lebensformen an die Stelle freierer Formen des religiösen Lebens traten. Auch die Einrichtung der Doppelklöster geriet, da man die Gefahr sittlicher Verfehlungen sah, in die Kritik und wurde zurückgedrängt. Die »formvollendete Einmauerung«[14] erstickte also alle diesbezüglichen Verdächtigungen im Keim und lässt sich einer Darstellungsabsicht zurechnen, die Hildegard in Hinblick auf eine zu erlangende Heiligsprechung an konservative Normen anpasst.

Auch über eine weitere wichtige, die frühen Jahre Hildegards betreffende Frage besitzen wir nur rudimentäre Nachricht. Wie stand es um die Ausbildung Hildegards, die sich stets als »indocta«, das heißt, ungebildet, als »armselige und ungelehrte Frau«[15] bezeichnete? Angesichts des gewaltigen Werkes, das sie hinterlassen hat, muss eine solche Aussage irritieren. Freilich behaupten auch andere mittelalterliche Gelehrte von sich, sie seien ungelehrt. Ja, mit einiger Verwunderung wird man wahrnehmen, wie sich die intellektuellen Zeitgenossen mit gedrechselt-eloquenten Wendungen in der Betonung ihrer Unbildung und Nichtswürdigkeit wechselseitig zu überbieten suchen. Für mittelalterliche Menschen ist das Muster einer demütigen Selbstdarstellung verbindlich, während heute Kompetenz und Leistungsvermögen als erstrebenswert gelten und folglich zum Muster

Die Sieben Freien Künste. *(Artes liberales). Der aus der Antike übernommene Bildungskanon des Mittelalters unterteilt sich in das Trivium (Wortbedeutungskunde) mit den Disziplinen: Grammatik, Rhetorik, Dialektik und das Quadrivium (Dingbedeutungskunde) mit den Fächern: Arithmetik, Geometrie, Astronomie und Musik. In der Mitte des Bildes thront die göttlich inspirierte Philosophie. Nachzeichnung aus der 1870 in der Bibliothek von Straßburg verbrannten Handschrift des ›Hortus deliciarum‹ (um 1170) der Äbtissin Herrad von Landsperg.*

der Selbstdarstellung werden. Nicht jeder moderne »Leistungsträger« übersteht den Realitätstest, wie sich auch hinter manchem mittelalterlichen »Demütigen« – man denke an die biblische Losung: »Die Letzten werden die Ersten sein« (Mt. 19, 30) – hohes Selbstbewusstsein verbirgt. Hier wie dort wird man mit dem nur allzu menschlichen Kontrast von Sein und Schein zu rechnen haben.

Hildegards Fall liegt freilich komplizierter, denn als Frau war sie ja tatsächlich vom Bildungswesen ausgeschlossen. Der klassische Bildungsgang der Epoche, die Ausbildung in den sieben freien Künsten, war männlichen Schülern vorbehalten.

Die Ausbildung einer Nonne hingegen beschränkte sich

normalerweise auf die Anfangsgründe des Lateinischen, also auf das, was zu einem Verständnis von ausgewählten Bibelstellen, des Psalters, der liturgischen Gesänge und der Ordensregel notwendig war. Auch für das klassische Betätigungsfeld der Nonnen, das Abschreiben von Handschriften, waren, um Kopierfehler in Grenzen zu halten, Grundkenntnisse des Lateinischen erwünscht. Eine systematische Ausbildung war das freilich nicht. Vielerorts blieb somit der Bildungsstand der Nonnen auf jenem bescheidenen Niveau, das man für Frauen als ausreichend erachtete. Freilich gab es auch andere Fälle. Die berühmte Mystikerin des 13. Jahrhunderts, Gertrud die Große, die im Alter von fünf Jahren im Kloster Helfta Aufnahme fand, war eine hochgelehrte, in den sieben freien Künsten sorgfältig ausgebildete Frau. Ihre Visionen schrieb sie in vorzüglichem Latein nieder. All dies war vor allen Dingen das Verdienst der umsichtigen Äbtissin Gertrud von Hackeborn, der die Bildung der Nonnen ein Anliegen war. Vieles hing also bei der Ausbildung der Mädchen von der individuellen Förderung ab, die sie erfuhren. So weiß z. B. ein Zeitgenosse, der Zisterzienser, Aelred von Rievaulx, von Inklusinnen zu berichten, »die sich mit der Unterrichtung von kleinen Mädchen beschäftigen und ihre Zellen in Schulen umwandeln«[16]. Man wird also den Einfluss Juttas, die in ihrer Vita als eine kluge und gebildete junge Frau beschrieben wird, auf die Ausbildung Hildegards hoch einzuschätzen haben.

Hildegard war, wie kundige Textanalysen belegen[17], gebildeter, als sie sich darstellt. Die Untertreibung zeugt allerdings nicht allein von Demut. Nach Mt 11,25 offenbart Gott den Unmündigen, was er vor den Weisen und Klugen verborgen hält. Die Betonung der geringen Bildung Hildegards unterstreicht den Offenbarungscharakter ihrer Schriften. Die Diskrepanz zwischen der Unbildung Hildegards und der Weisheit ihrer Texte erklärt sich sodann aus dem göttlichen Wunder, das an ihr geschah. Tatsache bleibt, dass Hildegard keine systematische Ausbildung besaß, was sich vor allem in ihren mangelhaften Lateinkenntnissen bemerkbar machte. So bedurfte sie der Mitarbeit des Mönches Volmar, der bis

1173 ihr Sekretär war. Volmar, die Feile, wie er in einem Brief genannt wird, glättete das Latein ihrer Werke, ohne inhaltliche Eingriffe vorzunehmen. Hildegard bekennt, dass sich ihr in ihrer Schau zwar der geistige Sinn der Bibel erschloss, »doch den Wortsinn ihrer Texte, die Regeln der Silbenteilung und der (grammatischen) Fälle und Zeiten, erlernte ich dadurch nicht«[18]. Bereits im 12. Jahrhundert bezogen sich göttliche Eingebungen nicht auf Fragen der Grammatik – zum Leidwesen zahlloser Schülergenerationen und zur Verwunderung des hochgebildeten Kritikers David Langius. Der begeisterte Freund der lateinischen Sprache zeigt sich zu Beginn des 18. Jahrhunderts tief erschüttert, denn es ist ihm unvorstellbar, dass sich der Heilige Geist in solch unelegantem Latein geäußert haben soll. Entsprechend meldet er von altphilologischer Seite ernsthafte Bedenken am Offenbarungscharakter der Schriften Hildegards an.

Der Besuch einer mittelalterlichen Schule muss ein zwiespältiges Vergnügen gewesen sein. Nicht ohne Grund lässt sich auf zeitgenössischen Darstellungen der Lehrer an seinem Attribut, der Rute, leicht erkennen. Erziehung und Bildung im Mittelalter gelten nicht der Förderung individueller Anlagen, sondern zielen auf die Bewahrung und Weitergabe all dessen, was seit alters bekannt und verbindlich ist. Gemäß dem (heils-)geschichtlichen Selbstverständnis der Epoche gilt die Zeit Christi, der Apostel und die der Kirchenväter als ideale Zeit. Seither ist die Welt im Niedergang begriffen. Mit aller Macht sucht man daher, das tradierte Wissen zu bewahren, und gibt es durch einen streng reglementierten Lehrstoff an die Schüler weiter. Neuerungen und Originalität hingegen, denen im modernen Denken ein so hoher Stellenwert zukommt, sind nicht nur unerwünscht, sondern verdächtig.

Nun schreibt Alois Dempf, ein profunder Kenner der Epoche, dass Hildegard »eigenständiger und schöpferischer als ihre männlichen Zeitgenossen«[19] gewesen sei. Auch andere Autoren betonen diesen Sachverhalt. So spricht Friedrich Prinz vom »bemerkenswerten Nonkonformismus«[20] Hildegards, also von originellen Zügen in ihrem Werk, die zu

diesen Zeiten außergewöhnlich, da eigentlich unerwünscht
sind. Vielleicht war der »ungeregelte Bildungsweg«, der Ausdruck von Hildegards Diskriminierung als Frau ist, zugleich
auch Freiraum und Chance. Es bleibt daher zu fragen, ob
Autoren und Autorinnen, die heute ihre Bildung hervor-
heben, nicht des Guten zu viel tun, also ob nicht vor dem
Hintergrund gewandelter Werte an die Stelle von Hildegards
mittelalterlicher Stilisierung als Ungebildete die moderne
Stilisierung als Gebildete getreten ist. Eine mittelalterliche
Gelehrte im traditionellen Sinne war sie jedenfalls nicht. So
tritt uns hier ein geniales Werk in mäßigem Latein entgegen –
ein Unikat allemal im Vergleich zu den mäßigen Werken in
genialem Latein, die es wie Sand am Meer gibt.

Die Frauengemeinschaft auf dem Disibodenberg prosperierte
bereits unter der Leitung Juttas. »Nun strömten« – so der Bericht Wiberts – »hochherzige Männer und Frauen zu ihr und
brachten ihre Töchter für das Ordensleben und zur Ablegung
des Jungfräulichkeitsgelübdes dar. Zu ihrem Unterhalt trugen sie durch Weinberge, Grundstücke und Landgüter bei.«[21]
Ein kleines Kloster wuchs heran – sicher auch zur Freude
der Disibodenberger Mönche, denn die Besitzungen ihres
Klosters wurden auf diese Weise gemehrt.

Nicht nur in der Fortentwicklung der Gemeinschaft von
Klausnerinnen hin zum eigenständigen Frauenkloster steht
Hildegard in der Traditionsfolge Juttas. Auch »körperlich
und seelisch Kranke«[22] suchten schon bei Jutta Hilfe und
Rat. Bereits Jutta war ihrer Weisheit wegen zum Anziehungs-
punkt der Bevölkerung geworden und wurde – wie später
Hildegard – gleich einem »himmlischen Orakel«[23] befragt.

Über das Verhältnis beider Frauen zueinander wird berichtet, dass Jutta mit Freuden gesehen habe, »wie aus einer
Schülerin die Lehrmeisterin wurde«[24]. Die gleichermaßen in-
nige wie fördernde Beziehung, die Hildegards Jugend prägte,
ist schon allein deswegen glaubhaft, da sie sich eine Genera-
tion später zwischen Hildegard und Richardis, »die ich meine
Tochter und zugleich meine Mutter nenne«[25], wiederholt.

Zweifellos war es Jutta, die die Bedingungen zur Entfaltung von Hildegards Hochbegabung schuf. Ebenso ermöglichte sie, dass sich Hildegard zu jener starken Persönlichkeit entwickelte, die – anders als die jugendliche Wallfahrerin Jutta,

Auszug der Seele aus dem Körper.
Illumination aus
›Scivias‹, Rupertsberger
Kodex, 12. Jahrhundert.

die sich in einer Klause wiederfand – die Klostermauern hinter sich ließ und den für eine Frau unerhörten Schritt in die Öffentlichkeit wagte.

Von der tiefen Verbundenheit zwischen Jutta und ihren inzwischen zehn Töchtern zeugen die Vorgänge an Juttas Sterbebett. Jutta ließ sich ihren Schleier über das Haupt und eine mit Asche bestreute Bettdecke über den Körper legen, da die Umstehenden »sie durch ihr Weinen daran hinderten, zu ihrem Schöpfer aufzubrechen«. Sodann bekreuzigte sie sich unter den Gesängen der herbeigerufenen Mönche »und gab ihre heilige Seele zurück«[26].

Juttas Vita enthält die frühste aufgezeichnete Vision Hildegards. Sie berichtet vom Streit der Engel und Dämonen um Juttas den Körper verlassende Seele und davon, wie Johannes die Dämonen in die Flucht schlug. Wie vieles andere verbindet auch die Liebe zu Johannes (dem Lieblingsjünger Christi, der zu diesen Zeiten mit dem Evangelisten Johannes und dem Verfasser der Apokalypse identifiziert wird) Hildegard mit ihrer geistlichen Mutter. In einem wesentlichen Punkt allerdings unterscheiden sie sich. Jutta fügte sich schwere Kasteiungen zu und trug eine »eiserne Gürtelkette, mit der sie ihre jugendlichen Glieder züchtigte«[27] – ein Verhalten, das im Grunde gut ins Charakterbild der jungen Jutta passt, die nach der Einschließung ihre religiös-heroischen Energien beibehielt und auf sich selbst umlenkte. Als Jutta 1136 im Alter von vierundvierzig Jahren starb, wuschen drei Lieblingsschülerinnen die Leiche und sahen, »daß die Kette, die sie auf ihrem Leib getragen hatte, drei Furchen rings um ihren Leib eingedrückt hatte«[28]. Unter den Nonnen war auch Hildegard, die später so eindringlich vor den Folgen »maßloser« Askese warnen wird.

Hildegard wurde 1136 von den Schwestern zur Magistra, das heißt, zur Leiterin, gewählt. Als Grund mag man Hildegards besondere Begabung, aber auch ihre Herkunft aus dem hohen Adel ansehen. Auf jeden Fall war die einstige Schülerin im Alter von achtunddreißig Jahren selbst zur Meisterin geworden, die insbesondere in der Fortentwicklung der nach Unabhängigkeit strebenden Frauengemeinschaft in Juttas Traditionsfolge steht.

Kapitel 2
Hildegard im Spiegel der Zeiten

Im Grunde ist es verwunderlich. Etwa Mitte der siebziger Jahre des letzten Jahrhunderts zieht am Horizont des Zeitgeistes die Renaissance einer Nonne aus dem 12. Jahrhundert auf, die für lange Zeit fast völlig vergessen war. Bestenfalls war sie von regionaler Bedeutung und ansonsten nur Spezialisten bekannt. Sodann ein Boom von überraschendem Ausmaß und in nicht minder überraschenden Qualitätsabstufungen: von fragwürdigen medizinischen Ratgebern bis hin zur verdienten Grundlagenforschung. Natürlich liegt die Frage nach den Gründen nahe.

Die siebziger Jahre waren eine Zeit des Umbruchs. Die Rolle der Frau änderte sich. Die Grenzen des wirtschaftlichen Wachstums wurden sichtbar, der grenzenlose Fortschrittsoptimismus wurde brüchig. Ökologische Probleme waren unübersehbar geworden und folglich Gegenwerte zum materialistischen Denken gefragt. Die konventionell-kirchliche Frömmigkeit stand vielfach in der Kritik, sodass man sich um spirituelle Erneuerung bemühte – innerhalb und außerhalb des Christentums. Innerhalb des Christentums wuchs das Interesse an Mystik und hier insbesondere an den Frauengestalten. Viele fanden außerhalb des Christentums eine spirituelle Neuorientierung, in anderen Religionen oder auch in der Esoterik in ihren diversen Ausprägungen. So oder so: »alternativ« war das Stichwort der Stunde. Alternatives ließ sich auch im Mittelalter entdecken, einer Epoche, die man noch kurz zuvor gar nicht schätzte. Das »finstere Mittelalter« stand für all das, was man selbst nicht zu sein glaubte – ein Begriff, um sich abzugrenzen, die Verdienste hervorzuheben, die man der lichten Moderne zusprach. In dem Maß, in dem die Moderne an Glanz verlor, wirkte das Mittelalter weniger finster. Die Bewertung der Epoche veränderte sich, was allerdings nicht zwingend bedeutete, dass die Sicht auf sie differenzierter wurde. Bedenkt man es recht, finden sich wesentliche Wertsetzungen und Anliegen des Zeitgeistes der siebziger Jahre in Hildegard wieder: ganzheitliches Denken unter Einbeziehung von Leib und Welt, geheimnisvolles Mittelalter, alternative Heilkunde und natürlich die Tatsache, dass sie eine Frau ist. Hildegard ist entweder erstaunlich modern oder sie eignet sich erstaunlich gut für die Spiegelung moderner Anliegen.

Der Hildegard-Boom ist viel gescholten, Positives gibt es dennoch zu vermelden. Vor allem ist die Neuentdeckung und Wertschätzung und auch die enorme Bekanntheit der mittelalterlichen Hochbegabung zu nennen, und ihres monumentalen Werkes, wäre man versucht anzuschließen, doch eben dies entspricht den Tatsachen nicht. Zweifelsfrei gibt es gute Gründe die gewaltige Lebensleistung Hildegards zu würdigen. Zur Erklärung der wuchtig aufbrechenden Hildegard-Renaissance reichen diese nicht aus. Im enormen Schwierigkeitsgrad des tief im mittelalterlichen Denken und streckenweise dunklen bzw. nicht ohne Vorkenntnisse zu verstehenden Werkes kann die Begeisterung jedenfalls nicht gründen. Oder vielleicht doch? Im Dunkeln lässt sich jedenfalls gut munkeln …

An Dinkelkochbuch, Hildegard im Kräutergarten und Fasten mit Hildegard kann man das Kleinformat beklagen, auf das die Hochbegabung zurechtgestutzt wird. Weit problematischer ist es, wenn die Stimme aus dem 12. Jahrhundert göttliche Wahrheit und Weisung in die Gegenwart hinein verkündet. Manche Zeitgenossen scheinen der verwirrenden Vielfalt der Welt, der Komplexität der Fragen und schon gar der Not mit den Antworten müde geworden zu sein. Seit jeher gehört zum modernen Denken der Überdruss an der Modernität. Auch heute haben geschlossene Weltbilder wieder Konjunktur. »Im gesunden Denken des Menschen liegt das Bedürfnis, zu allen Dingen der Natur und der Umwelt ein festes Verhältnis zu bekommen. Er will wissen, wie der Mensch zu diesen oder jenen Bäumen, Pflanzen, Tieren oder zu irgendeinem Stein steht«, schreibt ein Vertreter der Hildegard-Medizin nur scheinbar in aller Unschuld, denn am geistigen Horizont des gesunden Denkens zieht zugleich sein Schattenbild, das ungesunde Denken, auf. »Soweit er (der Mensch) nicht durch göttliche Erleuchtung gemäß der Wahrheit darüber unterrichtet wurde, springt oft das Böse mit falschen Vorstellungen dafür ein.«[1] Mit dem Übergang zur Moderne sind die historischen Bedingungen, an die geschlossene Weltbilder gebunden waren, zerbrochen. Ihre unkritische Neuinstallation verkürzt die moderne Vielfalt auf eine falsche Eindeutigkeit und trägt somit nicht mehr wie im mittelalterlichen Kontext universelle, sondern fundamentalistische Züge. Dass nunmehr wieder einfache Antworten auf komplizierte Fragen gegeben werden können, macht die Attraktivität

Schedelsche Weltchronik. *Nürnberg, 1493.*

dieses Denkens und zugleich auch seine Gefährlichkeit aus. Ein Hang zur maßlosen Gläubigkeit macht sich breit, heftet sich an wen auch immer und eben auch an die Nonne und Visionärin aus dem 12. Jahrhundert, die das rechte Maß in allen Dingen so sehr schätzte.

Schon immer waren Fragen an die Geschichte Ausdruck des fragenden Zeitalters, spiegelte sich die jeweilige Epoche in der historischen Gestalt. Nicht anders verhält es sich bei Hildegard, wie der Rückblick auf ihre Rezeptionsgeschichte[2] zeigt.

Zu Hildegards Lebzeiten war ihr Werk, im Gegensatz zu den Visionen ihrer Zeitgenossin Elisabeth von Schönau, nur wenig bekannt. Über 150 erhaltenen Handschriften der Visionen Elisabeths stehen kaum mehr als zehn erhaltene Handschriften der Werke Hildegards gegenüber.[3] Auch die Großen des 13. Jahrhunderts in Theologie, Philosophie und Mystik nahmen von ihr keine Notiz. Der früheste Strang der Hildegard-Verehrung geht auf Gebeno, den Prior des Zisterzienserklosters Eberbach[4], zurück. Er besuchte den Rupertsberg, wo er Hildegards Vita und Schriften studierte. Im Jahr 1220 stellte er eine Kompilation aus ihren Werken mit dem Titel ›Pentachronon sive Speculum futurorum temporum‹ (Fünfzeitenbuch oder Spiegel der künftigen Zeiten) zusammen. Es ist keine ausgewogene Textsammlung, die Gebeno schuf, vielmehr liegt ihr eine Auswahl aus Werken zugrunde, »in denen sehr nützliche und für unsere Zeit notwendige Dinge über den gegenwärtigen Stand der Kirche und über die zukünftigen Zeiten bis zur Ankunft des Antichristen prophezeit sind.«[5] Diese im 13. Jahrhundert nützlichen Themen sind Hildegards heilsgeschichtliche Reflexionen, die Rolle der Gegenwart als Endzeit, die Klage über den verkommenen Klerus sowie Prophezeiungen über das Ende der Geschichte. Die Ausrichtung von Gebenos Werk wird bereits im Titel ›Fünfzeitenbuch‹ kenntlich, der auf eine Vision aus ›Scivias‹ anspielt, in der fünf wilde Tiere auf fünf endzeitliche Reiche ausgelegt werden. Der Zisterzienser ist zutiefst überzeugt, dass die erste endzeitliche Epoche mit dem Jahr 1100 begonnen hat und in der eigenen Gegenwart endet, sodass Hildegards Prophezeiungen von höchster Aktualität sind. Gebenos Auswahl ist zweifelsfrei auf die heilsgeschichtliche Perspektive verkürzt. Dennoch ist er derjenige in einer langen Reihe von Rezipienten, die Hildegard selektiv, also auf bestimmte von der eigenen Gegenwart geprägte Fragestellungen hin lesen, der Hildegard in ihrem Selbstverständnis als endzeitlicher Prophetin am nächsten kommt. Ansonsten ist Gebeno sehr bemüht, Hildegard im besten kirchlichen Einvernehmen und mit Segen der obersten Autoritäten auftreten zu lassen. Zum Beleg greift er auf den berühmten Bericht aus der Vita Hildegards über die »Ereignisse in Reims« zurück.

»Man soll wissen, (...) dass St. Hildegards Bücher auf dem Konzil von Trier von Papst Eugen in Gegenwart vieler französischer und deutscher Bischöfe und des hl. Bernhard, Abt von Clairvaux, angenommen und kanonisiert wurde.«[6] Hier nun ist aus der päpstlichen »Approbation«, die in der Art und Weise, wie sie in der Schreibstube auf dem Rupertsberg gestaltet wurde, nicht in der Realität stattgefunden hat, bereits eine Kanonisation ihrer Schriften geworden. Auch Gebeno sucht die Heiligsprechung Hildegards zu fördern und nimmt diese – in fromm vorauseilender Kenntnisnahme des in Zukunft Unausweichlichen – als Kanonisation ihrer Schriften vorweg. Das reiche Nachleben des ›Fünfzeitenbuches‹ beschert Hildegard somit ein reiches Nachleben im Ruf der Heiligkeit: »Wenn sie selbst nicht ›kanonisiert‹ wurde, so wurden es doch ihre Bücher.«[7]

Abgesehen von der Kompilation Gebenos ging das Interesse an Hildegard in der Folgezeit eher zurück. Ihr bildhaft-allegorisches Werk, dem nicht mit der begrifflich dialektischen Methode beizukommen war, fiel aus dem Rahmen der herrschenden scholastischen Theologie. In den Jahren 1233 und 1237 war mit dem Kanonisationsverfahren auch der Versuch, ihr eine überregionale Bedeutung zukommen zu lassen, gescheitert. Entsprechend sind Einzeltexte ihres Werkes aus dieser Epoche kaum noch überliefert.[8] Es blieb in der Tat nur die Rezeption des Mirakelhaften bzw. ihrer Weissagungen. Jedenfalls hatte Gebeno genau den Zeitgeschmack getroffen. Das Werk wurde in zahlreichen Handschriften über Europa verbreitet und prägte für die folgenden Jahrhunderte das Bild Hildegards. Natur- und Heilkunde, Musik und kosmische Harmonie, ganzheitliche Theologie und eine spezifisch weibliche Perspektive, also das, was heute an Hildegard interessiert, spielte hingegen keinerlei Rolle.

Albert von Stade (gest. nach 1264) vermerkt in seinen Annalen über die Visionen Hildegards, dass sie »nützliche Dinge über die zukünftigen Zeiten und den Antichrist prophezeite und in denen sie, vom Geiste Gottes erleuchtet, den schwierigen Stand der Kirche vorhersagte«[9]. Albert bezieht sich offenkundig auf Gebeno und übernimmt von ihm die Aussage, dass Papst Eugen die Schriften Hildegards kanonisiert habe. Auf die gleiche Weise sickert die Fehlinformation auch in andere Zeugnisse ein und wird mehr und mehr zur selbstver-

Holzschnitt Jacob Köbel.
Hildegard wird von der Trinität inspiriert und schreibt die empfangenen Visionen nieder. Holz-schnitt aus Jacob Köbels: ›*Die Legend von der seligen Jungfrawen sant Hildegard der Christlichen Sibilla und offenbarerin der heymlichen wunder-werck gotes/die Aptißin uff sant Ruprechtsbergk gewessen ist*‹, 1524.

ständlichen Wahrheit. Ansonsten bezieht man sich weiter auf Hildegards Endzeitprophetie und die Kritik am kirchlichen Niedergang, Themen, die von Hildegard in beeindruckenden Bildern und in wuchtig apokalyptischem Ton vorgetragen werden, inhaltlich jedoch nur wenig konkret sind. Wohl grün-det hierin die erstaunliche Tatsache, dass fortan die Vertreter unterschiedlichster Epochen und Parteiungen ihr ureigenstes Anliegen mit großer Einmütigkeit durch Hildegard vertreten und bestärkt sehen.

Hildegards Prophezeiungen werden nun zur Munition auf den Schlachtfeldern der religiösen Auseinandersetzungen der jeweiligen Epoche. So bezieht man im 13. Jahrhundert die Warnung vor einem zukünftigen Geschlecht der falschen

Brüder, die sich in Hildegards Predigt gegen die Katharer findet, auf die Bettelorden – sehr zum Unmut des Minderbruders John Peckham. Ja, der Franziskaner muss sich als Vertreter der »falschen Brüder« gleich aus einem zweifachen Grund ärgern, denn er hat es mit der doppelten Autorität von Hildegard von Bingen und Bernhard von Clairvaux zu tun. Dieser gilt nämlich inzwischen als derjenige, der die Schriften Hildegards zusammengestellt und dem Papst zur Bestätigung vorgelegt hat. Angesichts einer solchen Übermacht hilft kein Argumentieren mehr, sondern allein der Gegenschlag schlechthin, nämlich ein Inspirator von der ganz anderen Art, den Peckham am Werke sieht. Die päpstliche Anerkennung hält er nur folgerichtig für eine glatte Lüge, »denn der Apostolische Stuhl pflegt keine zweifelhaften Sachen zu bestätigen, besonders da diese Frau in ihrem leichtfertigen Geschreibsel viele Irrtümer hinterlassen hat. Bis mich irgendetwas vom Gegenteil überzeugt, glaube ich, daß Hildegards Prophetie eine List des Teufels ist.«[10]

Im späten 14. Jahrhundert unterrichtet der gelehrte Magister Heinrich von Langenstein Bischof Eckard von Worms über Hildegard. Es ist die finstere Zeit des großen Schismas, da der eine Papst in Avignon, der andere in Rom residiert. Eben diese Schrecknisse habe Hildegard, die hier erstmals als »Sybille der Germanen« (Theotonicorum Sibilla) bezeichnet wird, vorausgesehen. Entsprechend übersendet Heinrich an den Bischof einen Brief »über die Weissagungen und Mahnungen der wundersam erleuchteten Sybille der Germanen, der Nonne Hildegard zu unserer Erbauung und Verbesserung in diesen abwegigen Tagen«[11]. Heinrich vergleicht Hildegard mit dem im Mittelalter aufgrund seines geschichtstheologischen Werkes hochberühmten Abt Joachim von Fiore. Beide, so Heinrich, hätten geweissagt, dass vor der Ankunft des Antichristen eine Reformzeit anbrechen werde (bei Joachim das von den Mönchen und Nonnen dominierte Zeitalter des Heiligen Geistes), in der die Kirche ihre ursprüngliche Reinheit wiedergewinne. Als Zukunftsprophetin findet Hildegard, »von der man sagt das sie künftige ding verkünndet hab« und die

»von der künftiger betrübnis der pfafheit geschriben«[12] auch
in die berühmte Schedelsche Weltchronik (1493) Eingang.
Einer der großen Förderer der Popularität Hildegards war
Johannes Trithemius (1462–1516), der Abt jenes unweit vom

Hildegard und Bernhard.
Jakob Köbel, 1524.

Rupertsberg gelegenen Sponheimer Klosters, das einst von
Meisterin Juttas Bruder gegründet worden war. Abt Johannes
gehörte auch zu denjenigen, die mit Nachdruck die Heiligsprechung Hildegards betrieben. Auf seine Anregung geht
die zweite Graböffnung im Jahr 1498 zurück, bei der er sich
als Geschenk einen Arm Hildegards, »mit dem sie viel Gutes
während ihres Lebens getan hatte«[13] erbat und auch erhielt.
Abt Johannes verfügte über wichtige Detailkenntnisse zu
Leben und Schriften Hildegards, die in sein Werk Eingang fanden, wie leider auch sein Hang zum frommen Fabulieren. Die
ursprünglich unterkühlte Reaktion Bernhards von Clairvaux
auf das Schreiben Hildegards (vgl. S. 40) erwärmte sich im

Lauf der Jahrhunderte mehr und mehr und mutiert nun zur flammenden Begeisterung. So lässt Johannes Trithemius Abt Bernhard[14] höchstselbst auf den Rupertsberg eilen, um sich dort tief beeindruckt zu zeigen und die Visionen Hildegards als echt zu bestätigen. Viele Lokalgrößen seien in diesem feierlichen Augenblick anwesend gewesen, nicht zuletzt der damalige Abt von Sponheim, womit auch das Kloster des Johannes am strahlenden Ereignis teilhabe. Zum Abschied habe sich Abt Bernhard von Hildegard eine Reliquie des heiligen Rupertus als Geschenk erbeten, die diese auch freudig überreichte. Sodann habe Bernhard hochzufrieden seine Rheinfahrt fortgesetzt und dort Wunder gewirkt und den Kreuzzug gepredigt. Abt Johannes gibt für das schöne Zusammentreffen das Jahr 1150 an, Bernhard jedoch hielt sich 1147 am Rhein auf und dann nie wieder. Unbestritten freilich sind die Verdienste, die sich Abt Johannes um die Förderung der Überlieferung der Schriften bzw. des Heiligenkultus erwarb.

Noch in einer weiteren Hinsicht verblüfft Abt Trithemius von Sponheim. Er nimmt Hildegard – begeisterungsbedingt – in seine Sammlung berühmter deutscher Männer (Catalogus virorum illustrium Germaniae) auf. Auch einem anderen Sonderexemplar der männlichen Gattung, Teresa von Avila, sollte eine vergleichbare Würdigung zukommen. Ein Dominikaner, der mit ihrem gefürchteten Verhandlungsgeschick schmerzliche Bekanntschaft gemacht hatte, stellte bewundernd fest: »In Wirklichkeit ist sie ein Mann, und zwar einer von den ganz bärtigen.«[15] Vor allem männlicher Bewunderung ist somit die Kategorie des »Mannes ehrenhalber« zu verdanken, die es ermöglicht, der weiblichen Hochbegabung Tribut zu zollen, ohne deshalb gleich das eigene Frauenbild hinterfragen zu müssen.

Als Vorkämpferin der Reformation begegnet uns Hildegard im 16. Jahrhundert und gerät prompt zwischen die Fronten der konfessionellen Parteiungen. Für protestantische Autoren wird Hildegard wegen ihrer Kritik am Klerus, der die Kirche in eine Epoche des Niedergangs führe, attraktiv, was

Andreas Osiander im Jahr 1527 als Prophezeiung auslegt,
die sich in der Niederlage des Katholizismus gegenüber der
Reformation erfüllt:»Sant Hildegardten Weissagungen über
die Papisten und genannten geistlichen wilcher erfüllung zu
unsern Zeiten hat angefangen und volzogen sol werden.«[16]
Auch im Dreißigjährigen Krieg sollten sich die Prophezeiungen Hildegards bewahrheiten,»also klar und offenbarlich
was sich darin werde begeben geschriben hat als wann sie solche Zeiten selbsten erlebt und die Sachen vorgesehen hätte«,
schreibt 1620 ein protestantischer Autor, der auch diejenigen,
vor denen Hildegard warnte, nämlich die »überteuffelten Je-
suiten«[17] kennt.

Nach Einschätzung von Johann Christian Wolff (1689–1770)
ergibt sich aus der konfessionellen Spaltung in Deutschland
eine gespaltene Wertschätzung Hildegards. Die Protestanten,
bekanntlich keine großen Freunde der katholischen Heiligenverehrung,»halten Hildegard für eine Heilige, weil sie glauben, daß sie von ihrer Religion, als von der wahren geweissagt
habe«. Die Katholiken hingegen bemerken nicht ohne eine
gewisse Häme das protestantische Interesse an »ihrer« Heiligen und »posaunen ihre Wunder aus«[18].

Franz Joseph Bodmann ist ein Mann der Vernunft. Im Jahr
1819 widmet er sich in seinem Werk ›Rheingauische Alter-
thümer‹ Hildegard unter der Rubrik:»Grobe Verirrungen der
Rheing. Religiosität im Mittelalter. – Wahrsagereyen. – Etwas
über jene der hl. Hildegard«. Wie nach dieser Überschrift
nicht anders zu erwarten, betreibt der Gelehrte sein auf-
klärerisches Werk nur bedingt filigran. Schuld an allem ist
Bernhard von Clairvaux, der in seiner unkritischen Hilde-
gard-Begeisterung Papst Eugen III. dazu gebracht hat, ihr zu
erlauben »alles schriftlich auszukramen« was ihr der Heilige
Geist angeblich aufgetragen hat. In Wahrheit verhält es sich
jedoch so, dass hier wieder einmal eine Frau ihren Mund
nicht halten konnte:»Wie man nun dem schönen Geschlecht
überhaupt (...) von jeher eben kein großes Talent von Ver-
schwiegenheit beymaß: so schwätzte auch diese alles aus der
Schule, unterhielt darauf ein großes Correspondenz-Bureau,

schrieb und antwortete in großen Briefstößen an Groß und Klein.« Dass Hildegard sich freimütig zu Leiblichkeit und Sexualität äußert, trägt ihr einen weiteren Rüffel des sittenstrengen Gelehrten in Sachen unschicklicher Kenntnis von unaussprechlichen Dingen ein:»Ob übrigens an so mancher Stelle ihrer Scivias, die man dem unschuldigen Kopfe eines gesitteten Frauenzimmers, geschweige gar einer reinen Klosterfrau, doch wahrscheinlich nicht zutrauen darf, der h. Geist einen Antheil gehabt haben könne, oder ob nicht vielmehr ein in eleusinischen Geheimnissen magistralische eingeweihter Schmutzdämon hie und da sein Scherflein beygezollt haben möge? Überlassen wir dem gesitteten Urtheile unserer Leser, die sich die Mühe nehmen wollen, die häufigen Crepundien solcher Art aus dem Werke auszuheben.«[19]

Derlei Auslassungen stehen Zeugnisse der Bewunderung gegenüber. Im Rahmen der Rückbesinnung der Romantiker auf das katholische Mittelalter ist auch Hildegard wieder von Interesse. Im Jahr 1836 widmet sich Johann Joseph Görres im Rahmen seiner Behandlung der Christlichen Mystik[20] Hildegard und ihren Visionen und ordnet sie in sein theologisches System ein. Auch Wilhelm G. Volk, der unter dem Pseudonym Ludwig Clarus, die Werke Hildegards (1854) veröffentlicht, begreift Hildegard vom Glauben her und betont, dass »die antimystischen Grünschnäbel der Aufklärichtsperiode, welche stets eine Neigung haben, mittels angeblicher Wissenschaft zu läugnen und als unmöglich darzustellen, was die Erfahrung thatsächlicher Wirklichkeit festgestellt hat«[21], solche Phänomene nicht begreifen können. Nicht anders als in den vorangegangenen Jahrhunderten erscheint auch in dieser Epoche Hildegard als »changierende Figur«[22], deren Gestalt von der Wertsetzung derjenigen abhängt, die sich auf sie beziehen. Zugleich ist das 19. Jahrhundert jedoch auch die Zeit einer ersten wissenschaftlichen Auseinandersetzung mit Hildegard. Insbesondere beschäftigte sich Wilhelm Grimm mit der ›Lingua ignota‹ (vgl. S. 149), die wegen der lateinischen bzw. mittelhochdeutschen Glossen, die Hildegards Begriffe erläutern, auch sprachgeschichtlich von großer Bedeutung ist.

Tief empört über die Schlechtigkeit der Welt ist der Mainzer Bischof Leopold Haffner, der im Jahr 1879 anlässlich des 700. Todestages Hildegards predigt. Schuld am allgemeinen Sittenverfall seien die modernen Naturwissenschaften und das staatliche Schulsystem. Nicht anders als zu Zeiten Hildegards »ringt die Wahrheit des Glaubens mit der falschen Wissenschaft, leidet die christliche Sitte unter der Gewalt entfesselter Leidenschaften, ringt die Kirche in bitterem Leiden um ihre Freiheit und ihr Recht[23].« Der Bischof entwirft ein finsteres Szenario des Untergangs, in dem als einziger Lichtblick Hildegard und ihr Kloster bleibt – der Rupertsberg, eine erzkatholische Schutz- und Trutzburg in den Brandungen des Kulturkampfes.

Die Predigt des Bischofs gehört eher in den Bereich der Verehrung Hildegards als Lokalheiliger, die zu keinem Zeitpunkt abriss. Über die regionale Bedeutung Hinausreichendes ist seitdem kaum noch zu vermelden – bis zur Hildegard-Renaissance in den siebziger Jahren des letzten Jahrhunderts.

Der rezeptionsgeschichtliche Rückblick belegt Hildegards Vereinnahmungen durch den jeweiligen Zeitgeist. Der Streit um die »wahre Hildegard« erweist sich als Streit um die Verbindlichkeit der in der jeweiligen Epoche miteinander konkurrierenden Wahrheiten. Hildegard ist also kampferprobt und wird, wie wir sie kennengelernt haben, auch weitere Schlachten nicht scheuen. Und dies zumal ein neuer Abschnitt der Rezeptionsgeschichte zu erwarten ist. Nach Frauenpower, New Age und ökologischem Aufbruch zeichnet sich am Horizont eine ins Konservative gewendete Hildegard-Gestalt ab (vgl. S. 221 ff.).

Über Jahrhunderte hinweg wurde das Bild Hildegards von der traditionellen christlichen Hagiografie bestimmt, die sie als ideale Heilige und für alle Ewigkeit vorbildlich darstellt. Viel Zeitspezifisches an Werk und Leben hatte folglich zu entfallen. Ebenso war für innere Widersprüche, die zum Leben realer Menschen, nicht aber zum stilisierten Heiligenbild gehören, kein Platz. Auch so mancher Missgriff wurde mit Stillschweigen übergangen oder aber zur rühmenswerten Großtat umstilisiert. Einige moderne Hildegard-Bücher sind sichtlich dem christlichen Heiligenideal verpflichtet, aber auch eine neue Art der außerchristlichen Hagiografie zeichnet sich ab. Hildegard wird zur Heilerin, die über unfehlbares Wissen im Grenzbereich zur Magie verfügt, zum Urbild einer Anima-Figur der Jungschen Prägung, zur übermächtigen Weisheitsgestalt, die weibliches Wissen an die Gegenwart weiterreicht. Wiederum spiegelt sich die Gegenwart in der historischen Gestalt, hier nun in den breiten Strömungen des bereits nachchristlichen Zeitgeistes. Die Verbindlichkeit des christlichen Weltbildes ist zugunsten vielfältiger Weltbilder zerbrochen, die nun – jedes für sich ein Spiegel – die Hildegard-Bilder vervielfachen. Bemerkenswert ist die wie auch immer zu bewertende Tatsache, dass Hildegard die wohl erste christliche Heilige ist, die zur esoterischen Heiligen umgeschmiedet wird. Dass sich bei veränderten Inhalten die Schmiedetechniken gleichen, vergessen sowohl die außerchristlichen Hagiografen als auch manche ihrer christlichen Kritiker, die diese Entwicklung aus naheliegenden Gründen beklagen. Angesichts derartiger hagiografischer Überformungen, die die historische Gestalt zugunsten einer den jeweiligen »Glaubensinhalten« entsprechenden Idealität preisgeben, macht die Rückbesinnung auf die Hildegard des 12. Jahrhunderts Sinn. Die historisch-kritische Lesart hält in der Tat für idealisierende Tendenzen jedweder Couleur mancherlei »Ent-Täuschungen« bereit. Für viele wird hierzu die Tatsache, dass sie den Zweiten Kreuzzug begeistert begrüßt hat, ihre Predigt gegen die Katharer oder auch ihr adliges Selbstbewusstsein gehören. So ist Hildegard bei diesen wie bei manch anderen Themen nicht klüger als andere, eben ganz die Tochter ihrer Zeit.

Historiker beklagen aus gutem Grund, dass Hildegards Werk aus dem historischen Kontext gerissen und für moderne Fragestellungen vereinnahmt werde. Allerdings werden diese Texte, nicht anders als andere christliche und außerchristliche Weisheitsliteratur auch, auf ihre Bedeutung für die Gegenwart hin befragt. Und in der Tat wird man bei der Lektüre

immer wieder auf eine ins zeitlos Gültige hinabreichende
Tiefendimension treffen, die von erstaunlicher Aktualität ist.
Doch nicht das Werk selbst ist modern, vielmehr ist es streckenweise für moderne Lesarten offen. Hält man beide Arten
des Zugangs für berechtigt, wird es notwendig, die Ebenen zu
trennen. Verschiedene Stellen des Werkes lassen sich heute
durchaus z. B. auf umweltpolitische und feministische Fragestellungen hin lesen, auch wenn dessen Autorin – weil dies
im 12. Jahrhundert nicht anders sein kann – keine Umwelt-
aktivistin und auch keine Feministin ist.

Hildegards Schriften sind gemäß ihrem Selbstverständnis als
Prophetin inspiriert. Hat also der Heilige Geist den Kreuzzug
befürwortet, die Gottgewolltheit der mittelalterlichen Ständeordnung propagiert und ein falsches Bild vom Kosmos ent-
worfen? Auch eine gläubige Lesart wird dem Heiligen Geist
nicht zeitbedingte Engstirnigkeit und Intoleranz oder auch
schlichte Unkenntnis zumuten wollen. Entsprechend unterstreicht Karl Rahner aus der Perspektive des katholischen
Theologen, dass auch bei kirchlicher Anerkennung der Visionen nicht alles an ihnen göttlichen Ursprungs sei: »Der
bildhafte Inhalt der Vision ist nicht nur ›Bild‹ der eigentlichen
göttlichen Berührung, sondern auch ›Bild‹ des Menschen,
der sie empfängt.« Rahner führt hierauf »eine Fülle von historischen, theologischen und geschmacklichen Irrtümern
und Schiefheiten« und als eines unter vielen Beispielen Hildegard an, die »alle ihre Kenntnisse, die nun einmal nicht
alle richtig sind«[24] als göttliche Eingebungen erfuhr. Bereits
im Mittelalter stellte man vergleichbare Überlegungen an,
sodass Rupert von Königstal, ein Bewunderer Hildegards, in
Anlehnung an den Kirchenvater Gregor den Großen darauf
hinweist, »daß der Geist der Prophetie nicht ständig den
Propheten erleuchtet«[25]. Otto von Freising bemerkt nach
dem Scheitern des Kreuzzuges bissig über dessen Prediger,
Bernhard von Clairvaux: »Freilich ist der Geist des Propheten
nicht immer bei den Propheten.«[26] Stritt man zuvor über
die Frage, ob der Heilige Geist überhaupt wehe, so lässt sich

darüber, wo und wann er wehe und wann er es unterlässt, trefflich weiterstreiten.

Man muss im Übrigen nicht zwingend das unberechenbare Wehen des Heiligen Geist bemühen, um festzustellen, dass

Hildegardis prophetissa.
Bildpostkarte, um 1910.

sich in einem Werk Inspiriertes und Uninspiriertes oder – wie sich neutraler formulieren lässt – Zeitloses mit historisch Relativem mischt. Liegt es doch im Wesen aller großen Literatur, dass sie einerseits einem historischen Kontext angehört, ihn andererseits aber auch hinter sich lässt, um sich zu immer neuer Aktualität hin zu öffnen. So ist die Inspiration (lat. inspirare – einhauchen) eben doch der Ein- oder Anhauch des Überzeitlichen im Zeitlichen, der über persönliche und historische Grenzen hinausträgt – ein Luftzug und Windstoß, von wem auch immer.

Kapitel 3
Vision, Mystik und Prophetie

Visionen, Prophetien und Erscheinungen jenseitiger Mächte sind im mittelalterlichen Weltbild von unbezweifelbarer Realität, denn sie werden von den höchsten Autoritäten, der Bibel und von den Kirchenvätern bezeugt. Ja, die Fülle an Berichten über visionäre Erlebnisse führt dazu, dass die Mediävistik von einer eigenen Gattung der »Visionsliteratur«[1] spricht. Man mag heute die Frage nach der letzten Wirklichkeit unterschiedlich beantworten (oder auch eine solche Frage für unlösbar halten und folglich das Antworten unterlassen), in Sachen Realität wird man jedoch kaum an den »Realien«, also den materiellen Gegebenheiten, vorbeikommen, anhand derer Aussagen wäg- und messbar, eben verifizierbar sind. Die mittelalterlichen Frommen hingegen siedeln die Wirklichkeit eher jenseits des unmittelbar Sichtbaren an, suchen also das »irdische Blendwerk« hin zur transzendenten Wahrheit zu überwinden. Visionen künden somit von der höchsten Wahrheit und Wirklichkeit. Als ein mittelalterlicher Geschichtsschreiber, der Zisterzienser Alberich von Trois-Fontaines, auf einen Widerspruch zwischen bisherigen Darstellungen zur Frühzeit der Stadt Köln und einer Vision von Hildegards Zeitgenossin Elisabeth von Schönau zum gleichen Thema stößt, steht er vor einer schwierigen Zweifelsfrage. Nicht anders als ein moderner Historiker fällt er die Entscheidung zugunsten der glaubhafteren Quelle. Alberich vermerkt, »daß alle Geschichtsschreiber und Chronisten bis zur Zeit Elisabeths irrten«[2] ... und ändert die Chronik nach dem Bericht Elisabeths ab. Man kann heute aus gutem Grund Inhalt und Qualität der Visionen Hildegards für außergewöhnlich halten, dass sie Visionen schaute, ist allerdings in dieser Epoche so außergewöhnlich nicht.

Bereits als Dreijährige wurde Hildegard von einer gewaltigen Lichtvision zutiefst erschüttert. Sie berichtet, dass sie ihre Amme gefragt habe, ob auch sie etwas gesehen habe. Als diese verneinte, habe sie aus Furcht fortan geschwiegen. Allein vor ihrer Lehrerin Jutta habe sie die Vorgänge nicht verbergen können. Über Jahrzehnte hinweg behielt Hildegard ihr Erleben für sich, bis ihr im Jahr 1141 eine übermächtige Schau offenbart wurde: »Und siehe! Im dreiundvierzigsten Jahre meines Lebenslaufes schaute ich ein himmlisches Gesicht. Zitternd und mit großer Furcht spannte sich ihm mein Geist entgegen.« Mit diesen Worten beginnt Hildegards erstes Visionswerk ›Scivias‹. Hildegard berichtet weiter davon, wie nun der Befehl an sie ergangen sei, das Geschaute aufzuschreiben: »Schreibe, was du siehst und hörst (...) All dieses sah und hörte ich, und dennoch – ich weigerte mich zu schreiben. Nicht aus Hartnäckigkeit, sondern aus dem Empfinden meiner Unfähigkeit, wegen der Zweifelsucht, des Achselzuckens und des mannigfachen Geredes der Menschen, bis Gottes Geißel mich auf das Krankenlager warf.«[3] Hildegards Befürchtungen über das Gerede der Leute sollten sich bewahrheiten. Die Menschen wunderten sich: »Was soll es bedeuten, dass dieser törichten und ungelehrten Frau solche Geheimnisse geoffenbart werden, da es doch viele starke und weise Männer gibt?« Ja, viele fragten sich sogar, ob nicht Gott, sondern Dämonen, die »dürren Luftgeister, die manchen irreführen«[4], der Ursprung dieser Visionen sei.

Auch im Mittelalter stellt man sich die Frage nach der Echtheit von Visionen. Strittig ist allerdings nicht, ob jenseitige Mächte im Diesseits wirken, gestritten wird vielmehr um die Frage, welche jenseitige Macht im jeweiligen Falle wirkt. Echte Visionen stammen von Gott, falsche hingegen vom Teufel. Die Definitionsmacht darüber, wann es sich um göttliche Eingebungen oder aber um teuflische Einflüsterungen handele, beansprucht die Kirche für sich. Visionäre, die sich zu ihren Erfahrungen bekennen, begeben sich auf gefährliches, ja gegebenenfalls auf lebensgefährliches Terrain. Noch gefährdeter sind Visionärinnen, denn nicht an Adam, an Eva schlich sich einst der Teufel heran. Frauen sind, so glaubte man zu wissen, für teuflische Einflüsterungen anfälliger als Männer. Hildegard hatte also allen Grund, sich zu fürchten.

Entsprechend galt es, Hildegard einen Rahmen zuzuweisen, der ihrem Auftreten als Werkzeug Gottes religiös-gesellschaftliche Akzeptanz verlieh und somit die Grenzüberschreitung legitimierte. Eben diese Aufgabe übernahm die Vita, in der großer Wert auf die Einbindung Hildegards in die institutionelle Ordnung der Kirche gelegt wird. Zuerst habe sich Hildegard, so der Bericht, an Mönch Volmar gewandt, der ihr das Geschaute, also die Teile der späteren Schrift ›Scivias‹, aufzuschreiben befohlen und dies an ihren Oberen, Abt Kuno vom Disibodenberg, weitergereicht habe. Dieser setzte sogleich die übergeordnete Mainzer Kirchenbehörde in Kenntnis.[5] Alles ging also seinen geregelten Gang durch die Hierarchie. Es war Hildegard, die ausscherte, und in einem Schreiben Bernhard von Clairvaux, den berühmten Mystiker, Abt des Zisterzienserordens und Kreuzzugsprediger, von ihrer Visionsgabe berichtete. Sie wandte sich somit direkt an einen der einflussreichsten Männer seiner Zeit.

Waren es Zweifel, die sie – wie Hildegard selbst sagt – weiter plagten und sie zu diesem zusätzlichen Schritt bewogen? Oder war es nicht gerade umgekehrt ein Zeichen von Selbstbewusstsein und vor allem ein kluger Schachzug im Bestreben, die Visionsbotschaften hinaus in die Welt zu tragen? Jedenfalls unterrichtete Hildegard Abt Bernhard in einem ausführlichen Schreiben detailliert über ihre Person und die Art und Weise, wie sie Visionen empfing: »Gütiger Vater, mildester, ich bin in deine Seele hineingelegt, damit du mir durch deine Worte enthüllst, dass ich dies offen sagen oder Schweigen bewahren soll.«[6]

Das Antwortschreiben muss eine Enttäuschung gewesen sein – unter dem Hinweis auf drängende Geschäfte nur einige wenige Zeilen, »die, verglichen mit den überschwänglichen Formulierungen seiner Briefpartnerin, nur als distanziert bezeichnet werden können«[7]. Auf jeden Fall hielt man es bei der »Überarbeitung« des Briefwechsels auf dem Rupertsberg für notwendig, das kurz gefasste Antwortschreiben mit

Die Seherin und ihre Helfer. *Der Blick der Seherin ist aufwärts gewandt. An der Grenzscheide zwischen Diesseits und Jenseits steht ein Fenster offen, sodass die Vision, die sie empfängt, aus dem Jenseits ins Diesseits hinüberfließen kann. Dem besonderen »Einblick« der Seherin entsprechend ziehen sie die Zeitgenossen in schwierigen Zweifelsfragen zurate. Auch empfiehlt man sich ihren Gebeten an, denn das Fenster steht – so ist man überzeugt – nicht nur für die jenseitigen Gnadenströme ins Diesseits, sondern auch für diesseitige Anliegen, die ins Jenseits getragen werden, offen. Das Bild zeigt weiter Richardis und Volmar, Hildegards Mitarbeiter. Hildegard hält die Schau auf Wachstafeln fest. Es folgte eine Abschrift auf Pergament, die von Volmar grammatikalisch verbessert und von Hildegard korrigiert wurde. Sodann wurde die Reinschrift im Scriptorium auf dem Rupertsberg vorgenommen. Miniaturausschnitt aus ›Liber divinorum operum‹, Lucca, 13. Jahrhundert.*

einigen begeisterten Verzierungen zum Lobpreis Hildegards zu versehen (vgl. S. 162).

Ein Jahr später sollte die höchste Sprosse auf der Leiter der kirchlichen Hierarchie in Angriff genommen werden, indem man die Nachricht über die Visionärin bis an die Spitze trug. Papst Eugen III., wie Bernhard ein Zisterzienser und dessen Schüler, hielt in Trier vom November 1147 bis zum Februar 1148 eine Synode ab. Hier unterrichtete, so der weitere Bericht der Vita, Erzbischof Heinrich I. von Mainz Papst Eugen von den Visionen Hildegards. Dieser habe eine Kommission auf den Disibodenberg gesandt, um die Schrift ›Scivias‹ zu prüfen und auch Hildegard selbst zu befragen. Die Kommission sei mit positivem Bescheid nach Trier zurückgekehrt, wo Papst Eugen begeistert vor den Anwesenden aus Hildegards Schriften vorgelesen habe. Auch Bernhard von Clairvaux soll sich auf dem Konzil zu Trier höchst angetan gezeigt haben: »Er ergriff das Wort und forderte unter dem Beifall aller den Papst auf, er möge nicht dulden, dass ein solch hellstrahlendes Licht von Schweigen überdeckt würde; er soll vielmehr eine solche Begnadung, die der Herr in seiner Zeit offenbaren wolle, durch seine Autorität bestätigen« – was Eugen sodann »ebenso gütig wie klug«[8] getan habe. Auch Hildegard selbst berichtet in ihren in die Vita eingefügten autobiografischen Skizzen in knapperer Version von den Vorgängen in Trier und der Bestätigung durch Papst Eugen: »Und im starken Vertrauen auf die Gnade Gottes sandte er mir seinen Segen mit einem Schreiben, in dem er mir gebot, das, was ich in der schau hörte und sah, genau aufzuschreiben.«[9]

Eine derartige Autorisierung allerdings war noch nie zuvor von einem Papst erteilt worden. Ebenso ist das von Hildegard erwähnte Schreiben nicht überliefert. Die Vermutung, es sei verloren gegangen, halten Historiker heute angesichts von dessen Wichtigkeit für unwahrscheinlich. Und auch die Akribie, mit der man auf dem Rupertsberg alles, was dem Lobpreis der Prophetin diente, zusammentrug bzw. mit der man durchaus auch in Sachen Mehrung ihres Ansehen nachhalf, sprechen gegen einen Verlust. Die »Ereignisse« von Trier, die – glaubt man der Darstellung in der Vita – für Aufsehen hätten sorgen müssen, finden in den sonstigen Zeugnissen des Umfeldes keinen Niederschlag. Die Disibodenberger Annalen wissen von keinem Besuch der päpstlichen Prüfer. Die Schreiber der päpstlichen Kanzlei erwähnen anlässlich der Synode in Trier noch nicht einmal den Namen Hildegards. Und auch der Auftritt des Abtes von Clairvaux, der sich beim Papst begeistert für Hildegard verwendet, ist, bedenkt man seine unterkühlte briefliche Reaktion, eher unwahrscheinlich. Aufgrund detaillierter Studien sprechen Historiker inzwischen von einem »›Mythos der Autorisierung‹ durch den heiligen Bernhard und Papst Eugen III., (der) historisch nicht nachweisbar, ja unwahrscheinlich ist«[10]. Die Wirklichkeit war also weitaus unspektakulärer und läuft – wie viele Historiker meinen – darauf hinaus, dass Eugen in Trier oder auf dem Konzil zu Reims die Schriften Hildegards zur Kenntnis genommen und lobend erwähnt hat.

Auch wenn also die Anerkennung durch die Hierarchiespitze nicht wunschgemäß erfolgte, so ist das Gewicht, das man einer »institutionell abgesicherten Korrektheit«[11] beimaß, nicht zu unübersehbar. Formal betrachtet handelt es sich bei Hildegards Schau um Privatoffenbarungen, das heißt um göttliche Kundgebungen an Einzelpersonen, die im Fall ihrer Anerkennung einen nicht zu unterschätzenden Machtfaktor darstellen konnten. Entsprechend beansprucht die Kirche für sich das Recht zur Prüfung und Entscheidung. So hat man, wenn auch nur mit halbem Erfolg, Hildegards weiteres Wirken von der höchsten Spitze der Hierarchie her zu legitimieren versucht, zur Mehrung ihres Ansehens und zur Verbreitung ihrer Botschaft, nicht zuletzt aber auch, um sie vor Angriffen von Gegnern zu schützen: vor dem Vorwurf, teuflischen Einflüsterungen erlegen zu sein, und vor dem Vorwurf der Ketzerei.

Man hat sich heute daran gewöhnt, die mittelalterliche Visionärin der »Mystik« zuzurechnen. Ob dies Sinn macht, ist in der Forschung umstritten. Kurt Ruh jedenfalls entschloss sich, Hildegard in seiner Geschichte der Mystik auszuklammern, da er deren »inspirierte Prophetie«[12] von der mystischen Schau unterscheidet. Der Schritt ist durchaus nachvollziehbar, denn die mystische Erfahrung ist untrennbar mit dem Moment religiöser Innerlichkeit, der subjektiven Beziehung zwischen Mensch und Gott verbunden – einer Haltung, die Hildegards Werk gerade nicht zugrunde liegt.

Mystische Frömmigkeit trägt stark introspektive Züge. »Ich wünsche daher, daß die Seele vor allem sich selbst kenne«[13], schreibt Bernhard von Clairvaux. Das Wissen um sich selbst (»Scito te ipsum«) bildet den Ausgangspunkt des um seine Beziehung zu Gott ringenden Menschen. Hildegards erstes Visionswerk hingegen trägt den Titel »Sci-vias«, »Wisse die Wege (Gottes)«. Hildegards Blick ist nicht auf innerseelische Vorgänge, sondern auf die Ordnung des Ganzen gerichtet, sei es auf die Ordnung des Kosmos, von Welt und Mensch oder aber auf die heilsgeschichtliche Ordnung, die den Lauf der Zeiten überspannt. Nicht subjektives Erleben, sondern die Schau der göttlichen Wahrheit, also des – nach mittelalterlichem Verständnis – Objektiven schlechthin, kennzeichnet dieses Werk. Der Unterschied zwischen beiden Ausrichtungen der Frömmigkeit ist also gravierend. Ob man Hildegard dennoch der Mystik zurechnet, hängt letztlich davon ab, welche Mystikdefinition man zugrunde legt. Man kann argumentieren, dass Hildegards Visionen mit den »Augen der Seele« geschaut werden, es sich also auch hier um ein inneres Erleben handelt. Die universelle Perspektive, die Hildegard von der mystischen Introspektion unterscheidet, unterstreicht sodann der Begriff »Schaumystik«[14], unter dem Josef Sudbrack Hildegard in die Geschichte der Mystik einordnet.

Am ehesten wird man Hildegard gerecht, wenn man sie als »visionäre Theologin«[15] oder aber »prophetische Lehrerin«[16] bezeichnet, da dies dem theologischen Charakter ihres Werkes Rechnung trägt. Predigt und Lehre sind Frauen untersagt, wobei Hildegards Hagiograf freilich auch die Ausnahme kennt, die bekanntlich die Regel bestätigt: »Es bietet sich uns ein schöner Vergleich an mit Debora und ihrer Stätte und unserer Prophetin und ihrer Wohnstatt. So spricht Origenes darüber: ›Es ist für das Geschlecht der Frauen kein geringer Trost, daß sie der Prophetengabe teilhaftig werden können, ein Umstand, der sie ermuntert, nicht wegen der Schwäche

Visionen. *Oben: Die Schau der Engel, Mitte: Paulus und Benedikt, unten: Fromme Laien. Englische Buchmalerei, ca. 1360–1375.*

ihres Geschlechts zu verzweifeln‹«.[17] Die tröstlichen Worte des hier besonders milde gestimmten Kirchenvaters (vgl. S. 54) machen den Kern des Problems deutlich. Aufgrund des herrschenden Frauenbildes und insbesondere des paulinischen Schweigegebots (1 Kor 14,34) ist weder ein Wirken als Theologin noch die öffentliche Lehrrede einer Frau erlaubt, was grundsätzlich, aber eben nicht für »visionäre Theologinnen«

und »prophetische Lehrerinnen« gilt. Verlautbarungen von
noch höherer Autorität als die der Bibel und der Kirchenväter
machen in diesen Einzelfällen das Unmögliche möglich. So
bei Hildegard und auch bei den Mystikerinnen der Folgezeit,
in deren Visionen Christus (der ins Persönliche gewandelten
Gottesbeziehung entsprechend) erscheint und die weibliche
Rede autorisiert. Gertrude von Helfta berichtet von ihrer Erfahrung in der dritten Person: »Und er berührte ihre Zunge
und sprach: ›Ich habe meine Worte in deinen Mund gelegt,
und ich bestätige in meiner Wahrheit: alle Worte, die du,
getrieben von meinem Geist in meinem Namen sprechen
wirst, bestätige ich in meiner Wahrheit.‹«[18] Nichts anderes
sagt Christus über die von Mechthild von Magdeburg nieder-
geschriebenen Worte: »Sie fließen von Stunde zu Stunde/ In
deine Seele aus Meinem Göttlichen Munde.«[19] »Sei nicht
bekümmert« – so Christus zur heiligen Birgitta, die an den
schwedischen Königshof gesendet wird – »wenn du vor dem
König stehst, werde ich meine Worte auf deine Lippen legen
und dir eingeben, was du sagen sollst.«[20]

Im Rahmen einer Kirche, in der ein Mystiker als Kleriker sprechen kann, die Mystikerin aber grundsätzlich zu
schweigen hat, besitzen Visionen für Frauen einen anderen
Stellenwert als für Männer. Visionär erschließt sich ihnen
der Zugang zur Verwirklichung ihres Werkes (bzw. des Werkes Gottes, wie sie selbst sagen würden). Und dort, wo die
Berufung zum öffentlichen Wirken erfolgt, erschließt sich
zugleich der Zugang zur Welt. Es gibt also historische Gründe
dafür, dass sich die Entfaltung weiblicher Begabungen im
visionären Bereich bündelt. Entsprechend heterogen stellt
sich die Gruppe der Visionärinnen dar. Mechthild von Magdeburg, die mystische Dichterin, und Hildegard von Bingen,
die theologische Lehrerin und visionäre Universalbegabung,
haben eigentlich nur wenig gemeinsam – außer, dass beide als
Visionärinnen jenen schmalen Weg beschreiten, den die Bibel
vorzeichnet und der deshalb unter mittelalterlichen Verhältnissen gangbar ist. Nicht anders als der Hagiograf Hildegards
greift daher auch im 13. Jahrhundert der Beichtvater Mecht-

hilds von Magdeburg auf das Legitimationsmuster der Prophetin zurück:»Es wundere sich also niemand, und keiner sei ungläubig, wenn Gott (...) seine Wunder erneuert und dem schwachen Geschlecht seine Geheimnisse enthüllt, da er sich ja zur Zeit des mosaischen Gesetzes in seiner Barmherzigkeit gewürdigt hat, Ähnliches zu wirken.«[21] Nicht nur in Hildegards Fall beschreiben Prophetie und Vision Freiräume weiblicher Begabungsentfaltung und Lehre.

Zurück zu Theoderich, dessen Aufgabe als Hagiograf darin besteht, Hildegards Vorbildlichkeit zu belegen und sie in den kirchlichen Rahmen einzubinden. Und in der Tat hat er im Rückgriff auf den Kirchenvater und über Hildegards Anbindung an das Wirken der alttestamentarischen Prophetinnen die Klippe der »anstößigen« öffentlichen Lehre und Rede einer Frau erfolgreich umschifft. Hildegard unterstreicht, dass man in der Mainzer Kirchenbehörde der einhelligen Meinung gewesen sei, ihre Schau »komme aus Gott und aus der prophetischen Begnadung, durch die einst die Propheten gesprochen haben«[22]. Auch Hildegard sieht sich also in der Traditionsfolge der Propheten, eine geschlechtsspezifische Unterscheidung trifft sie allerdings nicht. Weit wichtiger ist ihr die mahnende und lehrende Dimension des Prophetentums, die auch ihr eigenes Wirken bestimmt: »Und die Propheten gleichen den vier Weltangeln, die die Grenze der Erde tragen. Denn sie harrten starkmütig aus, da sie den Erdenkreis ob der hereinbrechenden Frevel zurechtwiesen und dadurch zugleich Gott offenbarten.«[23]

Prophetie bedeutet nach dem griechischen Wortsinn »für einen anderen zu sprechen«. Wenn Hildegard »ich« sagt, ist zumeist ein anderes Ich, nämlich das göttliche »ICH« gemeint. Hildegard versteht sich als dessen Gefäß, seinen Spiegel, sein Sprachrohr, als Instrument in den Händen eines anderen. Nicht anders nehmen ihre Bewunderer Hildegard wahr. Ihre Wertschätzung gilt der »prophetissa teutonica«, der rheinischen Sybille. In ihr erneuere Gott »die Gnadenwunder der Vorzeit in unseren Tagen«[24], ja der »Geistesgipfel der alten Propheten«[25] werde noch überstiegen.

Inhaltlich kann sich Prophetie auf zukünftige Ereignisse beziehen, wie insbesondere Hildegards Betrachtungen über die Heilsgeschichte und das Ende der Zeiten belegen. Aber auch in konkreten Zweifelsfragen zieht man sie zu Rate, da

Die heilige Birgitta.
Mystische Vision,
Buchmalerei, ca. 1400.

man sich von ihr bzw. durch ihre Vermittlung die Kenntnis darüber erhofft, was die gottgefällige Entscheidung ist. »Über Platz und Lage für unsere Abtei sind wir unschlüssig und unsere Pläne schwanken. Wenn uns doch auf deine Bitten etwas darüber gezeigt würde, wie wir es mit dieser Streitfrage nach Gottes Willen halten sollen«[26], so die Anfrage Wiberts und der Villenser Mönche aus dem Jahr 1176.

Auch Hildegards machtvolles Auftreten in der Öffentlichkeit, die harschen Worte von bisweilen schneidender Schärfe, mit denen sie als Sprachrohr Gottes weltliche und geistige Würdenträger tadelt, sind Ausdruck des Prophetenamtes. Der

Kern dieses Amtes besteht allerdings in der Verkündigung der Wahrheit:»Die Prophetengabe weissagte den Menschen über ihre Vision die Weisheit und das Wissen.«[27] Nicht anders beschreibt die himmlische Stimme zu Beginn von Hildegards drittem großen Visionswerk Sinn und Zweck der Schau:»Die Menschen sollen dadurch ihren Schöpfer erkennen lernen und sich nicht länger weigern, Ihn in Ehrfurcht würdig anzubeten. Deshalb schreibe dies auf, nicht wie dein Herz es möchte, sondern wie Mein Zeugnis es will.«[28]

Hildegards Prophetentum bestimmt nicht nur ihr Werk, sondern auch ihr Leben.»Bei meiner ersten Formgebung, als Gott mich im Mutterschoß durch den Hauch des Lebens erweckte, prägte er dieses Schauen meiner Seele ein«[29], schreibt Hildegard. Diese Formulierung bezieht sich auf die Aussage des Propheten Jesaja (49,1):»Der Herr hat mich vom Mutterschoße an berufen, im Mutterschoße meinen Namen schon genannt« (vgl. auch Jeremia 1,5). Hildegard knüpft somit schon rein formal an die Tradition der alttestamentarischen Propheten an. Auch in weiteren biografischen Elementen ist Hildegard biblischen Vorgaben verpflichtet. Das machtvolle, denn von Gott ermächtigte Auftreten der Prophetin bleibt stets mit den Erfahrungen von Krankheit und Schwäche, Zittern und Zagen kontrastiert, nicht anders als bei ihren ebenfalls unter der Hand Gottes erschaudernden Vorbildern. Immer wieder leuchtet in ihren Selbstcharakterisierungen das Vorbild des empfindsam-zögerlichen, mit Krankheiten geschlagenen Propheten Jeremias auf. Aber auch Vorbildern aus dem Neuen Testament ist sie verpflichtet. So nennt sie in ihrem Brief, der Wibert ihre Visionen schildert, Paulus,»der die anderen Jünger im Predigen überragte und dennoch sich selbst dem Nichts gleichachtete« (vgl. 2 Kor 12,1 ff) sowie den mit dem Lieblingsjünger Christi identifizierten Evangelisten Johannes:»Auch (er) war erfüllt von zarter Demut, weshalb er so vieles aus dem göttlichen Quell zu schöpfen vermochte.« Wie für ihre Vorbilder so gibt es auch für Hildegard nichts Eigenes, auf das sie sich berufen könnte. Sie selbst ist nur Sprachrohr, eine Posaune, die zum Klingen gebracht wird, eine Feder ohne alles Eigengewicht, die allein der Wind trägt. Dem machtvollen ICH, das durch dieses Werkzeug handelt, steht das ohnmächtige Ich des wieder aus der Hand gelegten Werkzeuges gegenüber: »Ich aber bin ständig von zitternder Furcht erfüllt. Denn keine Sicherheit irgendeines Könnens erkenne ich in mir.«[30] Ebenso wie bei ihren Vorbildern schwingt ein inneres Pendel zwischen ICH und Ich, zwischen dem hohen Bewusstsein der Erwähltheit und der Überzeugung persönlicher Nichtswürdigkeit.

»Prophetentum als literarische Existenz« lautet der Titel eines Aufsatzes von Christel Meier, die unterstreicht, wie stark Werk und Leben Hildegards biblischen Vorbildern folgen. Sehr zu Recht betont die Autorin, dass durch die Erkenntnis der Stilisiertheit der Selbstaussagen, deren »existentielle Wahrheit«[31] nicht in Zweifel gezogen wird. Hildegards Prophetentum ist keine Tarnung, um – wie bisweilen zu lesen ist – kirchlicher Verfolgung zu entgehen, ist kein Gewand, das sie nach Belieben an- und ablegen kann. Es ist die Form, in die sie sich fasst, die ihrem Leben Gestalt verleiht.

Hilfreich, um diese »Formgebung« zu verstehen, ist die Art und Weise wie Bernhard von Clairvaux seinen Mitbrüdern die Bedeutung der biblischen Vorbilder bzw. der Heiligen am Beispiel von Siegel und Wachs erklärt: »Diese Tugenden sind die Form, in die wir uns eindrücken sollen.«[32] Wiederum ist die »Prägung« durch die Tradition, das heißt die höchstmögliche Nähe zum Vorbild, verbindlich und nicht die dem modernen Denken so wichtige Individualität des Menschen. Kritische Geister könnten sich allerdings fragen, inwieweit Qualitäten wie Originalität, Spontaneität und Kreativität von einem nunmehr gewandelten Zeitgeist bereitgestellte Formen sind, die Menschen »prägen«, sodass sich gerade über die Allgemeinverbindlichkeit der Individualität wiederum Gleichförmigkeit einstellt. Und auch an so manchem Seelen- und Beziehungsdrama, das man heute als individuelles Verhängnis durchleidet, mag man eine unterschwellige Dramaturgie von literarischen, vor allen Dingen aber in den Bildmedien reproduzierten Mustern erkennen. Dass dem Schmerz auf

diese Weise eine Form gegeben wird, besagt auch hier keinesfalls, dass das Erleben nicht real schmerzlich ist. Nicht
zu Unrecht kann man die mittelalterliche Wertschätzung für
Vorbilder und Verhaltensmuster als Überschätzung bewerten.
In der Moderne neigt man hingegen dazu, ihre Bedeutung zu
unterschätzen, für die Gegenwart und insbesondere auch bei
der Beurteilung historischer Gestalten.

Festzuhalten bleibt, dass es keinen Sinn macht, zwischen
der »wahren Hildegard« und ihrer »Prägung« zu unterscheiden. Hildegards Leben ist das Wachs, das Prophetentum das
literarische Siegel. Eine weitere Prägung, nun mit dem Siegel
der Heiligkeit, fügen ihre Hagiografen hinzu. Das moderne
Interesse jedoch gilt weniger der mittelalterlichen Prophetin
und Heiligen, sondern dem Individuum Hildegard. So wird einiger literarischer Ehrgeiz darauf verwandt, den »Menschen«
Hildegard wieder lebendig werden zu lassen: »Sie stand am
Backofen und lobte das Brot, sie stand am Herd und schmeck-
te die Suppe, war in der Webstube und paßte die wollenen
Socken an, roch im Keller die Äpfel, probierte den Wein,
rührte in der Salbenküche die Paste.« Hier nun erfolgt der
Entschluss zur Komposition des ›Ordo Virtutum‹, von dem
Hildegard ihre Mitschwestern sogleich in Kenntnis setzt:
»Ich werde ein Singspiel schreiben, und ihr werdet es auf-
führen, schaut nach den weißen Schleiern, ob die Motten
sie nicht zerfressen haben.«[33] Wer wollte es bestreiten: Auch
die mittelalterliche Motte neigte zur Gefräßigkeit und der
Heilige Geist, der bekanntlich weht, wo er will, lässt nicht
zwingend die in Sachen Inspiration eher schnöde wirkende
Klosterküche aus. Fraglich bleibt dennoch die Berechtigung
solcher Darstellungen. »Wenn Hildegard die Stimme hob,
hatten die Priester nichts zu lachen«[34], lautet die Überschrift
eines zum Hildegard-Gedenkjahr 1998 erschienenen Arti-
kels von Kurt Flasch. Auf die zum Titel erhobene Stilblüte
folgt ein professoraler Stoßseufzer in Artikelform, den man
angesichts all der Vereinnahmungen Hildegards und ihrer
Mutationen ins Romanhafte durchaus nachvollziehen kann.
Man mag den Sachverhalt bedauern, ändern kann man ihn

nicht. Die historische Hildegard tritt uns in ihrer spezifisch mittelalterlichen »Prägung« entgegen. Ihre Persönlichkeit ist folglich nur in Spuren fassbar. Manche Frage muss offengelassen, manch bittere Lücke hingenommen werden, die

Erschaffung Adams und Evas.
Aus der Grandval-Bibel, Tours, um 840. Eine der seltenen Darstellungen, in denen Gott Adam und Eva gemäß dem ersten Schöpfungsbericht (Gen, 1, 27) einzeln, Eva also nicht aus der Rippe Adams (Gen. 2, 21f.) erschafft.

aufgrund der Quellen weder geschlossen werden kann noch darf, da sie eben Ausdruck von Hildegards Selbstverständnis und des Zeitgeistes ihrer Epoche ist.

Das Frauenbild der Epoche

Das Bild von der Frau ist durch Aussagen der Bibel und der Kirchenväter, also von den höchsten Autoritäten, bestimmt. »Und Gott schuf den Menschen zu seinem Bilde, zum Bilde Gottes schuf er ihn; und schuf sie als Mann und Frau.« (Gen 1,27), heißt es im ersten Schöpfungsbericht, gemäß dem beide Geschlechter als Abbild Gottes geschaffen wurden. Hieraus leitet sich nach augustinischer Tradition die Gottebenbildlichkeit der körperlosen Geistseele ab. Bestimmend für das Frauenbild wird der zweite Schöpfungsbericht (Gen 2,21f), wobei die Erschaffung Evas aus der Seite Adams als hierarchisches Verhältnis zwischen den Geschlechtern ausgelegt (1 Kor 11,7 ff.) und sodann mit der Geschichte vom Sündenfall verknüpft wird. In Anlehnung an 1 Tim 2,11 ff und im Rückgriff auf Augustinus (Gottesstaat XIV, 11) geht man davon aus, dass der Teufel zuerst den sowohl moralisch als auch körperlich schwächeren Teil des Menschengeschlechtes, Eva, verführt habe, die dann Adam verführte. Seit dieser Zeit lastet die Schuld Evas gleichsam als eine Art Erbschuld auf den Frauen, so jedenfalls in der Auffassung des Kirchenvaters Tertullian: »Noch lebt die Strafsentenz über dein Geschlecht in dieser Welt fort, dann muß also auch deine Schuld noch fortleben. Du bist es, die dem Teufel Eingang verschafft hat. Wegen deiner Schuld, d. h. um des Todes willen, mußte auch der Sohn Gottes sterben.«[35]

Da Eva als Urbild der Verführerin gilt, wird Weiblichkeit mit Sinnenhaftigkeit und Körperlichkeit assoziiert, also negativ bewertet. Dem Mann hingegen werden Verstand und Geist zugeordnet: »Denn nicht grundlos steht geschrieben, Sara stand hinter Abraham, sondern um zu erweisen, daß, wenn der Mann zum Herrn schreitet, die Frau ihm zu folgen hat. (...) Und so wollen wir sagen, daß der Mann in uns einen verständigen Sinn habe, und die Frau, die gewissermaßen seine Gehilfin ist, ist unser Fleisch. Das Fleisch mag also immer dem Verstand folgen und niemals in irgendeinen Müßiggang geraten, so daß dieser Verstand dann etwa der Fleischeswollust und Üppigkeit verfalle«[36], schreibt der Kirchenvater Origenes.

Angesichts dieser Summe an Negativem bedarf es für den Kirchenvater Augustinus schon eingehender Betrachtungen über die verborgenen Ratschlüsse Gottes, um den Sinn der Erschaffung Evas zu ergründen: »Sollte sie zugleich mit ihm (Adam) den Boden bestellen, (...) dann wäre eine männliche Hilfskraft besser gewesen. Das gleiche gilt auch, wenn man von ihr als Trostgeberin sprechen würde, in der Annahme, daß Adam seiner Einsamkeit überdrüssig geworden wäre. Ist es dann für ein Zusammenleben und Miteinandersprechen nicht zuträglicher, wenn zwei Freunde zusammenwohnen, als ein Mann und ein Weib? (...) Oder wollte einer sagen, es wäre für Gott nicht möglich gewesen, wenn er es gewollt hätte, aus der Rippe des Menschen nicht bloß ein Weib, sondern auch einen Mann zu machen? Ich finde also keine andere Hilfeleistung, für die dem Mann ein Weib erschaffen wurde, wenn nicht die, ihm Kinder zu gebären.«[37]

Im 13. Jahrhundert verschärfen scholastische Autoren die über die Kirchenväter tradierte Abwertung der Frau. Wurde zuvor mit Schöpfungsgeschichte und Sündenfall theologisch argumentiert, tritt nun die im Vergleich zum Mann »natürliche Minderwertigkeit« der Frau als zusätzliches abwertendes Kriterium hinzu. Im Rückgriff auf die Lehre des Aristoteles stellt Thomas von Aquin fest, dass der männliche Samen immer männliche Nachkommen hervorbringen würde. Ungünstige Umstände wie z. B. feuchte Südwinde bewirkten hingegen die Zeugung weiblicher Nachkommenschaft: »Hinsichtlich der Einzelnatur«, so Thomas, »ist das Weib etwas Mangelhaftes und eine Zufallserscheinung.«[38] Weiblichkeit wird als das beschrieben, worin die Frau vom Mann abweicht, und entsprechend als natürlicher Defekt bewertet. Bei Thomas von Aquin tritt daher neben die »sklavische« Unterordnung, die aus dem Sündenfall abgeleitet wird, die »häusliche« Unterordnung aufgrund der weiblichen Natur, die des Schutzes und der Lenkung durch die männliche Vernunft bedürfe. Die dem Mann unterworfene Stellung (status subiectionis) in der Theologie findet in der gesellschaftlichen Rechtsstellung der Frau ihre Entsprechung, gemäß der eine Frau im Fall der Verheiratung von der Vormundschaft des Vaters in die ihres Mannes übergeht.

In den Freiheiten, die Hildegard dem Stand der Jungfrauen im Vergleich zu dem der Ehefrauen zuschreibt (vgl. S. 80 ff.), findet die Tatsache ihren Niederschlag, dass diese Lebensform in der Tat einen gewissen Freiraum für Frauen darstellen konnte. Ohne Zweifel standen beim Entschluss zum Leben im Kloster oder in klosterähnlichen Gemeinschaften (Beginen) religiöse Gründe im Vordergrund. Zugleich sind Klöster und religiöse Gemeinschaften Orte, an denen – wenn auch in eingeschränktem Maß – Bildung für Frauen möglich ist. Auch stellt diese Lebensform die im Grunde einzige Alternative zu den nur wenig attraktiven Bedingungen der mittelalterlichen Ehe dar: den zahllosen Schwangerschaften mit einem hohen Risiko, im Kindbett zu sterben und einem Rechtsstatus, gemäß dem die Ehefrau der Vormundschaft ihres Gatten und dessen Züchtigungsrecht unterstellt war. Der Verheiratung entgangen zu sein, ist folglich für die Karthäusermystikerin Margarete d' Oingt (gest. 1310) ein hinlänglicher Grund, Christus auf ewig dankbar zu sein: »Süßer Herr, wenn du mir keine andere Gnade erwiesen hättest, als die, daß du nicht erlaubt hast, daß ich in der Knechtschaft und Unterwerfung durch einen Mann lebe, so hast du mir schon genug getan.«[39]

Mittelalterliches Denken wird durch hierarchische Kategorien bestimmt. Eine Alternative zum hierarchischen Verhältnis der Geschlechter ist daher kaum denkbar, zumal dem die einseitige Bibelexegese einer traditionell frauenfeindlichen Theologie entgegensteht. Umso bemerkenswerter ist eine spektakuläre Ausnahme: der Fall von Vilemina (Guillelma) und ihrer Priesterin Mayfreda, von dem Mailänder Inquisitionsakten aus dem Jahr 1300 berichten. Mayfreda gesteht, gehört zu haben, »daß Guillelma (...) die Person des Heiligen Geistes, die dritte Person in der Dreifaltigkeit, wahrer Gott und wahrer Mensch weiblichen Geschlechts gewesen sei, wie Christus wahrer Gott und wahrer Mensch männlichen Geschlechts gewesen sei«. Mayfreda berichtet weiter, dass gelehrt wurde, dass Guillelma wie Christus gelitten habe, auferstanden und in den Himmel aufgefahren sei und dass sie »mit ihrem menschlichen Leib und weiblichen Geschlecht« zum jüngsten Gericht erscheinen werde.[40] So befremdlich diese Aussagen heute klingen mögen – die Lehre der Sekte der Guglielmiten nimmt darauf Bezug, dass sich der christliche Gott zwar als Mensch, aber eben auch als Mann auf Erden inkarnierte. Da der Mensch bekanntlich sowohl männlich als auch weiblich ist, wird das männliche Erdendasein Gottes um das weibliche Erdendasein Gottes in Gestalt von Guillelma ergänzt. In Analogie zum männlichen Klerus, der sich von Christus ableitet, wird sodann von Guillelma ein weiblicher Klerus abgeleitet. Eine Zeugin berichtet »Schwester Mayfreda habe sich letzte Ostern wie ein Priester gekleidet (…) und

Erschaffung Evas.
Wenzelsbibel,
Ende 14. Jahrhundert.

die genannte Schwester Mayfreda habe die Messe gelesen (…) Sie habe bei dieser Messe alles getan, was andere Priester tun«[41]. Im September 1300 wurden Mayfreda und weitere Anhänger der Sekte auf dem Scheiterhaufen verbrannt – gemeinsam mit Guillelma, die bereits 1281 verstorben war. Ihr Leichnam musste eigens zu diesem Zweck ausgegraben und nach Mailand überführt werden.

Kapitel 4
Aufbruch zum Rupertsberg

Hildegards Ruf hatte sich inzwischen weit verbreitet. Die an das Kloster Disibodenberg angeschlossene Frauengemeinschaft war zum Anziehungspunkt für die adligen Töchter der Umgebung geworden. Die Vita berichtet von Platznot, wovon sie nicht berichtet, sind die Spannungen zwischen Hildegard und den Mönchen. Offenbar ging Hildegard in zunehmendem Maß auch theologisch eigene Wege. Im Gegensatz zur streng asketischen Ausrichtung, die ihre Meisterin Jutta einst vorgelebt hatte, trat Hildegard für eine gemäßigte Lebensführung ein. Es scheint, dass diese Neuorientierung zu Reibungen mit Vertretern des Mönchskonvents führte.

Es gab also triftige Gründe für das sich mehr und mehr abzeichnende Streben nach Unabhängigkeit, an dessen Ende die Ablösung der Frauengemeinschaft vom Männerkloster steht. Allerdings gab es auch ein ernst zu nehmendes Hindernis für ein solches Vorhaben: die stabilitas loci – das Gelöbnis, in der Klostergemeinschaft zu verbleiben, das mit der Profess verbindlich abgelegt wird. So kann es kaum überraschen, dass die Wendung in dieser heiklen Angelegenheit wiederum durch eine Vision eingeleitet wurde: »Da die Klause als Wohnstatt kaum alle zu fassen vermochte und man eine Verlegung oder Erweiterung der Gebäulichkeiten erwog, wurde Hildegard vom Heiligen Geist jene Stätte gezeigt, wo die Nahe in den Rhein mündet, nämlich der Hügel, der früher vom heiligen Bekenner Rupertus seinen Namen erhielt.«[1] Der Ort bei Bingen befand sich etwa dreißig Kilometer entfernt und hatte gegenüber dem abgelegenen Disibodenberg einen entscheidenden Vorteil. In Bingen trafen die Wasser- und Landwege der Region aufeinander, die Bischofsstädte Köln, Mainz und Trier lagen nicht fern, ebenso die Kaiserpfalz in Ingelheim: ein zentraler Standort und idealer Ausgangspunkt

zur Umsetzung des prophetischen Auftrages oder – moderner
formuliert – zum Schritt in die Öffentlichkeit.

Die Schau des Ortes, an dem das neue Kloster erbaut werden sollte, fällt zeitlich in etwa mit der kirchlichen Prüfung
von Hildegards Visionen zusammen. Mit dem Erstarken von
Hildegards Ansehen und Autorität waren günstige Voraussetzungen für den Ablösungsprozess vom Männerkloster mit all
seinen zu erwartenden Schwierigkeiten geschaffen. Freilich
lag den Zeitgenossen und auch Hildegard eine solche Bewertung fern. Von Interesse waren vielmehr neue göttliche
Kundgebungen aus dem Mund der wiederum schwer erkrank-
ten Seherin:»Eine Zeitlang waren meine Augen umdunkelt,
ich vermochte kein Licht mehr zu sehen. Ich fühlte meinen
Körper von einer derartigen Last niedergedrückt, daß ich
mich nicht erheben konnte, und lag mit heftigen Schmerzen
danieder. Dies erlitt ich deshalb, weil ich die Schau, die mir
gezeigt worden war, nicht offenbaren wollte: daß ich von
dem Ort, wo ich Gott geweiht worden war, zusammen mit
meinen Schwestern an einen anderen Ort ziehen sollte. Das
erlitt ich so lange, bis ich meinen jetzigen Wohnort (Rupertsberg) angab. Sofort erhielt ich die Sehfähigkeit zurück, fühlte
mich zwar erleichtert, doch war ich von der Schwäche nicht
völlig befreit.«[2] In der Tat sollte die vollständige Genesung
erst mit der erfolgreichen Umsetzung des göttlichen Auftrages eintreten. In der Zwischenzeit spiegelte der Verlauf der
Erkrankung den Stand der Auseinandersetzungen:»Seitdem
sie nämlich vom Himmel die Weisung erhalten hatte, den
Wohnsitz zu wechseln, spürte sie jedesmal, wenn die Angelegenheit sich günstig entwickelte, eine Linderung ihres kör-
perlichen Leidens. Und umgekehrt: Wenn die Bemühungen
am Widerspruch der Gegner zu scheitern schienen, litt sie
unter stärkeren Beschwerden.«[3]

Man wird heute kaum anders können, als sich zu wundern
und den Verdacht zu hegen, dass hier – bewusst oder unbe-
wusst – mit allen Mitteln gekämpft wird. Die Vita hingegen
bewertet den Willen, der so machtvoll auf Durchsetzung
dringt, dass er sich auch Hildegards Körper bemächtigt, als

Willen Gottes und folglich Krankheit und Genesung als göttliche Zeichen. Wie bei Hildegards Prophetentum ist auch hier die Krankheitsgeschichte Teil des Legitimationsmusters. Die Schwäche des zum Werkzeug gewordenen Menschen unterstreicht seine Erwähltheit und somit die Berechtigung des durch ihn vertretenen Anliegens, also die Legitimität der dem göttlichen Willen entsprechenden Neugründung. Die Disibodenberger Mönche waren keineswegs mit dem Plan zur Übersiedlung einverstanden. Vom Ruhm Hildegards fiel auch ein Abglanz auf ihr Kloster, steigerte dessen Ansehen und somit die Bereitschaft des Adels zu frommen Schenkungen. Auch von der Mitgift der Nonnen und den Einkünften, die hieraus erzielt wurden, wollte man sich nur ungern trennen.

Hildegard berichtet vom Widerstand der Mönche:»Von mir behaupteten sie, ich habe mich durch ein Trugbild täuschen lassen. Als ich das hörte, wurde mein Herz betrübt, mein Fleisch und meine Adern erstarrten.« Auf dem Krankenbett liegend vernahm Hildegard sodann eine gewaltige Stimme, »die mir verbot, weiterhin an diesem Ort etwas über die Vision zu sagen oder zu schreiben«[4]. Somit war von höchster Stelle eine Art Visionsstreik verfügt worden – eine seltsam anmutende, in sich allerdings durchaus schlüssige Wendung in einem offenbar eskalierenden Streit. An einem Ort, wo der göttliche Wille missachtet wurde, war fortan mit keinerlei weiteren Kundgebungen des göttlichen Willens mehr zu rechnen.

An anderer Stelle macht die Vita, wohl nicht zuletzt, um den Abt zu entlasten, in Arnold, einem einfachen Mönch, den eigentlich Schuldigen aus. Ihm, der lästerliche Reden gegen Hildegards Pläne führte, soll die Zunge derart angeschwollen sein, dass sie kaum noch in den Mund passte. Erst auf das Gelöbnis hin, seinen Widerstand einzustellen, gesundete er. Derart belehrt, verlegte er sich darauf, sich nicht mehr mit dem Mundwerk, sondern nun im Handwerk zu betätigen, und reihte sich sogleich in die Gruppe der fleißigen Helfer ein:»Eigenhändig rodete er die Weinstöcke aus, wo die Ge-

bäude zur Aufnahme der Nonnen gebaut werden sollten.«
Auch der Abt soll, glaubt man der Vita, sodann in der Er-
krankung Hildegards den Willen Gottes erkannt und seine
Zustimmung gegeben haben: »Und er sah ein, daß er sich

Fromme Bauarbeiten. *Der heilige
Cuthbert errichtet mit himmlischer
Hilfe seine Hütte auf Farne Island.
Englische Buchmalerei, Durham,
spätes 12. Jahrhundert. Aus: Beda,
Vita Sancti Cuthberti (Leben des
heiligen Cuthbert).*

nicht länger der göttlichen Weisung widersetzen dürfte, wenn
er selbst nicht noch Schlimmeres erleiden wollte.«[5]
     Tatsächlich war Markgräfin Richardis von Stade, die tat-
kräftige und einflussreiche Mutter der gleichnamigen Mit-
schwester Hildegards, die eine geborene von Sponheim-La-
vanttal, das heißt, eine Verwandte Juttas von Sponheim war,
zwischenzeitlich aktiv geworden. Hildegard hatte also den
Einfluss ihrer Familie und ihre Beziehungen zum Adel der
Region erfolgreich geltend gemacht. Markgräfin Richardis
wandte sich direkt an Erzbischof Heinrich I. von Mainz,
der die Erlaubnis erteilte und Abt Kuno anwies, Hildegard
ziehen zu lassen. Im Jahr 1150 siedelte sie mit achtzehn oder
zwanzig Schwestern auf den Rupertsberg über. Die Bauarbeiten waren hier seit geraumer Zeit im Gange. Die alte, dem
heiligen Rupert gewidmete Kapelle wurde als provisorische

Kirche erst einmal wieder hergerichtet, denn der Bau der gesamten Klosteranlage mit einer neuen Kirche sollte noch Jahre dauern. Die Nonnen fanden also eine neue, vorerst allerdings bescheidene Unterkunft. Nicht jeder adligen Tochter scheint dies behagt zu haben, sodass einige Schwestern das Kloster verließen.

Hildegard hatte das Gelände »mit Hilfe von Schenkungen der Gläubigen, die der Ruf ihres Namens hierhergeführt hatte, und zwar teils durch Barzahlung, teils durch Tausch erworben. Da sie ihn [den Rupertsberg] frei erworben hatte, entschied sie, daß er auch für immer frei bleiben sollte, d. h. nur der Schutzherrschaft der Mainzer Kirche unterstellt.«[6] Sie hat also umsichtig die Finanzierungsfrage geregelt und auch den »freien« Rechtsstatus für ihr Kloster erwirkt. Freiheit ist hier im mittelalterlichen Sinne als Freiraum innerhalb einer rechtlichen Unterordnung zu verstehen. »Frei ist«, so die Formulierung von Jacques Le Goff, »wer einen mächtigen Beschützer hinter sich hat«[7] – in diesem Falle den Erzbischof von Mainz.

Freilich sollten weitere Regelungen notwendig werden, denn noch war Hildegards Kloster eng mit dem Disibodenberg verflochten. Ein neuer Konflikt entstand, als sich Abt Kuno weigerte, die seiner Verwaltung unterstellte Mitgift der Nonnen, also die von ihnen in die Gemeinschaft eingebrachten Liegenschaften und deren Erträge, an das Kloster Rupertsberg abzugeben. Die Neugründung befand sich somit in einer prekären Finanzsituation, die sich erst allmählich durch großzügige Schenkungen von Hildegards Verwandten und des lokalen Adels verbesserte. Und man versetzte Hildegard einen weiteren Schlag. Mönch Volmar, Hildegards unverzichtbare Stütze bei der Niederschrift ihrer Visionen, der auf dem Rupertsberg das Amt des Propstes versah, sollte in das Männerkloster zurückberufen werden.

Nun war offenbar – für wen auch immer – die Schmerzgrenze überschritten. Hildegard begab sich »auf Gottes Mahnung hin« zum Disibodenberg. Es heißt, sie sei so schwer erkrankt gewesen, dass man sie aufs Pferd heben musste: »Kaum war sie eine ganz kurze Strecke weit geführt worden, da kehrten

ihre Kräfte zurück, und sie ritt freudig voran.«[8] In einem
Schreiben an ihre Mitschwestern berichtet Hildegard, was sie
»armseliges Gebilde«, dem Abt und seinen Mönchen sodann
verkündete: »Haben einige von euch in ihrer Unwürdigkeit
gesprochen ›Wir wollen ihren Besitz verringern‹, so spreche
ICH BIN, DER ICH BIN (Ex 3,14): ›Ihr seid die schlimmsten
Räuber! Wenn ihr aber versuchen solltet, den Hirten der geistlichen Heilkunst (Volmar) den Nonnen zu entziehen, dann
sage Ich euch weiter: Ihr seid den Söhnen Belials (des Teufels)
gleich und habt die Gerechtigkeit Gottes nicht vor Augen.
Deshalb wird Gottes Strafgericht euch vernichten!«[9] Nach
diesen wuchtigen Worten, die sich den Anwesenden durch
Hildegards Mund kundtaten, habe sich die Angelegenheit
zum Guten gewandt. Allerdings sollten noch komplizierte
Verhandlungen notwendig werden, die Hildegard mit dem
Nachfolger des verstorbenen Kuno, Abt Helenger, führte. Als
Ergebnis blieb allein die geistliche Beziehung zwischen den
Klöstern bestehen. Die Disibodenberger verpflichteten sich,
einen Propst nach Wahl der Nonnen zu stellen und diesen
nicht gegen ihren Willen abzuberufen. Die Besitzverhältnisse
wurden geregelt und die Klöster rechtlich entflechtet, wobei
es Hildegard mit der Zahlung einer beträchtlichen Geldsum-
me geschickt verstand, den Trennungsschmerz der Mönche
zu lindern. Vom Mainzer Erzbischof erlangte sie die Zusicherung des Rechtes auf freie Wahl der Äbtissin für ihr Kloster.
Sodann bestand Hildegard auf der schriftlichen Fixierung der
Abmachungen. Am 22. Mai 1158 wurden vom Mainzer Erzbischof Arnold, dem Nachfolger Heinrichs, zwei Urkunden
ausgestellt, die den Besitzstand des Klosters bestätigten und
die Regelungen im Verhältnis zum Mutterkloster festhielten.
Ein weiterer wichtiger Schritt zur Selbstständigkeit und zur
in obigem Sinne verstandenen Freiheit der Neugründung erfolgte 1163. Hildegard konnte von Kaiser Friedrich Barbarossa
einen Schutzbrief erwirken, der die Besitzungen und Rechte
des Rupertsbergs, das heißt die in den erzbischöflichen Urkunden fixierten Bestimmungen, bestätigte und jedem Frie-
densbrecher kaiserliche Vergeltung androhte.

Hildegard hat unter umsichtiger Nutzung ihrer Beziehungen zum Adel die rechtliche und finanzielle Basis ihres Klosters gesichert und dessen weitgehende Unabhängigkeit verwirklicht. Für moderne Betrachter sind Hildegards Reali-

Kloster Rupertsberg.
Das Kloster Rupertsberg wurde 1632 von schwedischen Truppen zerstört und nicht wieder aufgebaut. Buchillustration, 20. Jahrhundert, nach einer zeitgenössischen Darstellung.

tätssinn, Zielstrebigkeit und Verhandlungsgeschick sowie die Art und Weise, wie sie das Erreichte sichert, augenfällig. Für Wibert von Gembloux, der Jahre später (1177) vom Rupertsberg aus an seinen Freund Bovo schreibt, wird hier vor allem »ein weiteres Wunder« offenbar: »Dieses Kloster ist nicht etwa von einem Kaiser oder Bischof, einem Mächtigen oder Reichen dieser Erde, sondern von einer armen, zugezogenen schwachen Frau gegründet worden. Innerhalb kürzester Zeit, seit siebenundzwanzig Jahren, hat es sich sowohl dem mo-

nastischen Geist wie auch dem äußeren Aufbau nach hoch
entwickelt, so daß es durch nicht prunkvolle, wohl aber statt-
liche und geräumige Gebäude – wie sie sich für Nonnen
eignen – und dadurch, daß man in sämtliche Räume eine

Benedikt von Nursia. *Gründer*
des Benediktinerordens, Vater des
abendländischen Mönchtums,
Benevent, 11. Jahrhundert.

Wasserleitung gelegt hat, in allem wohlbestellt ist. Nicht nur
für die vielen Gäste, die im Hause Gottes niemals fehlen und
die verschiedenen Angestellten, deren es eine ganze Anzahl
gibt, sondern auch für rund fünfzig Schwestern sind alle Aus-
gaben für Kleidung und Nahrung zur Genüge gedeckt.«[10] Die
Arbeit der Schwestern bestehe, wie Wibert weiter berichtet,
im Abschreiben von Büchern, im Anfertigen von liturgischen
Gewändern und anderen Handarbeiten. Für schwerere Arbeiten sind hingegen die Dienstboten zuständig. Es ist also
ein wohlhabendes Kloster nicht ohne Komfort, das am Ende
einer Gründungsgeschichte voll zahlreicher zu überwinden-
der Hindernisse als beeindruckendes Ergebnis steht.
    Im Jahr 1165 erfolgte aufgrund des starken Zustroms von
Nonnen Hildegards Zweitgründung in Eibingen (bei Rüdes-
heim), wo sie ein leer stehendes Augustiner-Doppelkloster

erwarb. Hildegard stand nun zwei Klöstern als Äbtissin vor und soll zweimal wöchentlich auf einem Kahn den Rhein überquert haben, um das dem Rupertsberg gegenüberliegende Kloster zu besuchen.

Hildegard und Kaiser Friedrich Barbarossa

Ein wichtiges Zeugnis für das Ansehen Hildegards und ihre Rolle als prophetische Mahnerin ist ihr Briefwechsel mit Kaiser Friedrich Barbarossa. Drei Briefe Hildegards und ein Brief des Kaisers gelten als sicher belegt. Friedrich I. war am 4. März 1152 zum deutschen König gewählt worden, im Jahr 1155 erfolgte die Kaiserkrönung in Rom. Viele verbanden mit seiner Person die Hoffnung auf Frieden, denn er war sowohl mit dem Geschlecht der Staufer als auch mit dem der Welfen verwandt, die sich seit Jahrzehnten bekämpften. Kurz nach seiner Thronbesteigung erging an ihn ein erster Brief der Prophetin:»Der höchste Richter richtet folgende Worte an Dich.« Es folgt ein Schreiben in alttestamentarisch harschem Ton, mit mahnenden, inhaltlich aber allgemein gehaltenen Formulierungen, die zu einer gottgefälligen Herrschaftsausübung aufrufen:»Alle Länder sind von der betrügerischen Menge jener verfinstert, die mit der Schwärze ihrer Sünden die Gerechtigkeit vernichten. Räuber und Umherirrende zerstören den Weg des Herrn. O du König, mit dem Zepter der Barmherzigkeit weise die trägen, fremdartigen und wilden Verhaltensweisen zurecht. (...) Sieh also zu, daß du – wenn der höchste Richter dich betrachtet – nicht angeklagt wirst, du hättest dein Amt nicht recht verstanden, und dann erröten müßtest.«[11] Ein weiteres Schreiben sandte Hildegard wahrscheinlich in der Angelegenheit des Erzbischofs Heinrich I. von Mainz. Heinrich, der Hildegards Schriften vor den Papst gebracht und sie bei der Loslösung vom Disibodenberg unterstützt hatte, war Hildegards Vertrauter und Förderer. Hildegard verwandte sich bei Papst Eugen für ihn und schrieb in derselben Angelegenheit an Friedrich Barbarossa:»Hüte dich also, daß der himmlische König dich nicht wegen der Blindheit deiner Augen, die nicht recht sehen, wie du das Zepter zum richtigen Regieren in deiner Hand halten sollst, niederstreckt.«[12] An Pfingsten im Jahr 1153 wurde Heinrich, nicht zuletzt auch aufgrund von Intrigen, im Auftrag Papst Eugens III. und auf Wunsch Friedrichs abgesetzt. Von einer Reaktion Friedrichs auf Hildegards Schreiben ist nichts bekannt.

Im Jahr 1154 fand in der nur wenige Kilometer von Bingen entfernt liegenden Pfalz bei Ingelheim ein persönliches Treffen zwischen Hildegard und dem Staufer statt, auf das Friedrich in einem um 1155 zu datierenden Schreiben Bezug nimmt. »Wir geben deiner Heiligkeit bekannt, daß wir das, was du uns vorhergesagt hast, als wir uns in Ingelheim aufhielten und dich baten, vor uns zu erscheinen, schon in Händen halten.«[13] Offenbar hatte Friedrich, wie andere Zeitgenossen auch, Hildegard gleich einem göttlichen Orakel in einer ihm wichtigen, heute allerdings nicht mehr zu entschlüsselnden Angelegenheit befragt und prophetischen Aufschluss erhalten.

Die kaiserliche Schutzurkunde für das Kloster auf dem Rupertsberg wurde 1163 anlässlich des Hoftages in Mainz ausgestellt, »auf Antrag und Bitte der ehrwürdigen Herrin Hildegard, Äbtissin«[14], wie es in der Urkunde heißt. Es ist das einzige offizielle Dokument, in dem Hildegard, die sonst als Meisterin, Mutter, Herrin oder Vorsteherin bezeichnet wird, den Titel Äbtissin trägt. Vielleicht traf Hildegard auch in Mainz mit dem Kaiser persönlich zusammen.

Aufgrund des Konflikts zwischen Papst- und Kaisertum gestaltete sich Hildegards Beziehung zu Friedrich Barbarossa allerdings zunehmend kompliziert. Friedrich besaß ein hohes herrschaftliches Selbstverständnis. Seit dem Jahr 1157 wurde das Reich, dessen Kaiser er war, in Urkunden als »Sacrum Imperium«, also heiliges Reich, bezeichnet. Entsprechend verstand er sein Kaisertum als eine von Gott eingesetzte Ordnungsmacht. Die päpstliche Position hingegen fand in Bernhard von Clairvauxs Lehre von den zwei Schwertern ihren Ausdruck, gemäß der das weltliche Schwert durch den Papst, den Inhaber des geistlichen Schwertes, an den Kaiser verliehen wurde. Nach der Reichsauffassung Barbarossas war ihm dieses Schwert direkt von Gott verliehen worden. Keinesfalls wollte er sein Kaisertum als »Wohltat« bzw. »Lehen« (so die doppeldeutige Formulierung in einem Schreiben des Papstes, das im Jahr 1157 auf dem Reichstag zu Besançon zum Eklat führte und die päpstlichen Legaten fast das Leben gekostet hätte) von päpstlichen Gnaden verstanden wissen. Schon bald war daher Friedrichs Verhältnis zu dem nicht minder von hohem herrschaftlichem Selbstbewusstsein geprägten Papst Hadrian IV. gespannt. Sinnfällig wurde der Konflikt in der berühmten Szene von Sutri, die im Juni 1155 bei Friedrichs erstem Italienzug, auf den er sich mit dem Ziel der Kaiserkrönung begeben hatte, stattfand. Der Streit entfachte sich an einer im mittelalterlichen Denken so wichtigen symbolischen Geste. Friedrich verweigerte den »Marschall- und Stratordienst«, das heißt, er weigerte sich, das Pferd des Papstes, der mit seinem Gefolge ins kaiserliche Lager geritten war, zu führen und ihm beim Absteigen den Steigbügel zu halten. Diese Demutsgeste konnte, so die Befürchtung Friedrichs, als Anerkennung einer Lehensabhängigkeit gedeutet werden. Auf die königliche Weigerung folgte ein verweigerter päpstlicher Friedenskuss sowie eine verwickelte Zeremonialdebatte, an deren Ende dann doch Friedrichs Stratordienst stand, aber nur nach vorheriger Entfernung eines Gemäldes im Lateranpalast, das Lothar III. von Supplinburg bei ebendiesem Dienst zeigte und mit der ungebührlichen Unterschrift »des Papstes Mann« versehen war. Die schweren zeremoniellen Wogen wurden notdürftig geglättet, der Friedenskuss ordnungsgemäß vollzogen, ebenso wie wenig später die Kaiserkrönung in Rom. Das Verhältnis zwischen den Beteiligten blieb freilich gespannt.

Der Kampf zwischen Papst- und Kaisertum um den Vorrang der Macht war also bereits in vollem Gange, als im Jahr 1159 Papst Hadrian IV. starb. Hierauf wurde Alexander III. (der als päpstlicher Gesandter in Besançon anwesend und fast erschlagen worden war) von Kardinälen, die eine Fortsetzung der kaiserfeindlichen Politik wünschten, zum Papst erhoben. Eine kaisertreue Minderheit wählte Viktor IV. – der Beginn des Alexandrinischen Schismas. Auf den Tod Viktors folgten weitere kaisertreue Gegenpäpste, sodass das Schisma

Kaiser Friedrich I.
Kaiser Friedrich I. Barbarossa mit seinen Söhnen. Miniatur aus der Welfenchronik, Ende 12. Jahrhundert.

durch Papst Alexanders »Langlebigkeit und Unbeugsamkeit im Verein mit Barbarossas Starrsinn«[15] achtzehn Jahre lang dauerte.

Hildegard befand sich wie viele ihrer Zeitgenossen in einer schwierigen Lage und vermied es klug, Partei zu ergreifen. »Der Herr gibt mir nicht den Auftrag, über die Spaltung der Kirche zu sprechen«[16], heißt es in einem ihrer Schreiben. Wiederum wird ihr Pragmatismus deutlich, denn vor allem anderen war ihr an der Sicherung der Klosterneugründung auf dem Rupertsberg gelegen. Schon bald sollte sich Hildegards umsichtiges Verhalten auszahlen. Als 1165 im Rahmen eines regionalen Konfliktes die Truppen des Kaisers durch den Rheingau zogen und auch Klöster zerstörten, wurde das seit

1163 unter kaiserlichem Schutz stehende Kloster auf dem Rupertsberg verschont. Zweifelsfrei neigte Hildegard der Partei Papst Alexanders III. zu. Inwieweit dies ihr Verhältnis zu Friedrich verschlechterte, hängt davon ab, ob man ihren dritten Brief auf das Schisma oder aber – wofür plausible Gründe sprechen[17] – auf den Streit um die Absetzung Erzbischofs Heinrich I. bezieht. So oder so belegt das Schreiben Hildegards prophetisches Sendungsbewusstsein. Mit Worten von äußerster Schärfe ergeht aus ihrem Mund die göttliche Strafandrohung an den Kaiser: »Der ist spricht: ›Trotz vernichte ich, und den Widerspruch derer, die mich geringschätzen, zermalme ich um meiner selbst willen. Wehe, wehe, dieser Übeltat der Frevler, die mich verachten! Das vernimm, o König, wenn du leben willst; sonst wird dich mein Schwert treffen.‹«[18]

Kapitel 5
Irdische und himmlische Ordnung der Stände

Über Jahrhunderte wurde das Mönchtum des Mittelalters von den adligen Reichsklöstern der Benediktiner bestimmt. Ausgedehnte Grundbesitzungen sorgten für Reichtum. Mehr und mehr hatten sich die Lebensgewohnheiten in den Klöstern von den verpflichtenden Vorgaben der Benediktsregel entfernt. Arbeit und Gebet sollten in einem ausgewogenen Verhältnis den Alltag der Mönche bestimmen. Inzwischen war jedoch das Gebet stark in den Vordergrund getreten. Die Cluniazenser, ein Reformorden der Benediktiner, waren berühmt für ihre Prachtentfaltung und ihre Liturgie. Die Gottesdienste, die bis zu sieben Stunden an gewöhnlichen Tagen, an Festtagen noch länger dauerten, dienten dem Lobpreis und der Verherrlichung Gottes, des königsgleichen Herrschers über Himmel und Erde. Vor allem anderen fand in den liturgischen Bräuchen die nach Auffassung der Cluniazenser vornehmste Aufgabe der Mönche ihren Ausdruck: die Fürbitte für die gesamte Christenheit.

Auch im Mönchswesen war das 12. Jahrhundert eine Zeit des Umbruchs. Das alte Benediktinertum wurde von mächtigen Reformbewegungen erschüttert und umstrukturiert. Der Begriff »Reform« geht auf das lateinische »re-formare«, das heißt die Wiederherstellung des ursprünglichen Zustandes, zurück. Ganz in diesem Sinne sind Reformen im Mittelalter rückwärtsgewandte Aufbrüche zur idealen Epoche christlicher Frühzeit und zielen auf die erneuerte Verbindlichkeit der alten Werte ab.

Entsprechend kennzeichnete den Reformorden der Zisterzienser, der von Robert von Molesme (gest. 1110) gegründet wurde, die Rückbesinnung auf das Ideal der evangelischen Armut und die Betonung der Handarbeit. Bruno von Köln (gest. 1101), ebenfalls ein berühmter Vertreter der Reformbewegung, gründete den Karthäuserorden, der eine Erneuerung des Lebens der Mönche auf Grundlage des altchristlichen Eremitenwesens erstrebte. Norbert von Xanten (gest. 1132), der Gründer des Prämonstratenserordens, setzte dasselbe Reformideal für Kanoniker um. Generell gingen starke Reformimpulse von den Regularkanonikern aus, die sich in verschiedene Gruppen unterteilten. Richard von Springiersbach (gest. 1158) vertrat eine besonders strenge Richtung, die sich durch die radikale Befolgung des Armutsgebotes auszeichnete. Die Gründung des Springiersbacher Kanonikerstifts um 1100 geht auf Richards Mutter Benigna, die Witwe eines pfalzgräflichen Ministerialen, zurück. Benigna stammte also aus einem Geschlecht ursprünglich unfreier Dienstmannen, einem Stand, der sich im 12. Jahrhundert im Umbruch befand und im Adel aufging. Auch gesellschaftliche Umschichtungen gehörten zu den Veränderungen des 12. Jahrhunderts. Neue Gruppen stiegen in der Gesellschaft auf und drangen in das bislang vom alten Adel dominierte Klosterwesen vor.

Diese Veränderungen prägten auch das Umfeld Hildegards. Sie finden in einem Briefwechsel ihren Niederschlag, den Hildegard mit Tenxwind, der Meisterin des Marienklosters von Andernach, führte.[1] Tenxwind war die Tochter Benignas und enge Vertraute ihres Bruders Richard von Springiersbach. Nachdem Magistra Tenxwind in den Jahren 1127/1128 mit ihrem Konvent aus dem Doppelkloster in Springiersbach nach Andernach umgezogen war, wuchs die Frauengemeinschaft rasch an. Ja, der Zuspruch war so groß, dass der Bischof von Trier 1138 die Anzahl der Nonnen auf hundert begrenzte. Der Briefwechsel mit Hildegard fällt in die Gründungszeit des Klosters Rupertsberg, ist also zwischen 1148 und 1150 zu datieren. Tenxwind war zum Zeitpunkt, als sie an Hildegard schrieb, seit etwa zwei Jahrzehnten die Vorsteherin des größten Frauenklosters der strengen Springiersbacher Observanz. Sie war also eine bedeutende Frau.

Als Vertreterin des Armutsideals äußert sie ihr Befremden über die Festtagsliturgie in Hildegards Kloster, kritisiert die offenen Haare der Nonnen und die kostbaren Gewänder.

Mehr noch zeigt sie sich darüber verwundert, dass in Hildegards Kloster allein Angehörige des Adels Aufnahme finden: »Außerdem – und das scheint uns nicht weniger merkwürdig – gewährt ihr nur Frauen aus angesehenem und adligem

Majestas Domini. *Der segnende Christus in der Mandorla auf der Himmelskugel thronend. Illumination aus dem Goldenen Evangelienbuch Kaiser Heinrichs III., 11. Jahrhundert.*

Geschlecht den Eintritt in Eure Gemeinschaft. Nichtadligen und weniger Bemittelten hingegen verweigert ihr fast durchweg die Aufnahme in Eure Gemeinschaft. Auch darüber sind wir geradezu erstarrt und ratlos in der Unsicherheit starken Zweifelns, da wir im Geiste schweigend überdenken, daß der Herr selbst für die entstehende Kirche unansehnliche und arme Fischer erwählt und der heilige Petrus den damals zum Glauben bekehrten Völkern gesagt hat: ›In Wahrheit habe ich erfahren, daß bei Gott kein Ansehen der Person gilt‹«. Tenxwind betont weiter, dass nach Paulus (1 Kor 1, 26f) Gott für sich nicht die Mächtigen und Vornehmen, sondern gerade die Schwachen erwählt habe. Auch Hildegard beruft sich auf die Erwähltheit der Schwachen, versteht »Schwach-

heit« allerdings im auf »Einfalt« und »Unbildung« übertragenen Sinn, sodass sie auf diese Weise ihre Legitimation
als Prophetin unterstreicht. Tenxwind hingegen meint konkrete Gesellschaftsgruppen, die im Vergleich zum alten Adel
unterprivilegiert sind. Tenxwind stellt weiter fest, dass in
den »Anordnungen der Väter«, das heißt insbesondere in der
Benediktsregel, keine Rechtfertigung für dieses Verhalten
zu finden sei. »Eine solch große Neuerung im Brauchtum,
verehrungswürdige Braut Christi, übersteigt bei weitem das
Maß unserer bescheidenen Fassungskraft und hat in uns
nicht geringe Verwunderung ausgelöst. Wir winzig Kleinen,
die wir in der Euch schuldigen Liebe uns von Herzen über
Eure Fortschritte mitfreuen, möchten in bezug auf diese Sache Genaueres von euch erfahren.«[2] Hinter der verwunderten
Anfrage verbirgt sich harsche Kritik an den Gepflogenheiten
in Hildegards Kloster.

Hildegards Antwortschreiben zeugt vom hohen Selbstbewusstsein ihres prophetischen Selbstverständnisses. Nicht
Hildegard, sondern »der lebendige Quell spricht« und wendet
sich der Ständefrage zu: »Gott hat dem Volk auf Erden Un-
terschiede gesetzt, wie Er auch im Himmel Engel, Erzengel,
Throne, Herrschaften, Cherubim und Seraphim gesondert
hat. Sie alle werden von Gott geliebt und haben doch nicht
den gleichen Namen.« Wie die Ordnung im Himmel ist, so
ist sie auch auf Erden. Die irdische Hierarchie ist Abbild
der himmlischen Hierarchie, die unterschiedlichen Gesell-
schaftsränge sind wie die Ränge der Engelschöre von Gott
gesetzt: »Er hat acht, daß sich der geringe Stand nicht über
den höheren erhebe, wie Satan und der erste Mensch getan,
da sie höher fliegen wollten, als sie gestellt waren«. Standes-
grenzen sind folglich unverrückbar. Ja, der Versuch, sie zu
durchbrechen, kommt der Ursünde Satans und Adams gleich,
die aus Hochmut eine höhere Stellung für sich erstrebten,
als ihnen zustand. Insbesondere der Hinweis auf die beiden
ersten »Umstürzler« verleiht Hildegards Argumentation eine
beträchtliche Schärfe.

Im Weiteren widmet sich Hildegard der Bedeutung der

Ständefrage für das Klosterleben:»Welcher Mensch sammelt seine ganze Herde in einem einzigen Stall, Ochsen, Esel, Schafe, Böcke, ohne daß sie auseinanderlaufen? Darum soll man auch hier den Unterschied wahren, damit nicht die, die aus verschiedenen Volksschichten kommen, wenn sie zu einer Herde zusammengeschlossen würden, in stolzer Überheblichkeit, beschämt über die Standesunterschiede, auseinandergesprengt werden. Vor allem aber damit, wenn sie sich in gegenseitigem Haß zerfleischen – indem der höhere Stand über den geringeren herfällt und der niedere sich über den höheren stellt –, die Standesehre nicht verletzt werde.«[3] Hildegard argumentiert mit dem sozialen Sprengsatz, ja mit dem Hass, den das Zusammenleben unterschiedlicher Stände nach sich ziehen würde. Sie sieht also durch die Aufnahme nichtadliger Schwestern die klösterliche Ordnung bedroht.

»Was nützt es, daß adlige und reiche Nonnen von dem Ort, wo es ihnen an nichts gefehlt hat, wegziehen zu einer Stätte solchen Mangels?«[4], soll man damals – so der Bericht Hildegards – gegen den Wegzug vom Disibodenberg angeführt haben. Dieser Einwand war so unberechtigt nicht, denn die Unbequemlichkeit der sich noch im Bau befindlichen Neugründung traf nicht den Geschmack einer jeden. Es wird von Unmutsäußerungen berichtet und davon, dass sich einige Nonnen von Hildegard trennten. Es scheint, als habe die Äbtissin ihre standesbewussten Schwestern, von denen für manche bereits eine bescheidenere Lebensform ehrenrührig war, gut gekannt. Offenbar war ihnen eine nichtadlige Schwester nicht »zumutbar«, und Hildegard liefert in ihrem Antwortbrief an Tenxwind die Begründung, weswegen eine solche »Zumutung« auch weiterhin zu unterbleiben hat.

Briefe im Mittelalter sind nicht von privater, sondern von öffentlicher Natur. Bedenkt man die Verbreitung, die ein solcher Briefwechsel erfuhr, zeichnet sich ein weiterer Grund für Hildegards strikte Position ab. Sie macht das Kloster auf dem Rupertsberg zu einem attraktiven Ort für die aus dem Adel stammenden Töchter der Region. In dieser Zeit des

Wettstreites zwischen den Reformorden und den alten Benediktinern handelt es sich bei dem Briefwechsel zwischen Hildegard und Tenxwind auch um Werbeschreiben miteinander konkurrierender religiöser Lebensformen. In diesem Kontext scheint die Aussicht auf Adelsexklusivität ein gutes Argument für das Kloster auf dem Rupertsberg gewesen zu sein, wie der Aufschwung der nächsten Jahre belegt.

Hildegards Haltung ist freilich nicht allein von pragmatischer, sondern von grundsätzlicher Natur. Auch in der Visionsschrift ›Scivias‹ wird die Unverrückbarkeit der ständischen Ordnung vertreten. Gemäß einem visionär geschauten Bild beschreibt sie die Gemeinschaft der Kirche als Bauwerk, das an seiner Außenseite zwei Mauern hat, »von denen die äußere die hochgeborenen weltlichen Machthaber darstellt, denen nach meiner (Gottes) Bestimmung Gewalt verliehen ist, während die innere die Untergebenen sinnbildet, die der geistlichen und weltlichen Macht unterworfen sind«. Sinn dieser einer Festung gleichenden Ordnung der Gesellschaft ist die Festigung der geistlichen Ordnung im Einzelnen: »Denn die äußere weltliche Gewalt erinnert den Menschen an die innere geistige Macht der göttlichen Majestät.«[5] Ehrfurcht vor Gott übt sich somit in der Ehrfurcht vor den weltlichen Oberen ein.

Auch an dieser Stelle verknüpft Hildegard die unterschiedlichen Bedeutungsebenen – hier der Gesellschaft und des Einzelnen – über Analogieschlüsse. Diese Vorgehensweise lässt, wie sich noch zeigen wird, einen beeindruckenden Kosmos der Bedeutungen entstehen, in dem jedes Element mit den anderen verbunden ist. Im Fall von Hildegards sozialer Ordnungsvorstellung wird die Kehrseite dieses Denkens kenntlich, denn die wechselseitige Verknüpfung der Ebenen dient der Rechtfertigung und Stabilisierung gesellschaftlicher Herrschaftsstrukturen. Bindungen können eben auch Fesseln bedeuten. Den wohlgeordneten Kosmos, in dem ein jedes Glied die ihm von Gott zugewiesene Position einnimmt, kennzeichnet nicht nur das harmonische Zusammenspiel der Elemente, sondern auch ein strukturell angelegter Konservatismus. »Gott schuf nichts, das versucht, im Anflug des Stolzes emporzusteigen und sich dem Höherstehenden nicht unterwerfen will. Das geschieht dort, wo ein geringerer Stand sich über einen höheren (...) zu erheben strebt.«[6] Für gesellschaftliche Veränderungen ist in diesem Denken kein Platz.

Auch ansonsten zeigt Hildegard für die Angehörigen der unteren Stände kaum Interesse und folglich nur wenig Verständnis. Diesen Eindruck hinterlässt ein Brief an den Prior von Eberbach, in dem sie auf die Konversen, die Laienbrüder, Bezug nimmt, die in den Zisterzienserklöstern für niedrige und schwere Arbeiten besonders in der Landwirtschaft zuständig waren: »Die meisten bekehren sich in ihrer Lebensweise nicht wirklich zu Gott, weil sie mehr den Widerspruch als das rechte Handeln lieben und ihre Arbeiten mit unbesonnenem Gerede verrichten, indem sie so von ihren Vorgesetzten sprechen: Wer und was sind diese da? (...) Jetzt, ihr Meister, weist die erwähnten Menschen in eurem Orden, d. h. die Konversen, zurecht und tadelt sie, weil der größte Teil von ihnen weder tagsüber noch nachts mit etwas beschäftigt ist.«[7]

In vielen Klöstern des Mittelalters ist die Armenfürsorge den Mönchen und Nonnen ein wichtiges Anliegen. Man ehrt in den Armen den armen Christus, und man hilft, indem man die Armen unterstützt, zugleich den Verstorbenen der Klostergemeinschaft. Denn die Armen gelten als die Schatzkammer Christi. All das ihnen Gewährte wird, so ist man überzeugt, den Verstorbenen aus diesem Schatz vergolten und im Jenseits in die Vergebung ihrer Schuld umgemünzt werden. In Cluny wurden zum Todestag eines jeden Abtes zwölf Arme gespeist, eines jeden einfachen Mönches ein Armer. Im Jahr 1140 war die wirtschaftliche Belastung so groß geworden, dass sich Petrus Venerabilis gezwungen sah, die Ausgabe auf fünfzig Portionen täglich zu begrenzen. Die dennoch verbleibenden ca. 18 000 Mahlzeiten jährlich machen den gewichtigen Beitrag deutlich, den die Armenspeisungen der

Klöster zur Sozialfürsorge des Mittelalters leisteten. Auch ein solches Thema spielt bei Hildegard keine Rolle.

Meisterin Tenxwind stellt die mittelalterliche Ständeordnung nicht grundsätzlich infrage, ihre Kritik zielt auf die Sonderstellung des Adels im Kloster. Die Argumente, die sie aus der Bibel anführt, sind kaum von der Hand zu weisen. Und auch die Benediktsregel steht auf ihrer Seite. Der Abt »mache im Kloster keinen Unterschied der Person«, denn – so die Bestimmung der Regel im Rückgriff auf Paulus (Eph 6,8) – »ob Sklave oder freier Mann, in Christus sind wir alle eins«.[8]

Nicht nur heute überzeugen Tenxwinds Argumente, auch im 12. Jahrhundert besaßen sie Gewicht. Dass man ihnen dies auch auf dem Rupertsberg beimaß, belegt die Form, in der das Schreiben Aufnahme in die Sammlung der Briefe Hildegards fand. Tenxwinds Schreiben lässt beträchtliche Eingriffe erkennen, Textstellen wurden entschärft, Argumente in ihr Gegenteil verkehrt. Im Ergebnis erstrahlt Hildegards Antwortschreiben in hellstem Licht und

Der Allherrscher. *Illumination aus ›Scivias‹, Rupertsberger Kodex, 12. Jahrhundert.*

vermag sogar die kritische Tenxwind zu überzeugen. Offenbar war zu befürchten, dass Tenxwinds Position sich als allzu plausibel erweisen würde und das machte die »Umarbeitung« nötig. In der Tat stand Hildegard nicht nur im Gegensatz zu den Reformorden, sondern auch zu den Reformbestrebungen innerhalb des Benediktinertums. Und tatsächlich sollte die Zukunft – jedenfalls vorerst – nicht Hildegards ausgesprochen konservativer Haltung, sondern den Reformkräften gehören.

Das Mittelalter ist durchzogen von kühnen Aufbrüchen zurück in die christliche Frühzeit, die vom Eifer der Gründergeneration getragen wurden, sich in der Folgezeit im Spannungsverhältnis von Ideal und Wirklichkeit aufrieben, um sodann in Wohlleben und Adelsdünkel zu versanden. Im August 1206 sollte der heilige Dominikus (gest. 1221) auf wohlbeleibte, prunkvoll ausstaffierte Zisterzienser treffen, die unverrichteter Dinge von ihrer Predigt gegen die südfranzösischen Ketzer zurückkehrten. Beim Anblick dieser Vertreter des Reformordens, deren Pferde unter der frommen Last zusammenzubrechen drohten, stand ihm zugleich die Notwendigkeit eines neuen Aufbruchs zu den Ursprüngen vor Augen. Die Zeit der Bettelorden brach an, die eng mit der zwischenzeitlich vorangeschrittenen Entwicklung der Städte und dem erstarkten Bürgertum verbunden war. Es ist die Zeit des Kaufmannssohnes Franziskus (gest. 1226), der sich »Frau Armut« zur Geliebten wählte. Kaum war Franziskus verstorben, brach der Streit um die Armut in seinem Orden in aller Heftigkeit erneut aus.

Auch Meisterin Tenxwind hat das Schicksal der frommen Mütter- und Vätergeneration ereilt. Im 15. Jahrhundert lebten im Andernacher Marienkloster fast nur noch adlige Nonnen. Tenxwind war zwischenzeitlich zu einer Gräfin von Sponheim avanciert, ein adliges Schmuckstück in der illustren Ahnengalerie der vornehmen Schwestern. Und auch vom Ruhm Hildegards sollte wenigstens ein Abglanz auf das Andernacher Stift fallen. Richard von Springiersbach, so »wusste« man zwischenzeitlich, entschloss sich zur Gründung, nicht ohne zuvor die Äbtissin vom Rupertsberg in dieser Frage konsultiert und sodann deren gottgefälligen Rat befolgt zu haben.

In der Auseinandersetzung zwischen Tenxwind und Hildegard um Ständegrenzen innerhalb des Klosters wird man heute kaum anders können, als die Meinung Tenxwinds zu teilen. Dennoch sollte man sich nicht vorschnell auf ihre Seite schlagen. Die Betonung der Armut Christi und der Apostel nimmt die Berichte des Neuen Testamentes ernst, und in reformgesinnten Kreisen folgt man den biblischen Vorbildern oft unter beeindruckenden persönlichen Opfern nach. Hildegard allerdings bezieht sich, wie im folgenden Kapitel deutlich werden wird, auf andere biblische Vorbilder und folglich auf ein anderes Gottesbild. Auch in der Auslegung der Benediktsregel setzt sie andere Gewichtungen, unterstreicht den Geist des Maßhaltens und betont somit einen Grundgedanken der Regel, der eine gegebenenfalls ruinöse Strenge in der Lebensführung gerade zu verhindern sucht. Eben dieser Geist der Ausgewogenheit ging im Eifer des Reformgefechts, in der Frontstellung gegen religiöse Wohlsaturiertheit nur allzu gern verloren. Entsprechend herrschten in den Reformklöstern asketisch raue Sitten, so auch im Andernacher Konvent. Zur strikten Einhaltung des Armutsgebots trat strenges Fasten und Schweigen sowie harte körperliche Arbeit. Genaue Vorschriften regelten, dass die Nonnen ihr Haar unter einer schwarzen Kopfbedeckung zu tragen hatten. Nicht ansatzweise durfte es sichtbar werden. Der Gegensatz zu dem von Tenxwind kritisierten Aufzug der Nonnen Hildegards auf dem Rupertsberg lässt sich kaum größer vorstellen: »Auch von einem sonst nicht üblichen Brauch bei Euch drang etwas an unser Ohr: daß nämlich Eure Nonnen an Festtagen beim Psalmengesang mit herabwallendem Haar im Chore stehen und als Schmuck leuchtend weiße Seidenschleier tragen, deren Saum den Boden berührt. Auf dem Haupt haben sie goldgewirkte Kränze, in die auf beiden Seiten und hinten Kreuze und über der Stirn ein Bild des Lammes harmonisch eingeflochten sind. Auch sollen die Finger der Schwestern mit goldenen Ringen geschmückt sein. Dies alles obgleich der erste (Völker-)Hirt der Kirche solches verbietet, da er mahnt und sagt: ›Die Frauen sollen sich sittsam halten, nicht mit Haargeflecht und Gold und Perlen oder mit kostbarem Gewand‹ (sich schmücken)«. [9] Tenxwinds Vorwurf macht sich an biblischen Bekleidungsvorschriften fest. Tatsächlich aber wird hier um mehr gestritten, denn auch im zitierten Paulusbrief (1 Tim 2, 9ff) ist die Bekleidung symbolischer Ausdruck der dem Mann untergeordneten Stellung der Frau. Hildegard

widerspricht nicht, aber sie schränkt die Verbindlichkeit der
Bibelstelle ein: »Das alles gilt nicht für die Jungfrau. Diese
steht vielmehr in Einfalt und Unversehrtheit wie im schönen
Paradies (…). Für die Jungfrau besteht nicht die Vorschrift, die

Der Brunnen des Lebens.
*Miniatur (Ausschnitt) aus dem
›Liber divinorum operum‹, Lucca,
13. Jahrhundert.*

Schönheit ihres Haares zu bedecken, sondern aus eigenem
freien Willen verhüllt sie in tiefster Demut ihr Haupt. (…) Die
Jungfrauen sind im heiligen Geiste der Heiligkeit vermählt
und der Morgenröte der Jungfräulichkeit. (…) deshalb steht es
der Jungfrau zu, ein leuchtend weißes Gewand anzulegen.«[10]
Wie die Zeitgenossen unterscheidet Hildegard drei Stände der
Frauen: Ehefrauen, Witwen und Jungfrauen. Allgemeingut ist
auch, dass in der femininen Ständeordnung den Jungfrauen
die höchste Stellung zukommt. Wie keiner ihrer Zeitgenossen hebt Hildegard allerdings die Würde und Schönheit des
jungfräulichen Standes hervor. Entsprechend gilt das, was
für die Ehefrau gilt, für die Jungfrau gerade nicht. Man mag
an dieser Stelle das Unbehagen angesichts hierarchischer
Ordnungen, die aus gutem Grund historisch überwunden
sind, einen Augenblick beiseite lassen. Festzuhalten bleibt
die Würde, ja der im positiven Sinne zu verstehende Stolz,

den Hildegard diesem Stand zuordnet, denn er ist – jedenfalls weitreichend – dem Unterwerfungsverhältnis entzogen, das die zeitgenössische Stellung der Frauen bestimmt. Diesen herausragenden Rang der Jungfrauen zelebriert Hildegard als spirituelles Fest und als feierliche Prozession. Ja, sie verleiht ihm in Texten Ausdruck, die zum Schönsten gehören, was sie geschrieben hat.

Ihr Schönen ihr,
wie strahlt euer Antlitz
die ihr euch im Frührot erhebt,
um Gott zu schaun!

O glückselige Jungfraun,
wie so edel seid ihr!
In euch erschaute der König sich selber,
Er, der eingesiegelt hat,
in euer Wesen
alle Schönheit des Himmels.

Ein köstlicher Garten seid ihr,
voll Lieblichkeit,
duftend und widerduftend
im Schmucke lebendiger Schöne![11]

In ihrem Werk ›Buch der Lebensverdienste‹ schildert Hildegard, was sie über das jenseitige Schicksal der Jungfrauen geschaut hat. Die himmlischen Gestalten offenbarten sich in einem Lichtraum der heller strahlte als aller Sonne Strahl. Der Lichtraum war zugleich ein Raum des Wohlgeruchs – »und trug alle Grünkraft der Kräuter und Blumen des Paradieses wie der Erde in sich, voll vom Duft aller Lebensgrüne, so wie auch der Sommer den allersüßesten Duft der Kräuter und Blumen trägt«. Inmitten der Licht- und Dufterfahrung erschienen die Jungfrauen in goldenen, mit kostbaren Edelsteinen geschmückten Gewändern. Ihre Gürtel waren mit Gold, Geschmeide und Perlen verziert und von einer solchen

Schönheit, dass sie alles menschliche Vorstellungsvermögen
überstieg. Auf ihrem Haupt trugen sie Kronen aus feinstem
Flechtwerk mit Gold, Rosen, Lilien und mit edelsten Steinen
durchwirkt. Immer, wenn die göttliche Stimme erschallte,
»berührte ein allerliebster Windhauch, der aus dem geheimen
Grund der Gottheit kam, diese geflochtenen Röhrchen, sie
tönten dann jene Art von Zithermusik wider, im schönsten
Konzert (...) übereinstimmend.«[12]

Es ist der Himmel einer jungfräulichen Elite, der hier
glänzt, duftet und klingt. Auch in der irdischen Ordnung
der Stände, die Hildegard in ›Scivias‹ beschreibt, stehen die
jungfräulich Lebenden beiderlei Geschlechts, also Mönche
und Nonnen, aufgrund ihrer Frömmigkeit an der Spitze der
Gesellschaft. Unter den Auferstandenen, also in der himmlischen Ständeordnung, nehmen allein die Jungfrauen den
höchsten Rang ein[13] – aufgrund ihrer Befähigung zur keuschen Enthaltsamkeit, die für Hildegard offenbar nicht zu den
besonderen Begabungen der Männer gehört.

Es wird niemanden überraschen, dass eine Frau des 12. Jahrhunderts in den Kategorien des mittelalterlichen Ständewe-
sens denkt und folglich auch die Frauen in eine hierarchische
Ordnung dreier Stände unterteilt. Wenn es darum geht, Hildegards jungfräuliche Elite für die Gegenwart zu erschließen,
kann man sich daher fragen, ob es nicht Sinn macht, neue interpretatorische Wege zu gehen. Die Aufklärung, Darwin und
Freud liegen hinter uns. Die von hier ausgehenden Prozesse
der gesellschaftlichen Demokratisierung und Liberalisierung
wird man nicht mehr missen wollen. Warum sich also nicht
auch über eine gewandelte Lesart der »Jungfräulichkeit« Gedanken machen? Ein verinnerlichter Begriff der Jungfräulichkeit beschreibt die seelische Unversehrtheit, die Würde in
der Liebe und somit das Recht auf eine innere Autonomie,
die aller äußeren Definitions- und folglich Verfügungsmacht
entzogen ist. Von hier aus beziehe sich der Mensch liebend
auf wen auch immer er will.

Mit Hildegard und Tenxwind treffen zwei Frauen aufeinander, die verschiedenen Gesellschaftsgruppen entstammen, unterschiedliche Frömmigkeitsrichtungen vertreten und sich folglich auf unterschiedliche biblische Wurzeln und Gottesbilder beziehen. Tenxwinds Kritik ist nicht von der Hand zu weisen und hat ohne Zweifel die von ihr angeführte Stelle aus dem Timotheusbrief (1 Tim 2, 99 f.) zur Unterordnung der Frau auf ihrer Seite. Die Timotheusbriefe gehören zu den Pastoralbriefen, von denen man heute annimmt, dass sie nicht von Paulus stammen. Diese Unterscheidung setzt eine textkritische Lesart der Bibel voraus und ist daher im 12. Jahrhundert nicht bekannt und auch im 16. Jahrhundert nicht. Zeit ihres Lebens hatte Teresa von Avila mit den einschlägigen Pauluszitaten, insbesondere auch mit dem monotonen Dauerhinweis auf das im Rückgriff auf 1 Kor 14, 34 ff. formulierte:»Das Weib schweige in der Gemeinde« zu ringen. Nicht anders als Hildegard führte Teresa ihr Werk im Bewusstsein des göttlichen Auftrages aus. Ganz anders als der erhabene Christus in Hildegards kosmischer Schau ist es bei Teresa eine zugewandte Christusgestalt, die sie in visionär erfahrener Form begleitet und ihr beim Werk der Klosterreform beisteht. Als sich wieder einmal der Klerus sträubt und die Umsetzung des göttlichen Plans blockiert, hat es offenbar auch bei dem Auftraggeber mit der himmlischen Geduld ein Ende:»Als ich (Teresa) über den Sinn der Worte des hl. Paulus, die Zurückgezogenheit der Frauen betreffend, nachdachte, – es war mir dies schon so oft vorgehalten worden, noch ehe ich den Ausdruck des Apostels gehört hatte –, fiel mir ein, ob dies nicht etwa auch bei mir Gottes Wille wäre. Da sprach der Herr zu mir: ›Sag ihnen, sie sollten sich noch bloß auf einen Ausspruch der Heiligen Schrift berufen, sondern auch die anderen Stellen einsehen, ob sie mir denn die Hand binden können?‹«[14] Wir wagen selbstverständlich nicht zu widersprechen, und halten zur Verteidigung der Bräuche in Hildegards Kloster fest, dass die Bibel eben nicht allein aus Paulus besteht.

Tenxwind wittert im prächtigen Aufzug der Nonnen nicht

zu Unrecht adliges Selbstbewusstsein, denn es sind in der Tat die Töchter des alten Adels, die erhobenen Hauptes, mit wallendem Haar und in kostbarer Gewandung den hohen Feiertag festlich begehen. Gut möglich, dass der glanzvolle Aufzug von Musik begleitet war und in einem von Licht, Duft und Klang erfüllten Raum die jenseitige Herrlichkeit feierlich vorwegnahm. Für Tenxwind zeugt all dies von Hochmut, Dünkel und Prunksucht. Vor allem anderen aber lassen es diese Nonnen an jener Demut mangeln, wie sie Paulus gerade den Frauen gebietet. Was sich im 12. Jahrhundert für die reformgesinnte Tenxwind als Ärgernis darstellt, erweist sich aus heutiger Perspektive als ein stolzes Kapitel Frauengeschichte.

Hildegard und Richardis

In die Frühzeit des Klosters Rupertsberg fällt eine Auseinandersetzung, die wie kaum ein anderes Vorkommnis in Hildegards Leben den Blick auf den Menschen freigibt. »Als ich das Buch ›Scivias‹ schrieb, war ich einer adligen Nonne, der Tochter der genannten Markgräfin, in voller Liebe zugetan, so wie Paulus dem Timotheus. Sie hatte sich mir in allem in liebender Freundschaft verbunden und litt in meinen Leiden mit mir, bis ich das Buch vollendet hatte.«[15] Es handelt sich um Richardis, die Tochter des Markgrafen Rudolf I. von Stade und ihrer gleichnamigen Mutter, eben jener Markgräfin Richardis, die in Mainz erfolgreich für die Ablösung vom Disibodenberg interveniert hatte. Hildegard war der Familie eng verbunden, sodass es nahelag, die Tochter in Hildegards Kloster zu geben. Hier war Richardis zur Mitarbeiterin und Vertrauten, ja zur unverzichtbaren Stütze der inzwischen 53jährigen Visionärin geworden, die über zehn Jahre mit der Niederschrift ihres ersten Visionswerkes rang.

Kurz nach Beendigung von ›Scivias‹ im Jahr 1151 war Richardis zur Äbtissin des Stiftes Bassum bei Bremen gewählt worden. Sie hatte die neue Stellung nicht zuletzt dem Einfluss ihres Bruders Hartwig, der Erzbischof von Bremen war, zu verdanken. Hildegard, für die diese Nachricht ein schwerer Schlag gewesen sein muss, weigerte sich, Richardis ziehen zu lassen. Hartwig wandte sich hierauf mit seinem Anliegen

Maria und Elisabeth.
*Nordengland, 2. Hälfte
12. Jahrhundert.*

an die Hildegard vorgesetzte Kirchenbehörde in Mainz, was ein unmissverständliches Schreiben des Mainzer Erzbischofs zur Folge hatte: »Ja wir legen es dir befehlend auf, daß du sie (Richardis) den gegenwärtig Bittenden und Verlangenden für das Vorsteheramt überläßest.« Als ob er das, was kommen sollte, geahnt hätte, fügt Bischof Heinrich noch hinzu, dass er im Falle der Zuwiderhandlung, dasselbe erneut »und zwar noch schärfer befehlen und nicht davon ablassen«[16] werde.

»Der durchsichtige Quell, der nicht trügerisch ist, sondern gerecht, spricht: Die Gründe, die für die Erhebung jener Nonne (zur Äbtissin) vorgebracht werden, haben bei Gott kein Gewicht«[17], entgegnet Hildegard und weigert sich. Dass Hildegard auch hier nicht zwischen ihrer Funktion als göttliches Sprachrohr und sich selbst als Person unterscheidet, ist im Grunde weniger überraschend als die Tatsache, dass das persönliche Anliegen deutlich spürbar bleibt. Ja, man hat den Eindruck, dass sie in dieser Angelegenheit die »prophetische Fassung« verliert. »Ich beschwöre und ermahne dich: bringe meine Seele nicht derart in Aufruhr«, schreibt sie an die Markgräfin von Stade, gefolgt von der dringenden Bitte, ihre Tochter Richardis im Kloster Rupertsberg zu belassen, »denn die Äbtissinnenwürde ist sicher, sicher, ja sicher nicht von Gott.«[18] An der dreimaligen, fast flehentlichen Versicherung des göttlichen Willens wird die tiefe Bestürzung Hildegards über den drohenden Verlust deutlich.

Auch als sie den Weggang nicht verhindern kann, lässt Hildegard die Angelegenheit nicht auf sich beruhen und sucht Richardis mit allen Mitteln, die ihr zur Verfügung stehen, zurückzugewinnen. An Erzbischof Hartwig ergeht ein bittenddrohendes Schreiben, und auch an Richardis selbst wendet sie sich: »Weh mir Mutter, weh mir Tochter! Warum hast Du mich wie eine Waise zurückgelassen? Ich habe den Adel deiner Sitten geliebt, deine Weisheit und deine Keuschheit, deine Seele und dein ganzes Leben, so daß viele sagten: ›Was tust du?‹«[19] Als alles nichts nützt, versucht sie über eine Intervention bei Papst Eugen[20] ihr Ziel zu erlangen – vergeblich.

Viel würde man heute darum geben, zu wissen, was in Richardis vorgegangen sein mag. Strebte sie aus Adelsstolz eine höhere Stellung an, wie Hildegard in ihrer Verletztheit meint? War sie zwischen die Fronten der Bindungen geraten und hatte sich, da sie sich nun einmal entscheiden musste, letztendlich für die Familie entschieden? Litt sie, wie ihr Bruder später in einem versöhnlichen Brief an Hildegard schreibt, an ihrem Weggang vom Rupertsberg und an der Trennung von Hildegard? Alle Zeugnisse sprechen über Richardis. Von ihr selbst ist kein einziges Wort überliefert.

Nur kurze Zeit, nachdem Richardis den Rupertsberg verlassen hat, sendet Hartwig Hildegard einen Brief: »Ich melde dir, daß unsere Schwester, meine, nein deine – meine dem Leibe, deine dem Geiste nach – den Weg alles Fleisches gegangen ist«[21]. Im Jahr 1152 ist Richardis in Bassum gestorben. Die Auseinandersetzung um die Nonne Richardis ist einer der wenigen Momente in Hildegards Leben, in dem das ICH, als dessen Werkzeug sie sich versteht, auf das Ich Hildegards durchlässig wird, sodass die strenge Gestalt der Prophetin weichere Züge annimmt. Diese zeigen einen verletzten, aber auch kämpfenden Menschen, der sich mit allen zur Verfügung stehenden Mitteln dagegen wehrt, dass er loslassen muss. Vor allen Dingen aber zeigen sie Hildegard als eine Frau, die eine tiefe zwischenmenschliche Bindung zu Richardis eingegangen ist: »Denn mein Herz war voll von Liebe zu ihr, weil das Lebendige Licht in einer starken Schau mich lehrte, sie zu lieben.«[22]

Kapitel 6

Gottesbeziehung im Wandel

Die Umbrüche im Ordenswesen zu Lebzeiten Hildegards stehen im Kontext eines grundlegenden mentalitätsgeschichtlichen Wandels, in dem sich die geistlichen und intellektuellen Eliten der Epoche befinden. Das zwölfte Jahrhundert ist auch geistes- und religionsgeschichtlich eine Achsenzeit und Umbruchsphase. Es ist die Zeit des Aufbruchs in die Vernunft, der frühen Scholastik. Erste Universitäten entstehen. Man entdeckt Aristoteles neu und sucht nun den Glauben mit analytischer Rationalität zu ergründen. Und es ist die Zeit des Aufbruchs in die Tiefen der Seele, des inneren Ergründens des Glaubens, worum in den Klöstern und religiösen Gemeinschaften gerungen wird. Die grundlegenden Veränderungen in Theologie und Frömmigkeit, die sich nun vollziehen, haben in Tenxwinds Kloster bereits Einzug gehalten.

Wie leicht einzusehen ist, setzt die Armut in der Nachfolge Christi das Bild des armen Christus voraus, wie ihn das Neue Testament zeichnet. Hildegards Theologie hingegen wurzelt stark im Alten Testament. Im Neuen Testament bezieht sie sich insbesondere auf das Evangelium des Johannes. Sie bleibt weitgehend unbeeinflusst von den Umbrüchen in ihrer Zeit, sodass ihr Gottesbild dem der alten Epoche näher steht. Sowohl der kosmische Christus der dritten Visionsschrift als auch Christus als Himmelskönig, der in zahllosen Stellen ihrer Schriften erhaben über seinem irdischen Reich thront, sind herrschaftliche Gestalten. Ein kostbarer Glanz geht von diesem König aus, an dem alles, was seiner Hand entstammt, teilhat. Die Pracht des Herrschers leuchtet in seiner prächtigen Schöpfung auf: »Und so hat Gott sich das Firmament zum Schemel seines Thrones gesetzt. (...) Gottes Thron ist ja Seine Ewigkeit, in der Er allein sitzt, und alle Lebewesen sind gleichsam Funken der Strahlung Seines Glanzes, die Ihm wie die Strahlen der Sonne entströmen. Und wie würde Gott als das Leben erkannt, wenn nicht durch das Lebendige, das Ihn verherrlicht, da es ja, Ihn preisend, von Ihm ausgeht?«[1] Ja, auch der Körper, den viele von Hildegards Zeitgenossen als

Engelschöre. *Illumination aus ›Scivias‹, Rupertsberger Kodex, 12. Jahrhundert.*

Wurzel allen Übels fürchten, funkelt bei ihr in jenem kostbaren Glanz, der Zeichen seiner edlen Herkunft ist. Hildegards Texte sind mit Gemmen verziert, klangdurchwebt und lichtdurchstrahlt. In ihren schönsten Sequenzen besitzen sie festlichen Charakter und gleichen der Prozession der Nonnen in kostbarem Gewand. Die glänzende Theologie ist zugleich eine Theologie des Glanzes, in der sich unverkennbar adliges Selbstbewusstsein widerspiegelt.

Auch Hildegards Engel sind von erhabener Entrücktheit. Die ganze Sprachmacht Hildegards wird gleich einem goldgewebten Teppich entfaltet, ein würdevoll-festliches Ambiente für den prächtigen Aufzug der Engel:»Fürsten der Ehre! Lebendiges Licht! Heilige Engel! Tiefgeneigt vor der Gottheit, lodernd in Sehnsuchtsgluten (...) Ihr erblicket am Urquell den Schlag des ewigen Herzens. Wie von Auge zu Auge erschaut ihr die innigste Kraft, die das Vaterherz atmet.«[2] Ganz und gar sind diese Engel Gott zugewandt, ihre Blicke selig in der Betrachtung der göttlichen Majestät versunken.

Eine andere Blickrichtung haben hingegen die Engel, die auf den Mauern des Klosters Clairvaux Wacht halten. Ihre Blicke gelten den Mönchen. Freudig und besorgt nehmen sie an deren Gelingen und Scheitern Anteil, so jedenfalls in einer Predigt, die Abt Bernhard von Clairvaux vor seinen Mitbrüdern hält.[3] Bernhard, der aufgrund seiner außergewöhnlichen rhetorischen Begabung den Beinamen »honigfließender Lehrer« trägt, trifft auch hier genau den richtigen Ton. Gleich, was seine Mönche umtreiben mag, die Blicke der heiligen Engel beleidigen will keiner.

Man kann sich die mentalitätsgeschichtlichen Veränderungen in der Epoche Hildegards an den unterschiedlichen Blickrichtungen der Engel verdeutlichen. Anders als die zugewandten Engel auf den Mauern des Klosters Clairvaux, und völlig anders als die rührend besorgten Engel, die den spätmittelalterlichen Himmel hin zum Menschen durcheilen, sind Hildegards Engel erhabene Vertreter der Himmelshierarchie. Sie stehen in der alten Tradition der archaisch-rituellen Frömmigkeit, des von Ehrfurcht und Erschaudern geprägten Verhältnisses des Menschen zu den jenseitigen Mächten. Entsprechend sind diese Engel zur Hierarchiespitze, zum himmlischen Thron hin orientiert.

Man spricht vom 12. Jahrhundert auch als der Epoche, in der das Individuum neu entdeckt wird. An die Stelle des Typischen, der zu erfüllenden Norm und der Dominanz der Gemeinschaft tritt mehr und mehr das Selbstverständnis des Menschen als Einzelner. In der Zeit zuvor, da die Individualkategorie noch keine Rolle spielte, stellte sich die »Beziehung« zu Gott eher als eine Art Rechtsverhältnis dar, in dem die »Vergehen« in angemessener Weise zu sühnen waren. Die Handlung selbst und deren Resultat, nicht aber die Absicht des Menschen waren entscheidend. Im Verhältnis zum höchsten himmlischen Richter (nicht anders als im weltlichen Recht) musste sodann die den Verstoß bildende Handlung kompensiert werden, die innere Verfasstheit des »Täters« war hingegen nicht relevant. Entsprechend konnte die »Wiedergutmachung« auch von anderen Personen übernommen werden. Eben hierin gründet die für weite Strecken des Mittelalters so wichtige Gebetshilfe, die in den Klöstern zum Nutzen des Adels, der die Klöster mit frommen Schenkungen alimentierte, aber auch zum Nutzen der ganzen Gesellschaft übernommen wurde.

Dass die Religion nun mehr und mehr zu einer Angelegenheit des Individuums wird und Religiosität zur persönlichen Bindung, macht den Kern des mentalitätsgeschichtlichen Umbruchs zu Lebzeiten Hildegards aus.

An diesem Punkt setzt die Mystik, die sich zu diesem Zeitpunkt ebenfalls neu entfaltet, wichtige Akzente. Sinnfällig wird ihre Bedeutung für die Entwicklung des Individuums an einer Predigt Bernhards von Clairvaux, in der er beschreibt, wie Gott im Menschen Aufnahme findet. Hierzu muss sich die Seele an Höhe (Tugenden) und in der Breite (Liebe) weiten »um ein Himmel und eine Wohnung Gottes zu werden«[4]. Ein »Innenraum« entsteht, ein Ort der Reflexion und Läuterung, der Selbsterfahrung im Gottesbezug, der ekstatischen Freude in der Einheitserfahrung mit Gott und der tiefen Betrübnis in den Erfahrungen der Gottferne. Dieses »Innen« des Menschen ist in der Mystik fortan von zentralem Interesse. Insgesamt 86 Predigten hat Bernhard über die beiden ersten Kapitel des Hohenliedes Salomons gehalten. In diesem Buch des Alten Testamentes, das seinem Ursprung nach weltliche Liebeslyrik ist, besingen Braut und Bräutigam ihre Liebe in Strophen von höchster Poesie. Im Mittelalter wird das Liebeslied traditionell als (Liebes-)Geschichte zwischen Christus, dem Bräutigam, und seiner Braut, der Kirche, ausgelegt. Nun, im Rahmen der sich verinnerlichenden Gottesbeziehung, tritt die Deutung der Braut als menschliche Seele hinzu.

Nicht anders als bei der menschlichen Liebe wird auch hier gelitten, gebangt und gehofft – und gejauchzt vor Glück. Ihren schönsten sprachlichen Ausdruck finden diese Leiden und Freuden in den innigen Texten der Liebesmystik, die von der

Christus und die minnende Seele. *Konstanz, Ende 15. Jahrhundert.*

Liebe zwischen dem Menschen und dem Mensch gewordenen Gott berichten. Ja, diese Texte sind weit mehr als ein Bericht. Hier wird um Worte gerungen, die schönsten Bilder werden ersonnen, um das eigentlich Unsagbare sagbar zu machen. Nur folgerichtig ist die erste große deutsche Dichterin des Mittelhochdeutschen, Mechthild von Magdeburg, zugleich eine bedeutende Mystikerin.

> Ja tausend Tode wärn mir nicht zu schwer
> So weh ist mir nach Dir, oh Herr!
> Nun will ich in der Treue harren.
> Vermagst Du, Herr, es zu ertragen,
> Dann laß mich lang in Sehnsucht nach Dir gehen.
> Ich weiß es wohl, es muß doch, Herr,
> Die erste Lust nach mir in Dir entstehen.[5]

Nicht die göttliche Natur Christi, sondern seine Menschheit steht im Zentrum, denn die persönliche Beziehung zwischen Mensch und Gott setzt ein gewandeltes Gottesbild voraus. Sinnfällig wird dies in der Kunst, die sich am Übergang zur

Der Gekreuzigte neigt sich zum hl. Bernhard herab. *Graduale Cisterciense, 1. Hälfte 14. Jahrhundert.*

Epoche der Gotik befindet. Nun ist es nicht mehr ein mit den Insignien seiner Macht dargestellter kleiner Herrscher, es ist das Christuskind, das Maria in ihren Armen hält. Und auch Maria selbst wandelt sich. Die würdevolle Himmelskönigin wird zur Mutter, die mit ihrem Kind bangt und leidet. Zugleich wird Maria zum mütterlichen Bezugspunkt für die gesamte Christenheit. Auch in der Kunst wird die Tatsache, dass sich der Mensch mehr und mehr als Individuum versteht, sichtbar. Erst im späten 11. Jahrhundert finden sich Einritzungen auf Grabplatten, die rudimentär ein Porträt des Verstorbenen wiedergeben. Im 12. Jahrhundert beginnt mit der Gotik das Bemühen, den Menschen in plastischer Form und in korrekten Proportionen zur Darstellung zu bringen.

Der Wandel vom herrschaftlichen Gottesbild zur Menschheit Christi lässt ein weiteres Thema in den Vordergrund treten. Selbst als Gekreuzigter wirkt Christus in der alten Epoche erhaben und trägt eine Krone, die von seiner Königswürde zeugt. Nun ist es eine Dornenkrone, die man auf sein blutiges Haupt gedrückt hat. Fern von jeglicher göttlichen Majestät hängt ein geschundener menschlicher Körper am Kreuz. Zahllose Belege ließen sich anführen, in denen sich die mittelalterlichen Frommen die Leiden Christi zutiefst zu Herzen nehmen. In der Vision einer Nonne des 14. Jahrhunderts erscheint der gekreuzigte, blutüberströmte Christus: »und er schwebte ober mir (…) und sprach voll Süße zu mir: ›Gehab dich wohl, ich will dein ewiger Lohn sein‹. Da sprach ich gar innig in Gedanken: ›O weh, Herr, wann?‹. Da sprach er gar minniglich: ›Du mußt noch mehr leiden‹. Und darum sprach ich: ›Herr, zerreiß mir Händ und Füß, Herz und Haupt und alle meine Glieder; das will ich gern leiden‹. Und da erhob sich unser Herr wieder und waren ihm alle seine Wunden geheilt.«[6]

Derlei Zeugnisse stehen nicht vereinzelt. Die Betonung der Menschheit Christi rückt mit dem irdischen Leben auch die Passion in den Vordergrund, in der Frömmigkeit wird die individuelle Schuld zu einem drängenden, ja oft bedrängenden Thema. Nachfolge Christi bedeutet für die Frommen nun auch Nachfolge im Leiden. Dies findet in Formen extremer Askese, Kasteiungen und Abtötungen, die bis zur Selbstzerstörung gehen können, ihren Niederschlag. Die asketischen Großtaten der Heiligen erregen das bewundernde Staunen der mittelalterlichen Zeitgenossen, heute hingegen werden sie – wenn man sie überhaupt wahrnimmt – eher als Schattenseite an beeindruckenden Persönlichkeiten erfahren. Nicht die asketische Rabiatheit eines Franz von Assisi sondern seine weichen Züge, seine Zugewandtheit zur Schöpfung und seine Liebe zu den Tieren, begründen heute die Bewunderung für ihn.

Das herrschaftliche Gottesbild Hildegards bzw. der ihr vorangegangenen Epoche liegt für uns zeitlich in weiter Ferne. Historisch näher ist das Bild des armen leidenden Christus, näher sind uns auch die negativen Folgen, die die religiöse Fokussierung auf den Leidens- und Schuldaspekt

für Menschen hat. Heute nimmt man folglich eher die pro-
blematischen Züge an einer Glaubensausprägung wahr, die
im 12. Jahrhundert Ausdruck der beginnenden religiösen
Verinnerlichung und eines zunehmenden Zurücktretens der
Adelsdominanz war. Und auch die innigen persönlichen Beziehungen zu Christus, Maria, den Heiligen oder den Engeln
sind für moderne Betrachter eher befremdlich. Insbesondere
in ihrer spätmittelalterlichen Ausprägung werden sie oft als
allzu innig empfunden, denn sie setzten ein Gottesbild bzw.
ein Verständnis der jenseitigen Mächte voraus, das für das
moderne Denken zu vermenschlicht ist und deshalb naiv erscheinen muss.

Die Tatsache, dass eine in mancherlei Hinsicht konservative Visionärin des 12. Jahrhunderts in den siebziger Jahren
des 20. Jahrhunderts in den Rang höchster Popularität kata-
pultiert wird und sodann als erstaunlich »modern« gilt, ist
und bleibt überraschend. Der Vorgang selbst jedoch wird vor
dem Hintergrund der beschriebenen religionsgeschichtlichen
Veränderungen nachvollziehbar. Die moderne Verehrung gilt
einer Frau, der in ihrer Epoche des Wandels eine »Sonderstellung« zukommt, da die Bilderwelt ihrer Visionen noch
»ganz eingeborgen in die archaisch-sakramentale Lebensord-
nung des frühen Abendlandes ist«[7]. Die Rückbesinnung bezieht sich somit auf eine Zeit, da wesentliche Veränderungen,
deren Folgen bis in die Gegenwart hineinwirken, erst nach
Hildegard bzw. gleichzeitig stattgefunden haben, ohne dass
Hildegard an ihnen Anteil gehabt hätte. Die der Moderne
vorangegangenen Jahrhunderte werden zur fernen Ideenwelt
Hildegards hin übersprungen, und in der Tat überschneiden
sich nun Motive.

Der Herrschaftlichkeit ihres Gottesbildes entsprechend,
belässt Hildegard Gott im Himmel. Breite Strömungen in
der Spiritualität der Folgezeit emotionalisieren hingegen das
Verhältnis zwischen Gott und Mensch. Nicht der Abstand,
sondern die Nähe wird zum bestimmenden Element einer
Frömmigkeit, die in ekstatischen Momenten von höchster
Innigkeit Gott und Mensch gleich zwei Liebenden einander

in den Armen liegen lässt. Auch modernen Menschen ist Gott, freilich aus ganz anderen Gründen, entrückt und folglich Hildegards Gottesbild – scheinbar – näher. Die Erhabenheit dieses Gottes, der Hildegard in ihrer Bildersprache von

Das Jesuskind im Kreise seiner Familie.
Das Leben Jesu, Kloster Lichtenthal, um 1450–1460.

fremdartiger Schönheit Ausdruck verleiht, lässt sich heute als entpersonalisierender Zug am Gottesbild erfahren. Die antiasketische Ausrichtung Hildegards, die auch Ausdruck adligen Selbstbewusstseins ist, kommt dem ganzheitlichen Menschenbild der Gegenwart entgegen. Ebenso hat die Tatsache, dass Hildegard Weiblichkeit partiell aufwertet, an ihrer Renaissance in einer Epoche Anteil, in der sich die Stellung der Frau grundsätzlich gewandelt hat. Auch hier überschneiden sich Motive, wobei Hildegard die klösterliche Elite der adligen Jungfrauen im Blick hat, während das moderne Denken alle Frauen meint.

Hildegards herrschaftlicher Gott ist als Person fern, in seinem Wirken hingegen ist er nah. Wirkmächtig ist er vor allem in einer Schöpfung, die er als wohlgeordnetes Ganzes geschaffen hat. Hildegards von ursprünglicher »Heilheit« zeugende Kategorien treffen hier auf die moderne Erfahrung eines »unheilen« natürlichen Umfeldes, das infolge menschlichen Ein- und Übergreifens mehr und mehr aus den Fugen gerät. Und gerade auch ihr Universalismus korrespondiert mit der Gegenwart. Der mittelalterliche Universalismus ist freilich Ausdruck einer noch kleinen Welt, die vor allen geografischen und auch naturwissenschaftlichen Entdeckungen liegt. Nach allen Entdeckungen, nach der wirtschaftlichen Erschließung, kapitalistischen Gleichschaltung und kommunikativen Vernetzung liegt die moderne Welt – die wieder klein geworden ist. »Universalismus« und »Globalisierung« sind die Stichworte, in denen sich die Kategorien der Welterfahrung überschneiden, auch wenn der historische Kontext, dem sie angehören, ein völlig anderer ist. Man tut daher gut daran, sich der Differenz zwischen historischem Motiv und moderner Lesart bewusst zu bleiben. Und natürlich sind Motivüberschneidung in Einzelaspekten vom Gesamtwerk zu unterscheiden. Dass derlei notwendige Differenzierungen oft genug entfallen, gehört zum Phänomen Rezeptionsgeschichte und insbesondere zur Rezeptionsgeschichte des Mittelalters. Bereits die Mittelalterbegeisterung der großen Dichter der Romantik kennzeichnete ein Hang zur unhistorischen Idylle. Zumal in Deutschland ist das Mittelalter weit mehr als nur eine geschichtliche Epoche: Es ist ein Sehnsuchtsort.

Hildegards glänzendes Gottesbild hat auch dunkle Seiten. Der himmlische Herrscher kann die grimmigen Züge des zürnenden und strafenden Richters annehmen, zumal in ihren Betrachtungen über die Endzeit: »Denn dann wird Gott für Seine Feinde grausame Strafen zulassen zur Läuterung der Sünden, wie er dies seit Anbeginn der Welt ständig getan.«[8] Auch über den Lauf der Geschichte hinweg greift Gott strafend ein »und schickt Blitz und Donner auf die Erde. Er setzt die Völker mit Hungersnöten, Krankheiten und Kriegszügen in Schrecken, und so bringt er dem ganzen Erdkreis entsetzliche Katastrophen«[9]. Es wäre in der Tat problemlos möglich, aus den Werken Hildegards ein Buch über die Bestrafungen der Sünder im Fegefeuer und die furchtbaren Höllenqualen, die sie auf ewig erleiden, zusammenzustellen. So werden beispielsweise in ihrer zweiten Visionsschrift, dem ›Buch der Lebensverdienste‹, den diversen Verfehlungen die Bestrafungen zugeordnet, die sie zur Konsequenz haben. Im Fegefeuer werden für das Laster der Habsucht die Seelen in einem kochenden Gewässer von Drachen und bösen Geistern gepeinigt[10], die Engherzigen brennen in der riesigen Lohe feuerspeiender Schlangen[11], die Lügner werden abwechselnd in eiskaltes Wasser und heiße Glut geworfen und von Drachen gequält[12], die Spottsüchtigen von Lichtwürmern benagt[13], diejenigen, die sich des ungeordneten Umherschweifens schuldig machten, hocken in einem stinkenden, mit Moder angefüllten Sumpfloch[14], die Ehebrecher werden zwischen zwei Feuern, in denen sie gebrannt werden, hin und hergejagt[15]. Die Ausgelassenen stecken gemeinsam mit laut tösenden Feuerwürmern in einem glühenden Feuer und sind von einer dichten Luftschicht so eng umschlossen, dass sie kaum atmen können[16]. Die Zornigen stecken im schlammigen Moder, aus dem einäugige Würmer quellen, die mit ihren Schwänzen die faulige Masse umwälzen und werden zugleich von stürmender, wie feurig brodelnder Luft, die oberhalb des schwarzen Sees aus Moder lagert, gebrannt.[17] Gesteigert werden all die Schrecknisse durch die tiefschwarze Hölle, »die jede Art von Qual, Elend, Gestank und Folterung in sich schloß«. Das, was hier geschieht, ist so schrecklich, dass Hildegard die Hölle als tiefschwarze, unermessliche Finsternis nur von außen sieht, während das qualvolle Geschehen im Innern allein akustisch wahrnehmbar nach außen dringt. »Und ich wollte auch nicht in die Hölle selber sehen. Dagegen hörte ich aus ihr ein außergewöhnliches und maßloses Wehgeschrei der Klagenden, ferner gewaltiges und unermeßliches Zähneknirschen der jammernden Seelen wie auch das unzählbare grenzenlose Knirschen der Folterungen. Es war ein Getöse wie das Tönen eines antobenden Meeres und wie das Rauschen vieler Wasser.«[18] Es gibt nicht nur eine Kreativität des Glanzes und der Freude bei Hildegard, es gibt auch eine Kreativität der Dunkelheit und des Schreckens.

»Fürchtet nämlich ein Mensch wirklich diese Strafen, dann hört er auch auf zu sündigen«[19], sagt Hildegard und kaum noch jemand wird ihr hierin folgen: Modernes Denken setzt auf Einsicht, nicht auf die Drohung mit Höllenqualen. Man kann sich von solchen Inhalten trennen. Man kann sich auch, wenn es denn sein muss, zu ihnen bekennen, denn die moderne Wertepluralität und Achtung vor der Freiheit des Einzelnen, lässt auch diese Variante zu. So zu tun, als existierten derlei Inhalte nicht, sollte man freilich unterlassen. Ihre Kenntnisnahme gebietet nicht nur der Respekt vor der Historie, sondern auch der Respekt vor der Moderne. Vor allen Dingen gilt auch hier, was für historische Renaissancen aller Art gilt: Stets sollte man sich der Gefahr bewusst sein, dass man neben dem Gewünschten gegebenenfalls auch Problematischem Einlass gewährt. Kurzum: Glanz und Optimismus gehören zu den schönsten Zügen an Hildegards Werk, das freilich auch hier doppelgesichtig bleibt, denn spätestens »am Schlund des Höllenpfuhls[20]« ist es mit allem Optimismus vorbei.

Der adlige Glanz, der Hildegards Theologie umgibt, musste im 12. Jahrhundert zwangsläufig den Unmut der reformgesinnten Tenxwind erregen. In der modernen Lesart ist dieser Glanz als lichter Zug an einer streckenweisen optimistischen Theologie erfahrbar. Armut, Buße, Kasteiungen, das heißt die typischen Ausprägungen einer Frömmigkeitshaltung, der im Mittelalter die Zukunft gehören sollte, stehen bei ihr noch im Hintergrund. Dass Franziskus, wie es heißt, »durch die Strenge seiner Bußübungen und unaufhörliches Weinen beinahe erblindet(e)«[21], hätte Hildegard als befremdliche Überschreitung des rechten Maßes empfunden. Und auch die asketische Härte des heiligen Bernhard, der in seinen frühen Klosterjahren so sehr hungerte, dass ihm eine lebenslange Magenerkrankung blieb[22], liegt ihr fern.

Hildegards Optimismus kommt dem modernen Optimismus entgegen. Zugleich zeigt sie die Notwendigkeit von Grenzen auf. Denn der Mensch ist in ihrem Werk Teil eines universellen Ordnungsgefüges, in dem sich die Elemente wechselseitig begrenzen und doch zugleich miteinander verbunden sind. In Zeiten, da die Grenzen des Wachstums erreicht, ja überschritten sind und die Folgen des Handelns nicht mehr regional begrenzt sind, sondern die ganze Welt betreffen, hat die Äbtissin aus der mittelalterlichen Übergangsepoche der Gegenwart, die sichtlich ebenfalls eine Epoche des Übergangs ist, in der Tat einiges zu sagen. Dennoch ist gerade bei Hildegards vielschichtigem Werk, aus dem sich letztlich fast alles belegen lässt, eine differenzierte Sicht geboten. Der Rückbezug auf Historisches kann Sinn machen, falsche Idylle jedoch sind und bleiben verzichtbar.

Kapitel 7
Das Buch der göttlichen Werke und das kosmische Kaleidoskop

Von Hildegard sind drei große Visionswerke überliefert, die sie von ihrem dreiundvierzigsten Lebensjahr an verfasste. Diese Werke sind gemäß Hildegards Selbstverständnis als Prophetin göttlichen Ursprungs. Die Bilder, die sie beschreibt, werden visionär geschaut, die Auslegungen der Bilder, die auf die Beschreibung folgen, werden gehört, also als Audition erfahren. An ihrem Erstlingswerk ›Scivias‹ (Wisse die Wege), das sechsundzwanzig Einzelvisionen beinhaltet, arbeitete Hildegard von 1141 bis 1151. Hildegard thematisiert hier die theologischen Grundfragen ihrer Zeit: die Schöpfung, Christus und die Kirche. Einen breiten Raum nehmen endzeitliche Betrachtungen ein, ein Thema, das die Zeitgenossen tief bewegt und kennzeichnend für Hildegards Selbstverständnis als Prophetin in der letzten Phase der Heilsgeschichte ist.

Der ›Liber vitae meritorum‹ (Das Buch der Lebensverdienste) wurde zwischen 1158 und 1163 verfasst. In den ersten fünf Bänden treten jeweils fünfunddreißig Tugenden und Laster in personifizierter Form auf und halten wie auf einer Bühne Rede und Gegenrede. Im letzten Band des sechs Bücher umfassenden Werkes, werden das Jenseits, die Orte des himmlischen Lohnes und der höllischen Bestrafung beschrieben. Die zweite Visionsschrift eröffnet Einblicke in die Tiefendimension der Seele von großer archaischer Kraft und wurde sichtlich von einer Kennerin der Materie, der in der Seelsorge erfahrenen geistlichen Mutter, die inzwischen um die sechzig Jahre alt ist, verfasst.

Der ›Liber divinorum operum‹ (Buch der göttlichen Werke) ist Hildegards dritter Visionsband und gilt als ihr reifstes Werk. Es sei hier einer eingehenderen Betrachtung unterzogen, die zugleich in Hildegards Denken einführen soll.

Die letzte Visionsschrift geht auf eine Schau zurück, die Hildegard 1163, also in ihrem fünfundsechzigsten Lebensjahr, erfuhr. »Sieben Jahre schrieb ich an dieser Vision und konnte kaum damit fertig werden«[1]. Tatsächlich sollte die Abfassung bis 1174 dauern und unter erschwerten Bedingungen erfolgen. Im Jahr 1173 war Mönch Volmar, Hildegards unverzichtbare Stütze, gestorben. »Denn ich arbeite jetzt allein« – schreibt sie an Abt Ludwig vom Kloster St. Eucharius in Trier – »wie ein Waisenkind am ›Werke Gottes‹, da mein Helfer, wie es Gott gefiel, mir genommen ist.«[2]

Die dritte Visionsschrift nimmt im Prolog des Johannesevangeliums ihren Ausgang: »Am Anfang war das Wort«. Durch das Wort, das als wesensgleicher Sohn des ewigen Vaters in der Welt »Fleisch geworden« ist (Joh 1,14), wurde die Welt erschaffen. Christus als Logos (Wort) bildet somit das Zentrum, den Dreh- und Angelpunkt von Hildegards Werk. Das Wort am Beginn, »das vor den Geschöpfen ohne Anfang war und das nach ihnen ohne Ende sein wird, hieß alle Kreaturen hervorgehen. Und er schuf sein Werk, ähnlich wie der Werkmeister sein Werk zum Leuchten bringt. Was vor dem Zeitenbeginn in seinem Ratschluß vorherbestimmt war, erschien jetzt in sichtbarer Weise. Daher ist der Mensch mit aller Kreatur das Werk Gottes. Aber der Mensch ist auch der Werkmann Gottes.«[3] Noch vor der Schöpfung liegt mit dem Fall Satans und der Dämonen, die aus den Engelsrängen in die tiefste Finsternis hinabstürzten, ein weiteres Zentralereignis der Heilsgeschichte. Hildegard unterscheidet nach altchristlicher Tradition neun Engelschöre. Zum zehnten Chor, der die von den gefallenen Engeln hinterlassenen Lücken in den Engelscharen ausfüllen soll, sind – sowie sich die Heilsgeschichte vollendet hat – die erwählten Menschen bestimmt[4]. Um der Erfüllung dieses göttlichen Heilsplans willen, wurde die Welt und ihr Herzstück, das Leib/Seele-Wesen Mensch erschaffen. Er ist nicht nur das Werkstück Gottes, sondern auch sein Handwerker, der in der Welt »schöpferisch am Werke (ist)«[5] und somit zum Mithelfer am großen Heilswerk wird. Die Vollendung jedes Einzelnen der Erwählten ist Teil des heilsgeschichtlichen Gesamtplanes und folglich eingebunden in die Vollendung des gesamten Kosmos. Hildegards Schau ist universal, ihr Blick gerade im letzten ihrer Visionswerke auf die Ordnung des Ganzen gerichtet.

Hildegards drittes Visionswerk setzt sich aus zehn Einzelvisionen und deren Deutungen in drei Büchern oder Teilen zusammen[6]. Der erste Teil umfasst mit vier Visionen die diesseitige Welt. Das zweite Buch beschreibt in der fünften Vision die Orte des Jenseits. Die folgenden fünf Visionen, die den dritten Teil bilden, gelten der Heilsgeschichte.

Der erste Teil beginnt mit einer Schau über den Ursprung des Lebens und der gewaltigen Gestalt des Urlebendigen, die Abbild der Trinität und Urgrund alles Seins ist: »Ich, die höchste und feurige Kraft habe jedweden Funken von Leben entzündet, und nichts Tödliches sprühe ich aus.«[7] In der zweiten Schau wird im Gegensatz zu ›Scivias‹ der Kosmos nicht in Eiform, sondern als Weltenrad (rota) vorgestellt. Das Weltenrad ruht in der Mitte Gottes und beginnt sich, da Mensch und Kosmos mit dem Sündenfall der Veränderlichkeit preisgegeben sind, zu drehen. Die rote Gestalt, die das Rad hält, symbolisiert die feurige, vor Leben sprühende Liebe (caritas), die »all-umfassend« ist und hier auch tatsächlich das All umfaßt: »Aus dem Urgrund der wahren Liebe, in deren Wissen der Weltenlauf ruht, leuchtet ihre überaus feine Ordnung über alle Dinge hervor und kommt, alles haltend und alles hegend, immer neu ans Licht.«[8] Das Greisenhaupt, das ihrem Kopf entwächst, bedeutet die göttliche Güte. Sodann wird der Aufbau des gesamten Kosmos beschrieben, der sechs konzentrische Sphären, sieben Planeten, viele Sterne sowie die im Zentrum liegende Erde umfasst. »Mitten im Weltenbau steht der Mensch, denn er ist bedeutender als alle übrigen Geschöpfe. (…) An Statur ist er zwar klein, an Kraft seiner Seele jedoch gewaltig.(…) Was er mit seinem Werk in rechter und linker Hand bewirkt, das durchdringt das All«[9]. Der Mensch ist von Kosmosmächten umgeben, die auf ihn einwirken, wie auch er umgekehrt auf sie einwirkt. Die dritte Schau gilt den Winden, die gleichsam als eine Art kosmische

Energie vorgestellt werden. Diese beeinflussen insbesondere
das Gleichgewicht des menschlichen Säftehaushalts:»Mit
der Harmonie der äußeren Elemente befinden sich nämlich
auch die Säfte im Organismus in Ruhe, während bei Erregung
und Unruhe der kosmischen Kräfte auch die Säfte zerstört
werden. Denn ohne den Ausgleich und die Unterstützung
ihrer Weltkräfte könnte der Mensch einfach nicht exisitie-
ren.«[10] Die vierte Vision beschreibt den Menschen von Kopf
bis Fuß und setzt die einzelnen Glieder zur Gliederung des
Kosmos in Bezug:»Denn die Länge der menschlichen Gestalt und ihre Breite sind, wenn er Hände und Arme gleich-
mäßig von der Brust ausstreckt, gleicher Größe, wie auch
das Firmament an Länge und Breite gleich ist.«[11] Ein gewaltiges Netzwerk von Wechselbezügen zwischen Kosmos und
Mensch nimmt hier seinen Ausgang. Auch zwischen Welt
und Mensch erstellt Hildegard solche Korrespondenzreihen,
sodass die zwölf Monate des Jahres auf die Körperteile, die
Sinne und die Lebensalter des Menschen, aber auch auf das
Seelenleben und die Tugenden verweisen.

Die fünfte Vision beschreibt im geometrischen Modell die
Orte des Jenseits, die sich um die Erde im Zentrum gruppie-
ren (vgl. Abb. S. 112). Diese ist in drei Zonen unterteilt, wobei
allein die mittlere, weder zu warme noch zu kalte Zone,
bewohnbar ist. Im lichten Osten liegt der Ort der Seligen,
im verfinsterten Westen hingegen der Ort der Reinigung für
leichtere Sünden. Der Läuterungsort im Süden ist für schwere, der im Norden für schwerste Verfehlungen bestimmt.
Außerhalb der göttlichen Ordnung und folglich außerhalb
des Kreises umspannt eine furchtbare Finsternis Süd und
Nord, zwischen West und Nord tut sich der grauenerregende
Höllenschlund auf. Der rote, im Osten liegende Kreis symbolisiert den»Eifer Gottes«. Dessen Flügel umschirmen das
All, den Diesseits- und Jenseitskosmos bis zur Mitte der
Rundung, um sodann in einen rötlichen Kreis in Bogenform
überzugehen. Der Eifer Gottes verwandelt sich in Strafeifer,
der jenen dem Bösen zugeneigten Teil zwar noch hält, aber
läuternden Strafen unterwirft.

Der Kosmosmensch. *Miniatur aus dem ›Liber divinorum operum‹, Lucca, 13. Jahrhundert.*

Hildegards Jenseitsregionen bilden den Ausgangspunkt einer Vielzahl von Querverweisen, so werden z. B. die fünf Regionen auf die fünf Sinne des Menschen ausgelegt. Auch hier korrespondieren die letzten mit den ersten Dingen. Entsprechend enthält die fünfte Vision eine Auslegung des Schöpfungsberichtes. Diese wird zum Ausgangspunkt eines elaborierten Systems von Wechselbezügen, in dem die einzelnen Schöpfungstage auf die heilsgeschichtlichen Entwicklungsphasen der Kirche und – in ihrer auf das Seelenleben des Einzelnen bezogenen Bedeutung – auf die Tugenden ausgelegt werden. Das dritte Buch gilt der Heilsgeschichte (vgl. S. 152 ff.). Es beginnt mit der allumfassenden Gestalt Gottes und stellt die Welt der Engel sowie den Engelssturz vor. Die siebte Schau beschreibt den Verlauf der Heilsgeschichte bis hin zu ihrem Zentralereignis, der Menschwerdung Gottes, der die achte Schau gilt. Das Eintreten Christi in die Geschichte wird kennzeichnenderweise nicht als Leben und Leiden Christi nach den Vorgaben des Neuen Testamentes geschildert, sondern als Eintritt des Logos in den Kosmos. Liebe, Demut und Frieden, die in personifizierter Form geschaut werden, durchstrahlen nun Universum, Welt und Mensch. In der neunten Vision vollendet sich der Kosmos. Die zehnte Vision hält wiederum Rückschau auf die ersten Dinge, beschreibt die Epochen der Heilsgeschichte und mündet in die Vorschau auf die letzten Dinge. Das Ende der Zeiten ist durch den Zerfall des römischen Reiches gekennzeichnet, das gemäß einem heilsgeschichtlichen Periodisierungsschema, das auch den Zeitgenossen geläufig ist, das letzte in der Abfolge von vier Weltreichen darstellt. (Die Gegenwart zählt man also noch zum römischen Reich, weswegen der mittelalterliche König kein »deutscher« König ist, sondern den Titel rex Romanorum, König der Römer, trägt.) Sodann folgen die Schrecken der Herrschaft des Antichristen, der durch die erneute Ankunft Christi vernichtet werden wird. Das Zentralbild der Vision ist eine Gestalt von höchster Schönheit: »Ihr Gesicht leuchtete wie die Sonne, ihre Kleider glänzten wie Purpur; um den Hals geschlungen trug sie ein goldenes Band, mit köstlichen Edelsteinen geschmückt. Sie hatte Schuhe an, die Blitzesleuchten ausstrahlten«[12]. Sie thront inmitten eines Kreises, der gleichermaßen Zeit wie Ewigkeit symbolisiert: die rotglühende Liebe (caritas), die das Weltall schuf, umfasste und erhielt, der Anfang und das Ende von Hildegards gewaltiger Kosmosschau.

Hildegards Visionswerk stellt sich als ein äußerst komplexes Gesamtgefüge dar. Der Kosmos ist gleich dem ihn symbolisierenden Rad geschlossen. Geschlossen ist auch der Lauf der Zeiten, der vom Beginn und vom Ende der Geschichte begrenzt wird. Ebenso sind die Themen, die Hildegard behandelt, begrenzt. Letztlich sind sie auf zentrale christliche Glaubensinhalte ihrer Epoche eingeschränkt: Gott, Mensch, Welt und Kosmos, die Tugenden und Heiligen, die Kirche und die Heilsgeschichte.

Diese Themen bilden gleichsam den Rahmen, in dem vielfältige Variationen möglich sind. Man spricht vom geschlossenen Weltbild des Mittelalters, wie auch Hildegards Weltbild geschlossen ist. Für den Fall, dass man mit diesem Begriff Schlichtheit assoziiert, wird man hier nachdrücklich eines Besseren belehrt. Der geschlossene Kosmos Hildegards erweist sich als Bilderwelt von kosmischer Dimension. Von hier aus wird verständlich, wenn Aaron J. Gurjewitsch über das Mittelalter schreibt: »Die Kenntnisse von der Welt waren in jener Epoche im Umfang kaum geringer als die Kenntnisse des modernen Menschen – jedoch der Inhalt war prinzipiell anders. Über jeden Gegenstand existierte neben den begrenzten Fakten, die seine physische Natur betrafen, noch eine andere Kenntnis: die Kenntnis seines symbolischen Sinns und seiner Bedeutungen unter den verschiedenen Aspekten des Verhältnisses der menschlichen Welt zur göttlichen Welt.«[13] Nichts anderes gilt für Hildegards Werk. Sowohl im Erkenntnisinteresse, das ihm zugrunde liegt, als auch in den logischen Kategorien, die es bestimmen, weicht es von modernen Vorstellungen ab. Gerade bei diesem Themenkomplex erweist sich Hildegard als Tochter ihrer Zeit.

Das mittelalterliche Erkenntnisinteresse gilt nicht wie in den modernen Naturwissenschaften der exakten Beschreibung der materiellen Seite des Gegenstandes, sondern macht diesen Gegenstand auf übertragene religiöse Sinngebungen hin transparent. Man kennt mehrere Bedeutungsebenen, die am Beispiel der Stadt Jerusalem bereits an mittelalterlichen

Die Caritas. *Miniatur aus dem ›Liber divinorum operum‹, Lucca, 13. Jahrhundert.*

Schulen erlernt werden[14]. Dem Buchstabensinn nach ist Jerusalem einfach eine Stadt. Der Buchstabensinn beschreibt die materielle Seite des Gegenstandes, die nicht auf Gott transparent und folglich auch nicht von Interesse ist. Die erste übertragene Bedeutung besteht im typologischen Sinn, gemäß dem Jerusalem, die heilige Stadt, die heilige Gemeinschaft der Kirche bedeutet. Typologisches Denken ist eine alte Form der historischen Reflexion, die zeitlich getrennte Gegenstände, Personen oder Vorgänge aufeinander bezieht. Bereits das Neue Testament argumentiert typologisch und begreift daher Christus als Erfüllung der Prophezeiungen des Alten Testamentes. Entsprechend verweist der alte Adam des Sündenfalls auf Christus, den neuen Adam, Eva auf Maria, die neue Eva, die das durch Eva bewirkte Unheil entsühnt. Auf der moralischen Sinnebene bedeutet Jerusalem die Seele des Einzelnen, die sich hier als Seelenraum, eine Art Gebäude beschreiben lässt, das der Gestaltung und Pflege, also der Übung in den Tugenden bedarf. Der anagogische Sinn, die dritte übertragene Bedeutung, bezieht sich auf die jenseitige Zukunft. Jerusalem bedeutet nun das himmlische Jerusalem, also denjenigen Teil der irdischen Kirche, der am Ende der Zeiten die Himmelsbürgerschaft bildet. Die vier Bedeutungsebenen (der Buchstabensinn und die drei übertragenen Bedeutungen) haben ihren Ursprung in der Bibelexegese, sind aber nicht auf sie beschränkt. An zahllosen Stellen ihres Werkes bedient sich Hildegard dieser Sinnzuordnungen, sei es in Form der Auslegung von Bibelstellen oder in der Auslegung ihrer eigenen Schau. Moderne Leser werden hier oft andere Lektüreakzente setzen als die mittelalterlichen Zeitgenossen. Heute beeindrucken gerade die Sinnenhaftigkeit und Poesie der geschauten Bilder (also der Buchstabensinn), während deren Auslegung in die übertragenen Bedeutungen, die im mittelalterlichen Denken wichtig ist, eher nachrangig erscheint. Immer wieder fällt auf, dass im Verhältnis beider Ebenen die der Bilder kühner und offener ist, während Hildegard bei der Auslegung der Bilder konventionell-konservativen Pfaden folgt.

Man hat Hildegard sowie andere zeitgenössische Autoren aufgrund der geistlichen Sinnebenen, die erschlossen werden, mit dem Begriff »Symbolismus« beschrieben. Der Ausdruck ist vor allem deswegen unglücklich, weil man heute mit Symbolen Eindeutigkeit assoziiert. Mittelalterliche Bedeutungsträger hingegen sind vieldeutig, wie bereits die Lehre vom vierfachen Schriftsinn belegt. Ja, es sind noch weit mehr Bedeutungen möglich, denn der jeweilige Gegenstand hat so viele Bedeutungen, wie er Eigenschaften besitzt. Der Löwe kann daher Christus, den Teufel, den Frommen oder den Ketzer bedeuten. Nicht anders umfasst in ›Scivias‹ der Berg eine Spannweite an Bedeutungen, die über die Anmaßung des Antichristen, die weltliche Macht, die Gottesfurcht bis hin zum ewigen Bestand des Gottesreiches bzw. zu Gott selbst reicht.

Jedes Detail der von Hildegard geschauten Bilder ist bedeutsam. So sind z.B. an den personifizierten Tugenden Gewänder, Gebärden, Farben sowie ihre Positionierungen im Raum Bedeutungsträger, die auf die unterschiedlichen übertragenen Sinnebenen ausgelegt werden können. Jedes Einzelbild setzt sich somit aus einem »Mosaik von Bedeutungen«[15] zusammen, wobei die Position und die Bedeutung jedes Steinchens vom Gesamtkontext abhängen. Selbst die scheinbar eindeutige Zuordnung der Farben Weiß und Schwarz[16], die zumeist Gut und Böse im Kontrast darstellen, kann sich wandeln. Das personifizierte Laster der Wollust (luxuria) trägt weiße Schuhe zur Kennzeichnung seiner Leichtfertigkeit[17]. Hildegards Lieblingstugend, die Diskretion, erscheint in einer in diesem Kontext positiv bewerteten schwarzen Tunika, »denn sie ist eingehüllt in die Abtötung des Fleisches und schüttelt den Leichtsinn jeglicher Eitelkeit von sich ab.«[18]

Das Bild der Steinchen (Bedeutungsträger), die sich immer neu zusammenfügen, ist hilfreich, um sich die Funktionsweise dieses Denkens als eine Art Kaleidoskop zu veranschaulichen. Eine nur kleine Drehung bewirkt, dass die Steinchen zu einer neuen Bedeutungskonstellation zusammenfallen. Das kosmische Kaleidoskop (denn Hildegard beschreibt den ganzen Kosmos) verbindet das Element der Begrenztheit mit schier grenzenloser Vielfalt – ein »vielfarbige(s) Gedankenspiel«[19], wobei das Moment des »Spielerischen« auf die eminente Kreativität der Methode hinweist. Auch das konservative Element dieses Denkens lässt sich mit dem Bild von Kaleidoskop ausdrücken und zugleich relativieren. Der Fundus an »Steinchen« ist weitgehend auf das tradierte Wissen eingegrenzt, der Variantenreichtum allerdings schier unermesslich, ja in manchen Konstellationen sind kühne Neuverbindungen möglich. Ebenso wird vor diesem Hintergrund die Uneinheitlichkeit der Werke Hildegards verständlich, die einander widersprechende Aussagen enthalten, keine durchgehaltene Terminologie erkennen lassen und mühelos Kühnes mit Konservativem verbinden. Dies gründet im spezifischen Charakter der Schriften, die erfahren und nicht logisch entwickelt wurden. Und es ist auch eine Folge der vorgestellten allegorischen Methode, die nicht auf eine übergeordnete Systematik, sondern auf innere Schlüssigkeit im jeweiligen Kontext abzielt. Hildegard unterscheidet sich hier beträchtlich von der Schultheologie ihrer Epoche, deren Bemühen der begrifflichen Erfassung und der logisch-argumentativen Explikation von Glaubensinhalten gilt. Als weiteres sinn- und bedeutungsstiftendes Element treten in der dritten Visionsschrift mikro-makrokosmische Entsprechungsreihen hinzu. So wird der Aufbau des Kosmos oder der Welt in Analogie zum menschlichen Körper entwickelt, analog zu den Monaten des Jahres entfalten sich die Lebensabschnitte des Menschen. Solche Verknüpfungen mögen im modernen Denken nur wenig vernünftig erscheinen. In Hildegards Denken hingegen leiten sie sich von der höchsten Vernunft ab, die den Kosmos durchwirkt. »Gott hat vielmehr die Gestalt des Menschen nach dem Bauwerk des Weltgefüges, nach dem ganzen Kosmos gebildet, so wie ein Künstler seine Formen hat, nach denen er seine Gefäße macht. Und wie Gott das riesige Instrument des Weltalls nach ausgewogenen Maßen gemessen hat, so hat er dementsprechend den Menschen in seiner kleinen kurzen Gestalt abgemessen (...). Und wie Gott die Natur im Menschen geordnet hat, so auch die Zeiten des Jahres.«[20] Alles, was der Hand des großen Künstlers entstammt, trägt seine Handschrift. Die einzelnen Elemente haben ihren Ursprung in der gleichen »Werkstatt«, gleichen sich also bei aller Verschiedenheit in der Struktur ihrer »Anfertigung« und können folglich aufeinander bezogen und im Wechselbezug aufeinander ausgelegt werden.

Warum sollte es heute nicht möglich sein, diese Theologie der sich wechselseitig erhellenden Bedeutungsträger in einzelnen Bildkonstellationen auch als Dichtung zu lesen und wertzuschätzen? Und in der Tat ergeben sich Verknüpfungen von großer poetischer Kraft. So, wenn Hildegard die fünf Sinne des Menschen verschiedenen Monaten des Jahreskreislaufs zuordnet.[21] Dem tosenden März mit seinen Unwettern und Winden entspricht das Ohr, in dem der Laut tönt. Der April ist der Monat, in dem das Leben neu grünt und Wohlgeruch herrscht: »Es gibt einen Hinweis auf die Nase, mit der der

Hauch der Seele den Duft einzieht und wieder entläßt, in der
Vielfalt dessen, was er sich mit Ehrfurcht auswählt.«[22] Der
Mai »ist lieblich und leicht und herrlich in allen Dingen der
Erde«. Diesem Monat entspricht das Sehen: »Daher ist dieses

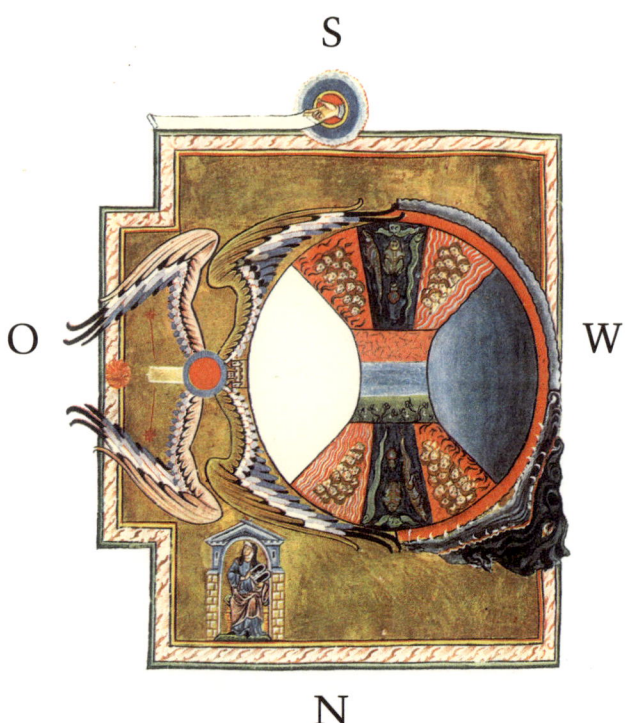

Jenseitsräume. *Miniatur aus dem ›Liber divinorum operum‹
Lucca, 13. Jahrhundert. Die Zuordnung der Himmelsrichtungen
erfolgt gemäß ihrer spirituellen Bedeutung.*

Sehen mit den Augen so angenehm, so herrlich«[23]. Dem
Juni entspricht wiederum das Hören, dem sonnigen Juli, der
die Früchte zum Reifen bringt, der Geruchssinn. Der achte
Monat ist kräftig wie ein mächtiger Fürst, »daher strahlt die
Freude aus ihm«[24]. Er verweist auf den Geschmackssinn.
Der neunte Monat ist die Zeit der Reife, ihm entspricht der
Tastsinn. Sodann folgen diejenigen Monate, in denen mit

der »grünenden Lebensfrische«[25] die Sinnenhaftigkeit der
Welt schwindet und mehr und mehr Kälte, Trockenheit und
Schwermut herrschen. Doch nicht nur Sinne und Jahreszeiten
stehen zueinander in Bezug. In diesem auf allen Ebenen vernetzten Kosmos ist es auch möglich, dass sich die menschlichen Sinne in den Sinnen des Kosmos spiegeln: »Ich schuf
das Firmament in aller Fülle und Schönheit, ohne an irgendetwas zu geizen. Es besitzt Augen gleichsam zum Sehen,
Ohren zum Hören, eine Nase zum Riechen, einen Mund
zum Schmecken. Denn die Sonne ist gleichsam das Licht
seiner Augen, der Wind das Gehör seiner Ohren, die Luft sein
Geruchssinn, der Tau sein Geschmack der herabregnenden
Lebenskraft wie der Atem des Mundes. Der Mond setzt die
Zeit der Zeiten und zeigt so den Menschen das Bewußtsein
(der Zeit, vgl. Ps 104, 19). Die Sterne aber sind wie geisterfüllte
Kräfte, weil sie ihre Kreisbahn dahinziehen«[26].

Die sieben Planeten, aus denen Hildegards Kosmos besteht,
entsprechen sieben Punkten auf der Hirnschale, die wiederum den sieben Gaben des Heiligen Geistes entsprechen[27].
Das Haupt des Menschen lässt sich in Analogie zum Aufbau
der Erde als Firmament des Leibes begreifen, das Gehirn als
Sonne, die Augen gleichen den Gestirnen, die Augenbrauen
der Bahn des Mondes. Die Verknüpfungsmöglichkeiten sind
im Grunde unerschöpflich, denn die Komponenten sind un-
begrenzt variabel. Freilich können einzelne Konstellationen
nicht einfach aus dem Gesamtkontext gelöst werden, weswegen die sieben Punkte auf der Hirnschale Teil der allegorischen Siebenerreihe sind und keine medizinische Angabe.

Der Detailreichtum ist also Variantenreichtum, der Ausdruck von Hildegards universeller Perspektive und der Gesetze ist, die diesen Kosmos strukturieren: das Prinzip des
Kaleidoskops mit seiner Bedeutungsvielfalt und der mikro-
makrokosmischen Vernetzung der Ebenen. Die Steinchen
können zu Konstellationen von höchster Schönheit zusammenfallen, Vernetzungen von bemerkenswerter Tiefe entstehen. Aber auch verwunderliche Konstellationen sind möglich. Dass die menschliche Gehirnmasse zu- und abnimmt,

wäre in der Tat eine interessante Erklärung für so manchen bislang unerklärlichen intellektuellen Einbruch. Bei Hildegard jedoch ist dieses Phänomen an die zu- und abnehmenden Mondphasen gekoppelt[28], folglich ein typischer Schluss aufgrund einer Analogiebildung. Die Methode hat also – nicht anders als andere Methoden auch – ihre Tücken.

Beim Blick aufs Ganze ist es weiter ratsam, sich dessen Bewegtheit (gleich dem drehbaren Kaleidoskop und dem sich drehenden Kosmos) vor Augen zu halten. Die Verabsolutierung von Einzelkonstellationen zu letztgültigen Wahrheiten widerspricht dem Geist des Werkes. Es enthält keinen esoterisch verschlüsselten Bauplan des Universums, sondern beschreibt einen dynamischen, vieldeutigen Kosmos, der immer zugleich von der harmonischen Einheit in der Vielheit Zeugnis ablegt. Im unendlichen Farbenspiel schillert der geschlossene Kosmos. Er ist von roten Lebensfunken durchglüht, von lebenspendendem Grün durchpulst und vermag gerade deshalb in zahllosen weiteren Facetten kostbaren Bedeutens aufzuleuchten, da das Geheimnis seiner Vollkommenheit für Hildegard stets unergründlich bleibt.

> O edelstes Grün,
> du wurzelst in der Sonne,
> strahlst auf in leuchtender Helle
> in einem Kreislauf,
> den der Sinne Vermögen nimmer begreift!
>
> Du bist umfangen
> in liebender Umarmung
> von den Geheimnissen Gottes –:
>
> Du schimmerst auf wie Morgenrot,
> du glühst
> wie der Sonne Flammen!
>
> Du bist umfangen
> in liebender Umarmung
> von den Geheimnissen Gottes.[29]

Hildegard und Dante

Dantes ›Göttliche Komödie‹ gleicht Hildegards ›Liber divinorum operum‹ in der Vielbildlichkeit und Gedankentiefe, vor allen Dingen aber in der kosmischen Dimension. Anders als bei Hildegard umkreisen bei Dante im Rückgriff auf das ptolemäische Weltbild neun Sphären, die Träger der jeweiligen Gestirne, die stillstehende Erde. Geschlossen ist der Kosmos in beiden Werken. Bei Hildegard wird er von der »all-umfassenden« göttlichen Liebe gehalten, bei Dante von Gott, dem Urgrund und Beweger des Kosmos, dessen Wohnstatt, das Empireum, das ganze All umfängt. Von hier aus bewegt und durchlichtet Gott das Universum. Die Erde ist bei Dante der Ort größter Gottferne und auch ihre feststehende Position unterhalb der kreisenden Sphären ist Ausdruck ihres niedrigsten Ranges, denn Kreis und Kreisen symbolisieren Vollkommenheit.

Dem antiken Motiv der neun Himmelsregionen ordnet Dante das christliche Motiv der neun Engelschöre zu, sodass jede Sphäre von einem Engel gelenkt wird. In der antiken Ordnung des Kosmos, die nun zugleich die christliche Ordnung der Engel ist, bleibt allein die Erde ohne Engel. Diese Rolle weist Dante Fortuna, der antiken Glücksgöttin zu. Dass nun ausgerechnet sie in den Rang eines Erdenengels erhoben wird, mag auf den ersten Blick überraschen. Fortuna ist bei den Menschen nur dann beliebt, wenn sie sich gerade zu ihren Günstlingen zählen und auf der Gewinnerseite glauben. Ansonsten gilt sie als notorisch unzuverlässig, wankelmütig und blind, als diejenige, die wahllos Gewinn und Verlust, Lachen und Tränen verteilt. Fortunas Rad hebt in die höchsten Höhen und reißt in die tiefsten Tiefen hinab. Als Erdenengel jedoch dreht sie bei Dante das Schicksalsrad über der eigentlich unbewegten Erde und nimmt sie in die kreisende Ordnung des Kosmos hinein. Sie ist es, die – unbeirrt von der menschlichen Klage – Gottes Güter in Raum und Zeit verteilt.

»So gab er auch der Erde Kostbarkeiten
Ein Wesen, daß sie ordne und sie führe
Und das beizeiten alle eitlen Güter
Von Volk zu Volk, von Haus zu Haus wandle,
Ganz unbekümmert um den Sinn des Menschen«.[30]

Aus der wankelmütigen antiken Göttin wird ein glückseliger Engel Gottes, der gleichmütig das ihm aufgetragene Werk verrichtet. Alles auf dieser sich drehenden Welt wandelt sich, ist den Wechselfällen des Schicksals unterworfen und ist zugleich doch Teil eines vollkommenen Ganzen. Denn – so Dante weiter – »in einem Band mit Liebe eingebunden (ist) all das, was im Weltall sich entfaltet«[31] ... also auch die bitteren Umschwünge von Fortunas Rad.

Auch bei Hildegard setzt sich das in der Mitte Gottes ruhende Weltenrad in Bewegung, da im Sündenfall Mensch und Kosmos der Veränderlichkeit preisgegeben werden. Auch bei ihr verweist das sich drehende Rad gleichermaßen auf Vollkommenheit wie Wandelbarkeit. Der in das kosmische Rad hineingestellte Mensch ist der Unbeständigkeit (homo instabilis) und der Veränderlichkeit unterworfen (homo mutabilis) – »wie das Wogen eines Meeres flutet er ständig hin und her«[32].

Kosmologien führen die Kleinheit und Preisgegebenheit des Menschen vor Augen und bergen ihn zugleich in einer höheren Ordnung. Kosmologien lehren Demut und Vertrauen. Sie öffnen den Blick, erweitern die Perspektive über den Einzelnen und sein Schicksal hinaus auf die Ordnung des Ganzen. Dass hierbei weder die unter dem Rad Fortunas vergossenen Tränen noch die Nöte des Menschen »am Kreuzweg der weltlichen Sorgen«[33] aus dem Blickfeld geraten, macht die besondere Qualität der Werke Dantes und Hildegards aus. Kosmologien erweitern den Horizont und lehren, von sich Abstand zu nehmen. Ja, im literarischen Rahmen der ›Göttlichen Komödie‹ wird es möglich, den innerlich zu vollziehenden Perspektivewechsel vom Einzelnen zum Ganzen als Durchschreiten einer äußeren Wegstrecke zu beschreiben.

Freilich ist es noch ein weiter Weg, den Dante auf seiner Jenseitsreise zurückzulegen hat: vom siebten Infernogesang aus, in dem Fortuna behandelt wird, bis hinauf zum Fixsternhimmel, einer Region in unmittelbarer Nähe zur Wohnstatt

Fortuna dreht das Glücksrad. *Francesco Petrarca: De remediis utriusque fortunae, französische Übersetzung, um 1470.*

Gottes. Von hier aus wagt Dante den Blick zurück und schaut auf den aus einer Quelle strömenden Kosmos, der sich ihm als gewaltige Lichtsinfonie, als Einklang der tönenden Sphären und singenden Engel offenbart, deren Lobpreis gleich einem kosmischen Lachen das gesamte Weltall durchhallt.

»Dem Vater und dem Sohne und dem Geiste
Erscholl im ganzen Paradiese ›Gloria‹,
So daß die süßen Klänge mich berauschten.
Das, was ich sah, erschien mir wie ein Lachen
Des Weltalls, also daß durch Aug und Ohren
Zugleich mich süße Trunkenheit erfüllte.
O Fröhlichkeit, o unsagbare Freuden!
O Leben ganz in Liebe und Frieden!«[34]

Kapitel 8

Historie oder Orientierung für die Gegenwart?

Worin kann heute die Aktualität eines Denkens bestehen, dessen grundlegende Voraussetzungen falsch sind? Die Zahl der Planeten hat sich ins Unendliche vervielfacht. Die Erde ist aus der Mitte an den Rand des Universums gerückt, ja noch nicht einmal die Mitte des Sonnensystems ist ihr geblieben. Gemeinsam mit der Erde hat der Mensch die ihm von Hildegard zugewiesene Zentralstellung in der Mitte des Kosmos verloren. Und auch die Zentralstellung inmitten der Erde wird man ihm heute nicht mehr ohne Weiteres zubilligen, denn die »Krone der Schöpfung« unterliegt, wie alles andere, was lebt, den Gesetzen der Evolution.

Die Epoche Hildegards befindet sich vor wesentlichen historischen Entwicklungen, die das Weltbild öffnen, den Horizont erweitern werden. Es ist noch ein kleiner Kosmos und eine geografisch kleine Welt, in der Hildegard dem Menschen die zentrale Stellung zuweist. »Jedwede Kreatur steht unter seiner Zucht und in seinem Dienst. Er, der Mensch, ist mehr als alle Geschöpfe.«[1] Die Schöpfung wurde allein um des Menschen willen geschaffen, allein der Mensch ist Gottes Abbild, allein dem Menschen wurde eine vernunftbegabte Seele eingehaucht, weswegen auch nur allein der Mensch eine jenseitige Zukunft hat: »die übrigen Geschöpfe belebte er (Gott) nur mit einem luftartigen Wehen, das mit der Wolke vorübergeht.«[2] Die Kluft, die sich bei Hildegard zwischen Mensch und Kreatur auftut, könnte grundlegender nicht sein: »Gedanken hat nur das vernünftige Lebewesen, nicht aber die wilden Tiere, da sie lediglich dahinleben[3]«.

Alle Weltreligionen kennen einen Abstand zwischen Mensch und Tier, wobei in den Religionen Indiens dieser Unterschied graduell, nicht substanziell ist. Tiere und Pflanzen befinden sich zwar auf einer inferioren Stufe, haben aber dennoch am Kreislauf der Wiedergeburten und somit am

Erlösungsprozess teil. Der Hinduismus kennt im Rahmen der »avataras« (Herabkünfte, das heißt Inkarnationen) des Hochgottes Vishnu auch die Tierwerdung Gottes. Im Denken des alten China steht der Mensch im engsten Lebenszusammen-

Die Schöpfung der Tiere.
England, ca. 1210.

hang mit Kosmos und Natur, sodass Liä Dsi, ein taoistischer Weiser, etwa achthundert Jahre vor Hildegard die Verbundenheit von Tier und Mensch unterstreicht: »Wie kann also das Herz der Tiere von dem der Menschen so gar verschieden sein? Ihre Gestalt und Sprache sind von denen der Menschen verschieden, und wir wissen nicht das Geheimnis mit ihnen umzugehen. (...) Die Denkart der Tiere ist von Natur gleichartig mit der des Menschen. Sie alle streben nach Erhaltung des Lebens und borgen doch nicht diese ihre Denkart vom Menschen. Männchen und Weibchen paaren sich. Die Mütter und die Jungen lieben einander. (...) Alle Geschlechter von Fleisch und Blut sind in der Denkart des Herzens nicht gar weit verschieden.«[4]

Man kann sich daher fragen, ob ausgerechnet Hildegards »unerschrockene Anthropozentrik«[5] ihre Aktualität ausmacht. Die Erkenntnisse der Naturwissenschaften legen in der Zwischenzeit eine größere Bescheidenheit in der menschlichen Selbsteinschätzung nahe. Und auch ein weiterer Punkt will bedacht sein. Jahrhunderte des technischen Fortschritts und der menschlichen Naturbeherrschung sind vergangen, in denen sich die theologische Sonderstellung des Menschen als umfassende Machtstellung bis über die ganze Erde ausgedehnt hat. Kaum noch etwas – sei es Pflanze oder Tier – darf existieren, was nicht dem Menschen und seinem Nutzen unterworfen ist. Wäre heute nicht ein bescheideneres menschliches Selbstbild hilfreich auf dem Weg hin zu einer bescheideneren Praxis? Doch gerade bei diesem Thema macht es Sinn, sich des Abstandes zwischen den Epochen bewusst zu bleiben. Was im 21. Jahrhundert problematisch erscheint, hat im Kontext des 12. Jahrhunderts einen anderen Stellenwert. In Zeiten, da ein Menschenleben nicht viel zählt, lässt sich Hildegards Haltung als mittelalterlicher Humanismus[6] bewerten, der Würde und Wert des Menschen aus den Kategorien des christlichen Glaubens ableitet.

Für Hildegards Einstellung zur Leiblichkeit ist die Menschwerdung Gottes bestimmend, die – im Gegensatz zu Thomas von Aquin – nicht Folge des Sündenfalls, sondern von aller Ewigkeit her beschlossen ist, »denn schon damals hatte Er jenes Fleisch im Auge, in das Er sich einzuhüllen gedachte. Und Er hatte es brennend lieb.«[7] Ebenso findet in der leiblichen Auferstehung beim Jüngsten Gericht im Christentum und nicht anders bei Hildegard die Wertschätzung des Körpers ihren Ausdruck: »Daher harrt nunmehr die Seele begierig auf den Jüngsten Tag, da sie ja von ihrem geliebten Kleid, dem Gewande des Leibes, entblößt ist[8]«.

Allerdings existiert auch ein breiter Traditionsstrang im Christentum, in dem der Leib abgewertet bzw. bekämpft wird. »Gottes Vorsehung unterwarf sich am Anfang alles Geschaffene, dann die körperliche Kreatur der spirituellen, die irrationale der rationalen, die irdische der himmlischen, die weibliche der männlichen, die bedürftige der reicheren«,[9] schreibt der Kirchenvater Augustinus. Er unterscheidet zwischen dem zu unterwerfenden leiblich-irdischen und dem sieghaften seelisch-himmlischen Prinzip – was aus unerfindlichen Gründen auch die Differenz der Geschlechter beschreiben soll. Wesentlich an dieser Stelle ist der prägende Einfluss, den Augustinus hierarchischer Dualismus auf das mittelalterliche Denken hat. Auch bei Hildegard gilt folglich das Primat der Seele, wobei in ihrem Werk Leib und Seele eng miteinander verbunden bleiben. Der positive Stellenwert des Leibes ist auch ein Ergebnis der Verknüpfung über die mikro-makrokosmischen Korrespondenzreihen. In einer Kette von Analogiebildungen leiten sich von der Trinität die dreifachen Kräfte bei der Erschaffung Adams und sodann die drei Kräfte im Zeugungsvermögen des Mannes ab: »Im Willen Gottes aber erkenne die Begierde des Mannes, in der Vollmacht Gottes die männliche Zeugungskraft und im Liebeswillen und in der Liebeskraft Gottes das Streben der Begierde und der Zeugungskraft des Mannes.«[10] In einem Kosmos, in dem die einzelnen Ebenen untereinander vernetzt sind, ist selbstverständlich auch der Leib Teil des wohlgeordneten Ganzen und wird in die Schönheit des Gesamtgefüges, das Hildegard in ihrer wunderbaren Bildersprache beschreibt, mit hineingenommen: »Die Seele durchfließt den Leib wie der Saft den Baum. Der Saft bewirkt, daß der Baum grünt, blüht und Früchte trägt. [...] Die Seele ist also für den Körper, was der Saft für den Baum ist, und ihre Kräfte entfaltet sie wie der Baum seine Gestalt. Die Erkenntnis gleicht dem Grün der Zweige und Blätter, der Wille den Blüten, das Gemüt ist wie die zuerst hervorbrechende, die Vernunft, wie die voll ausgereifte Frucht.«[11] Und da sich die Ebenen gegenseitig »beleuchten«, wertet eine solche Textstelle nicht nur die grünende Seele, sondern auch den Baum, den sie zum Grünen, Blühen und Fruchttragen bringt, auf. Die Welt ist hier weit mehr als das traditionelle irdische Jammertal und der zu fürchtende Ort der Versuchung: »Daher war die Schöpfung das Gewand der Weisheit (Gottes)«, nicht anders als der »Leib (das) Gewand der Seele«[12] ist. Die Seele ist bei Hildegard nicht im Leib eingekerkert, vielmehr bedürfen Leib und Seele einander, um in der Welt wirken zu können. So »besitzt die Seele alles in allem die umarmende Liebe zu ihrem Leibe, mit dem sie am Werk ist«.[13] Dieser Verbundenheit entsprechend ist im Fall einer geordneten Lebensführung der Leib nicht vom übergeordneten seelisch-geistigen Prinzip unterjocht: »Wo nämlich Seele und Leib in rechter Übereinstimmung miteinander leben, da erreichen sie in einmütiger Freude den höchsten Lohn«[14]. Hildegards Betonung der Einheit von Leib und Seele lässt sich in der Tat als eine Art frühe Psychosomatik begreifen. Vor allen Dingen gründet hier ihre Ablehnung radikaler asketischer Praktiken, die das harmonische Zusammenwirken von Leib und Seele aus dem Gleichgewicht bringt. »(S)o sind wir keine Engel, sondern haben einen Leib. Es ist Torheit uns selbst zu Engeln machen zu wollen, während wir noch auf Erden (sind)«[15], sagt – nein, nicht Hildegard von Bingen, sondern Teresa von Avila. Hildegard hätte aber ohne Zweifel diese Auffassung geteilt.

Zur Leiblichkeit des Menschen gehört seine Sexualität, die auch bei Hildegard durch die Lehre des Augustinus belastet bleibt, dass die Erbsünde durch den Zeugungsakt weitergegeben wird. Doch auch hier setzt Hildegard neue Akzente. Da ihr ganzer Kosmos von der Leben zeugenden Grünkraft durchpulst wird, kennt sie konsequenterweise auch die »Grünkraft bei den Zeugungsvorgängen«[16]. Ebenso bezieht sich die Beseelung des Menschen durch den göttlichen Einhauch der Vernunft für Hildegard auf den ganzen Leib. Also »blüht die Gabe der Vernunft«[17] auch in den Geschlechtsteilen.

Allerdings gerät angesichts derlei Aussagen manche moderne Darstellung allzu idyllisch. Die Geschlechtsorgane, »in denen sich die Zeugungskräfte wie auch schlüpfriger Leichtsinn ausbreiten«[18], gehören zwar zur Ordnung des Ganzen. Wo freilich der »schlüpfrige Leichtsinn« herrscht, ist es mit dem Fließen der Grünkraft vorbei … und dies relativ rasch, denn Sexualität ist für Hildegard an die Ehe und auch innerhalb der Ehe an strenge Auflagen gebunden. »Der Mann (soll) in der Kraft seiner Glut und mit dem Lebenssaft seines Samens seiner Gattin gegenüber den rechten Weg suchen, in

Selbstbeherrschung und aus dem Verlangen nach Nachkommenschaft.«[19] Der Geschlechtsverkehr muss also in Zeugungsabsicht und vor allem auch in Selbstdisziplin vollzogen werden: »Verlangst du bei deiner Tat mehr nach Lust als

Der Höllenrachen.
Ein Engel verschließt die Pforte zur Hölle. Aus dem Psalter Heinrich von Blois, Buchmalerei, Winchester, um 1140/60.

nach Reinheit? Die Frau ist dem Mann unterstellt und er sät in sie seinen Samen, wie er auch die Erde bearbeitet, damit sie Frucht bringe. Bearbeitet der Mensch etwa die Erde, daß sie Dornen und Disteln hervorbringe? Keineswegs; sondern daß sie gute Frucht bringe. So soll sich auch das Bemühen des Menschen auf die Liebe zur Nachkommenschaft und nicht auf zügellose Ausschweifung richten«.[20] Die Frage danach, ob die Lust, die auch beim Vollzug in ordnungsgemäßer Fortpflanzungsabsicht aufkommen kann, zugelassen werden darf oder nicht, und wenn ja, in welchem Ausmaß, ist nicht nur eine beträchtliche Herausforderung für die Praxis, sondern auch ein theoretischer Stolperstein der Hildegardforschung. Trotz des Ergebnisses, dass Hildegard dies »unter streng gefassten Bedingungen vorsichtig bejaht«[21], bleibt äußerste Wachsamkeit geboten: »Denn der Mensch hat etwas an sich, das die alte Schlange immer verfolgt. Was ist das? Die Begierde des Fleisches, wodurch der boshafte Freund im Hinterhalt liegend auflauert«[22]. Auch in der Einschätzung von Barbara Newman ist es der Teufel, der in der Auffassung Hildegards die Lust am Geschlechtsverkehr einflößt.[23]

Besonders problematisch werden die Ausführungen Hildegards dann, wenn sie in Verbindung mit naturkundlich-medizinischem »Wissen« auftreten. »Wer sich im Umgang mit einer Schwangeren befleckt, ist ein Mörder«, lautet ein Abschnitt in ›Scivias‹, in dem die göttliche Stimme verlautet, dass der Fötus durch den überflüssigen und verdorbenen Samen des Mannes geschädigt werde.[24] Nicht nur außerehelicher Verkehr, auch »Unzüchtiges« zwischen Eheleuten, schädigt den Samen und hat behinderte Kinder zur Folge. »Weil sie von verdorbenen Samen ohne Gottesfurcht und Selbstbeherrschung überfließen, werden ihnen oft als gerechte Strafe Gottes Kinder mit verkrüppelten Gliedern, die kein Glück im Leben haben, zuteil«[25].

Die verheerenden Folgen für ihr Seelenheil, die »Männer, die durch Berührung ihrer Vorhaut ihren Samen hervorbringen«[26], ereilen, werden kaum noch überraschen, eher schon, dass Hildegard hier auch ausdrücklich Frauen einbezieht. Ebenso berichtet Hildegard über Männer, die »sich an Männern begehrlich entflammen und perversen Verkehr treiben«. Hildegard bzw. die göttliche Stimme, die durch die Prophetin spricht, führt dieses Verhalten auf die Hinterlist des Teufels zurück, der auf diese Weise die göttliche und gesellschaftliche Ordnung zu zerstören versucht: »(W)enn solche Frevel unter den Menschen Einfluß gewinnen, dann wird die Einrichtung der göttlichen Gesetze zerfetzt werden, die Kirche – wie eine Witwe – wird zusammengeschlagen. Fürsten, Adlige und Reiche werden von ihren Untergebenen des Landes vertrieben und fliehen von Stadt zu Stadt. Der Adel wird vernichtet, und aus reich wird arm.«[27] An derlei Textstellen, die in der Begeisterung für Hildegard gern übersehen werden, wird die Notwendigkeit der Grenzziehung zwischen Historie und Gegenwart überdeutlich ... es sei denn, man ist an einer fundamentalistischen Neuauflage der »Rettung des Abendlandes« durch die Verfolgung von Minderheiten interessiert. Im Übrigen sind vor dem Hintergrund der frühscholastischen Ehe- und Lustdiskussion[28], in der sich um alles Mögliche und Unmögliche zum Thema Sexualität gekümmert wird, die Aussagen Hildegards nicht auffällig. Auch die Verurteilung aller Geschlechtslust ohne Kinderwunsch ist in diesem Kontext normal. Wer also will es einer Nonne aus dem 12. Jahrhundert verübeln, dass sie in den Kategorien des 12. Jahrhunderts denkt? Die Modernen hingegen dürfen sich an der dem Leben (und folglich auch der Sexualität) zugewandten Grünkraft freuen – und auch daran, dass man derartigen Reglementierungen und all den furchtbaren Nöten, die sie über Jahrhunderte hinweg im Gefolge hatten, nicht mehr unterworfen ist.

Weiter ist das Werk Hildegards aufgrund der weiblichen Elemente in ihrer Bildersprache und Akzentverschiebungen im Vergleich zur zeitgenössischen Theologie für feministische Fragestellungen von Interesse. So erscheint die allumfassende Liebe im Brief an Abt Adam von Ebrach als schönes Mädchen in wunderbarer Gewandung: »Es strahlte in solch hellem Blitzesleuchten seines Antlitzes, daß ich nicht vollkommen hineinzuschauen vermochte. (...) Und die ganze Schöpfung nannte dieses Mägdlein ›Herrin‹. (...) Und ich hörte eine Stimme, die zu mir sprach: Das Mägdlein, das du siehst, ist die Liebe. In der Ewigkeit hat sie ihr Zelt. Denn als Gott die Welt erschaffen wollte, neigte er sich in zärtlichster Liebe herab.«[29] Von der Weiblichkeit Gottes zeugt ebenfalls die an Papst Eugen ergehende Mahnung, in einer Rechtsangelegenheit im Einklang mit dem »Mutterschoß der Barmherzigkeit Gottes«[30] zu entscheiden. Bemerkenswert ist weiter, dass jene Stimme, die aus Hildegard spricht, die Aussage des Paulus (1 Kor 11,9), dass die Frau für den Mann erschaffen worden sei, offenbar für ergänzungsbedürftig hält und hinzufügt, dass auch der Mann um der Frau willen erschaffen wurde.[31] Und in der Tat macht es einen beträchtlichen Unterschied, ob man – wie in älteren Übersetzungen – die größere Kraft des Mannes mit der »zartere(n) Weichheit« des Weibes kontrastiert oder aber – wie es in der richtigen Übersetzung heißt – »das Weib (...) von weicherer Stärke« ist, Hildegard also von einer eigenen Art weiblicher Stärke ausgeht[32]. Es ist ohne Zweifel das Verdienst der feministisch orientierten Hildegard-Forschung, derartige Neubewertungen Hildegards kenntlich gemacht zu haben.

Doch Hildegard kann auch einen anderen Ton anschlagen. Dass Männer weibliche Kleidung und Frauen männliche Kleidung tragen, führt ins Verderben, »der Mann zeige nämlich seine männliche Kraft, die er besitzt, und die Frau weist auf die ihr innewohnende Schwäche hin.«[33] Das Priesteramt bleibt, wie die göttliche Stimme verkündet, allein Männern vorbehalten: »So dürfen auch keine Frauen zu diesem meinen Altardienst hinzutreten, weil sie ein schwaches und gebrechliches Gefäß sind. Sie sind dazu bestellt, Kinder zu gebären und die sie gebären, sorgfältig aufzuziehen.«[34] Auch bei Hildegard kann man lesen, dass die Frau »unter der Gewalt des Mannes ist, wie der Knecht unter seinem Herrn«[35]. An anderer Stelle spiegelt sich die hierarchische Ordnung des Kosmos in der hierarchischen Ordnung der Geschlechter: »Und so ist das Weib schwach und blickt zum Manne auf, um von ihm umsorgt zu werden, ähnlich wie der Mond seine Stärke von der Sonne empfängt. Deshalb ist die Frau auch dem Manne unterworfen und muß jederzeit zum Dienen bereit sein.«[36]

Hildegard beschreibt einen »Sachverhalt«, der in etwa so aktuell ist wie die Zentralstellung der Erde im Kosmos. Auch hier gilt, dass derlei Zitate nicht überraschen, da es eben nicht überraschend ist, wenn eine Frau des 12. Jahrhunderts historisch Überholtes vertritt. Es gibt also gute Gründe, moderne feministische Forderungen in der Moderne zu belassen – und nicht als Debatte um frauenfreundliche und frauenfeindliche Positionen Hildegards ins 12. Jahrhundert zu verlagern. Die positiven Akzente, die Hildegard in der Bewertung von Weiblichkeit setzt, sind unübersehbar, wie auch die Tatsache, dass sie an anderer Stelle das gerade Gegenteil vertritt. Die These von den taktischen Gründen, die bei den konservativen Sequenzen bestimmend gewesen sein sollen, mutet Hildegard die Funktionalisierung ihrer Schau zu. Die visionäre Anlage des Werkes jedoch begünstigt gerade umgekehrt den Eingang divergierender Aussagen. Man kann den Heiligen Geist, dessen Geist weht, wo und vor allem auch wie er will, zur Erklärung bemühen oder auch nicht. Auf jeden Fall ist die Methode kreativ: Unkonventionelle Inhalte finden Eingang, da wesentliche Filter, die einen traditionell-theologischen Text bestimmen, entfallen. Im Übrigen sind innere Brüche nichts Ehrenrühriges, sondern Ausdruck der Auseinandersetzung mit dem jeweiligen Zeitgeist. Auch dies unterscheidet reale Personen von den in jeder Hinsicht vorbildlichen Heiligen.

Die »wahre« Hildegard ist – wie bei vielen anderen Themen auch – doppelgesichtig, je nach Interesse lässt sich die eine oder die andere Seite zitieren und gegebenenfalls für den eigenen Zweck instrumentalisieren. Redlicher ist hier eine Lesart, die sich zu den Kriterien bekennt, nach denen sie auswählt. Dies gilt besonders, wenn es im Grunde nicht um die historische Hildegard geht, sondern darum, ihre spirituelle Bedeutung für die Gegenwart zu erschließen. Was hindert also daran, auch bei diesem Thema, Kostbares zu bewahren und sich von historisch Überholtem zu trennen? Es gibt gute Gründe für eine feministische Lektüre Hildegards, Grund zu einer feministischen Hagiografie besteht nicht.

Von großer Aktualität scheint Hildegard in all jenen Sequenzen, in denen sie den Menschen in die kosmische Gesamtordnung eingliedert, seine Verbundenheit mit der Schöpfung unterstreicht und aus der besonderen Stellung des Menschen dessen besondere Verantwortung ableitet: »Der Mensch ist das Werk Gottes, er ist mit aller Kreatur, und alle Kreatur ist mit ihm«[37]. Das mikro-makrokosmische Denken bindet den Menschen von Kopf bis Fuß in den Kosmos ein, wobei die Verknüpfung durch Analogiebildungen zwar überholt, der Grundgedanke wechselseitiger Verwiesenheit

Der Lebenskreis. *Miniatur aus dem ›Liber divinorum operum‹, Lucca, 13. Jahrhundert.*

jedoch hochaktuell ist: »So ist jedes Geschöpf mit einem anderen verbunden, und jedes Wesen wird durch ein anderes gehalten«[38]. Das Netzwerk an Analogiebezügen lässt sich heute auf einen Naturbegriff auslegen, der immer stärker vom Gedanken der Vernetzung geprägt wird. Der Mensch ist Teil dieses Netzwerks, weswegen man konsequenterweise besser von Mitwelt als von Umwelt spricht.

Die theologische Sonderstellung des Menschen, der nach christlicher Auffassung Gott zum Bilde und Gleichnis erschaffen wurde, hat sich über die Jahrhunderte hinweg zu einer schier allmächtigen Position hin verselbstständigt. »Die ganze Welt schuf Gott. Und Er ließ zu, daß auch der Mensch sich seine Welt baue«, sagt Hildegard. Für sie steht der Mensch über der Kreatur, ist aber zugleich Gott unterstellt. Die Sonderstellung des Menschen kommt also einer Mittel- bzw. Mittlerstellung im Rahmen der gesamten Schöpfungsordnung gleich. »Manche Menschen aber halten das Werk ihrer Hände schon für Gott, und sie nennen dieses Werk auch göttlich«[39]. Diese angemaßte Göttlichkeit, die für Hildegard Ausdruck der Ursünde des Hochmuts ist, bewirkt, dass der Mensch seine Grenzen überschreitet, die Ordnung des Ganzen stört und aus dem Gleichgewicht bringt. »Gott hat alle Dinge der Welt so eingerichtet, daß eins auf das andre Rücksicht nehme«, heißt es in Hildegards zweitem Visionswerk. Kennzeichnenderweise spricht hier die Tugend der Gerechtigkeit, die betont, dass dort, wo Machtmissbrauch waltet, das Recht auf Machtausübung verwirkt wird: »Wenn der Mensch nämlich nicht darauf achten würde, wem könnte er dann durch seine Befehle vorstehen? Welches Geschöpf würde ihm gehorchen, und was in der Schöpfung würde ihm noch dienen?«[40]

Nicht ohne Betroffenheit wird man heute – über neunhundert Jahre menschlicher Naturbeherrschung sind inzwischen vergangen – den »wilden Schrei« der Elemente vernehmen, die bereits im 12. Jahrhundert bei Christus Klage führen: »Wir können nicht mehr laufen und unsere Bahn nach unseres Meisters Bestimmung vollenden. Denn die Menschen kehren uns mit ihren schlechten Taten wie eine Mühle von unterst zu oberst. Wir stinken schon wie die Pest und vergehen vor Hunger nach der vollen Gerechtigkeit.« Hierauf erhalten die Elemente zur Antwort: »Mit den Qualen derer, die euch verunreinigt haben, will Ich euch reinigen, so oft ihr besudelt werdet. Wer denn wäre Mir gewachsen? Doch nun sind alle Winde voll vom Moder des Laubes, und die Luft speit

Schmutz aus, so daß die Menschen nicht einmal mehr recht ihren Mund aufzumachen wagen. Auch welkte die grünende Lebenskraft durch den gottlosen Irrwahn der verblendeten Menschenseelen. (...) Jegliches Geschöpf strebt hin zu seinem Schöpfer und erkennt klar, daß nur Einer es hervorgebracht hat. Nur der Mensch ist ein Rebell.«[41] Dieser Rebellion, die die Ordnung des Ganzen aus allen Fugen geraten lässt, steht die Notwendigkeit gegenüber, dass sich der Mensch erneut in die göttliche Ordnung einbindet, die für Hildegard noch mit der natürlichen Ordnung identisch ist. Beide Ordnungen sind in weiten Teilen des modernen Denkens auseinandergetreten. Hildegards Haltung lässt sich vom Glauben aus oder (und) vom wachen Blick auf die ökologischen Probleme der Gegenwart her verstehen: wahr bleibt sie allemal.

»Alles nämlich, was in der Ordnung Gottes steht, antwortet einander«[42], sagt Hildegard und beschreibt somit das mikromakrokosmische Netzwerk der Schöpfung als Dialog – ein Gedanke, den sie mit der dialogischen Philosophie Martin Bubers teilt. Beiden Werken ist weiter die Idee der allumfassenden Verbundenheit gemeinsam, deren Verlust bei Buber des in die individuelle Existenz entlassenen Menschen Schicksal ist. Zugleich bleibt ihm aber ein latentes Beziehungsstreben, das durch ein immer neues »Sich-Beziehen« aktualisiert werden kann. Hildegards Forderung nach Rückbindung in die Ordnung des mittelalterlichen Kosmos findet somit ihre moderne Entsprechung in der »Umkehr zur Verbundenheit«[43], der Wiederaufnahme des Dialogs mit der Natur bzw. Schöpfung. »Echte Verantwortung gibt es nur, wo es wirkliches Antworten gibt«[44], stellt Martin Buber fest. Die Philosophie Bubers wurzelt tief im Chassidismus, der Mystik des Ostjudentums, an der noch heute nicht nur ihre spirituelle Tiefe, sondern auch ihre Weltzugewandtheit beeindruckt. »Es kann nicht sein« – schreibt der jüdische Philosoph des 20. Jahrhunderts – »daß die Beziehung der menschlichen Person zu Gott durch weglassen der Welt entstehe. (...)Es kann nicht sein, daß auch im Glaubensverhältnis der Geist der Reduktion walte.«[45]

Und auch hier darf man der Zustimmung Hildegards sicher sein. Über den Abstand der Jahrhunderte hinweg berühren sich die Werke in ihrer Wertschätzung für die Welt. »Wagen wir es nur, die Arme unseres Geistes um (die Welt) zu legen: und unsere Hände begegnen den Händen, die sie halten«[46], schreibt Buber, und man wird an dieser Stelle kaum anders können, als an die »all-umfassende« Liebe zu denken, die auch im Werk Hildegards die Welt liebevoll umfängt und sie hält.

Allegorie der Synagoge.
Straßburger Münster, um 1220–1230.

An den »Berührungspunkten« zwischen der christlichen Visionärin des Mittelalters und dem jüdischen Philosophen des 20. Jahrhunderts wird erneut die Notwendigkeit deutlich, zwischen der historischen Hildegard und modernen Lesarten ihrer Texte zu unterscheiden. In ›Scivias‹ erscheint die Allegorie der Synagoge ohne Augen, denn »sie schaute nicht in das wahre Licht«[47]. Hildegard bezieht sich hier auf ein zu ihren Zeiten geläufiges Motiv, die Blindheit der Synagoge, die das Alte Testament wörtlich nimmt und dessen auf Christus als den Messias verweisende Bedeutung nicht anerkennt. Folglich trägt auf mittelalterlichen Skulpturen die Allegorie der Synagoge eine Binde vor Augen. Dieser Vorwurf mutet im Vergleich zu anderen judenfeindlichen Vorurteilen noch relativ harmlos an. Zu Beginn der Kreuzzugszeit glaubt man jedenfalls die Feinde Christi bereits im Abendland ausgemacht zu haben, was im Jahr 1096 zu blutigen Pogromen an der jüdischen Bevölkerung insbesondere in den rheinischen Städten Speyer, Worms, Köln und Mainz führte. Auch Hildegard hat an der fatalen Tradition christlicher Judenfeindlichkeit Anteil, wenn sie die Katharer als »Heuchler, Verführer und Sadduzäer« bezeichnet, »die schlimmer sind als die Juden«[48]. Wie die Haltung der Zeitgenossen zu den »Heiden« (also Muslimen, denn andere Religionen sind aufgrund des begrenzten Weltbildes nicht bekannt) ist auch die Hildegards, nämlich ignorant und unduldsam. »Mit dem Banner des heiligen Kreuzes fängst du voll hohen Eifers in brennender Liebe zum Gottessohn die Menschen, damit sie im Christenheer Krieg führen wider die Wut der Heiden«[49], schreibt sie an Bernhard von Clairvaux, der 1147 zum zweiten Kreuzzug aufrief.

Obgleich Hildegard bei diesen Themen ganz die Tochter ihrer Epoche ist, reichen ihre Werke doch in der Tiefe der Motive und Schönheit der Bildersprache über die zeitgenössische Engstirnigkeit hinaus. Diese Tiefendimension lässt sich psychologisch deuten oder als poetisch-literarisches Wissen begreifen. Vor allen Dingen ist auch eine spirituell-religiöse Deutung möglich. Gerade bei Hildegards tiefgründigsten Gedanken und Bildern lassen sich immer wieder Überschneidungen mit dem Motivschatz des religiösen Welterbes feststellen. So mit der differenziert wertschätzenden Sicht auf die Welt, die sie mit dem Chassidismus in der Überlieferung Martin Bubers teilt: »Was für eine gute und lichte Welt ist das doch, wenn man sich nicht an sie verliert, und was für eine finstere Welt ist das doch, wenn man sich an sie verliert«[50], sagt Rabbi Baruch (gest. 1811), und Hildegard hätte ohne Zweifel seiner Einschätzung zugestimmt.

Die wohl erstaunlichste Überschneidung findet sich zwischen Hildegard und dem sogenannten chinesischen Universismus[51], einem Begriff, der die Idee der universellen Verbundenheit von Kosmos, Erde und Mensch im klassischen chinesischen Denken, das heißt im Konfuzianismus und Taoismus, beschreibt. Hildegard teilt mit diesem Denken die universelle Perspektive, die Einbindung des Menschen in elaborierten mikro-makrokosmischen Korrespondenzreihen, die Betonung des ausgewogenen Verhältnisses der Komponenten und nicht zuletzt einen strukturell angelegten Konservatismus, der Veränderungen im universell vernetzten Gesamtgefüge als Bedrohung der Ordnung des Ganzen begreift. Ganz in diesem Sinne ist auch für Konfuzius (551–479 v. Chr.) das rechte Maß die zentrale Kategorie, die alles im klugen Gleichgewicht hält: »Der Meister sprach: Dsedschang übersteigt das rechte Maß, Dse-hsja erreicht es nicht. Dse-gung sagte darauf: Demnach müßte Dse-dschang der tugendhaftere sein. Der Meister sprach: Übermäßigkeit ist nicht besser als Unzulänglichkeit.«[52] Hildegard teilt weiter mit dem Alten China die Liebe zur Musik als Ausdruck der höchsten Harmonie, ja diese Liebe teilt sie mit den Mystikern der Welt. Im Übrigen lassen sich Berührungspunkte mit den religiösen Traditionen Asiens immer wieder in jenen Sequenzen finden, in denen Hildegard nicht die Zentralstellung des Menschen, sondern dessen Verbundenheit mit der Ordnung des Ganzen betont.

Angesichts Hildegards pulsierender Grünkraft wird man kaum anders können als an die tiefe Liebe zu denken, die den Islam mit der Farbe Grün verbindet: »Grün ist die Farbe des Zypressenbaums und die der Saat auf den Feldern, und von allen Dingen verlangt die Seele am meisten nach Grün, welche das Auge aufleuchten läßt und die Melodie jeden Wachstums und das Zeichen jeden Gedeihens ist.« Grün ist auch die Farbe des Propheten und vor allem grünt es im Paradies, »denn Grün tragen die Paradiesesmädchen und die Engel im Himmel« [53], schreibt Nizami, der persisch-islamische Dichter des 13. Jahrhunderts. Bei Hildegard ist es ein adliger Glanz, der die Schöpfung überstrahlt, in vielen islamischen Zeugnissen der Glanz des Orients – hier wie dort ist es die prächtige Schöpfung, die von der Pracht und Größe ihres Schöpfers Zeugnis ablegt. Der türkische Sufi Sünbül (15. Jh.) berichtet, dass ein zum Blumenpflücken ausgeschickter Jünger mit nur einer kleinen verwelkten Blume zurückkehrte; – »alle anderen waren damit beschäftigt, Gott zu preisen, und dabei wollte ich sie nicht stören.«[54]

Die Dogmen mögen trennen, an den Motiven jedoch lässt sich Verbundenheit erfahren und mit der Verbundenheit Freude am religiösen Reichtum der Welt. Wird hier den alten Texten zu viel zugemutet? Ich glaube nicht.

»Du führest auch unseren Geist
in die Weite der Welt,
wehest Weisheit ins Leben
und mit der Weisheit die Freude!«[55]

Kapitel 9

Natur- und Heilkunde

Hildegard ist heute vor allem als Heilkundige bekannt. Die Zahl der Publikationen zu Heilkunde und Ernährung wächst ins Grenzenlose, ebenso die Produkte, die unter dem Label Hildegard vermarktet werden. Freilich ist nicht überall, wo Hildegard draufsteht, auch Hildegard drin. Einer der problematischsten Züge an der sogenannten »Hildegard-Medizin« ist die Tatsache, dass das Hildegard-Bild von Schriften geprägt wird, deren Authentizität nicht gesichert ist.[1]

Zu Beginn ihres zweiten Visionsbuches zählt Hildegard unter ihren Werken ›Die Feinheiten der verschiedenen Naturen der Geschöpfe‹[2] auf. Ein solches Werk, das zwischen dem Ende des ersten und dem Beginn des zweiten Visionsbuches, das heißt zwischen 1151 und 1158 verfasst worden sein muss, ist nicht erhalten. In der Folgezeit kennt man hingegen zwei Schriften, eine naturkundliche und eine heilkundliche Schrift, die erst später die heute geläufigen Titel ›Physica‹ (Naturkunde) bzw. ›Causae et Curae‹ (Heilkunde) erhielten. Man schließt aus dem Sachverhalt, dass ein Werk von Hildegard erwähnt, aber zwei Werke überliefert wurden, dass der Urtext schon früh in zwei Schriften unterteilt wurde. Die Handschriften dieser beiden Werke sind getrennt vom übrigen als authentisch geltenden Handschriftenkorpus überliefert. Sie entstammen späteren Jahrhunderten, die früheste aus dem 13. Jahrhundert, die übrigen aus dem 15. Jahrhundert. Im Jahr 1983 wurde die ›Florentiner Handschrift‹[3], die älteste, um 1300 in einem rheinischen Kloster entstandene Fassung der ›Physica‹ entdeckt. Diese Handschrift ist länger, vollständiger und genauer als die anderen erhaltenen Fassungen und kommt wohl näher an Hildegards Original. Allerdings weicht sie an zahlreichen Stellen von den übrigen Textüberlieferungen ab und stellt die Authentizität der bisher Hildegard zugeschriebenen Fassungen infrage.[4]

Von der Heilkunde ist sogar nur eine Handschrift erhalten, bei der unklar ist, ob es sich um ein authentisches Werk Hildegards oder um eine der im Mittelalter beliebten Kompilationen, das heißt um eine Zusammenstellung aus unterschiedlichen Werken, handelt. Die Unsicherheit über die Authentizität der natur- und heilkundlichen Schriften, die bereits Schrader/ Führkötter[5] im Jahr 1956 feststellten, hat sich zwischenzeitlich verstärkt. Unbestritten ist, dass Hildegard natur- und heilkundliche Schriften[6] verfasst hat, doch was im Einzelnen in den überlieferten Zeugnissen von ihr stammt oder auf fremde Einfügungen zurückgeht, bleibt unklar und im Einzelfall – soweit dies überhaupt möglich ist – zu klären. Die heute nur schwierig zu durchblickende Autorenfrage gründet in der Unbefangenheit, mit der man in den auf Hildegard folgenden Jahrhunderten die Schriften, die eher den Rang von Gebrauchstexten hatten, zusammenstellte. Kopierfehler wanderten von Abschrift zu Abschrift, Sequenzen wurden eingefügt, weggelassen oder umgestellt, je nach den Anforderungen, die eine solche Sammlung gerade zu erfüllen hatte. Eine Notwendigkeit, die Änderungen kenntlich zu machen, sah man nicht, da man modernen Ansprüchen auf Authentizität nicht verpflichtet war. Margot Schmidt fasst die

Der Sündenfall. *Illumination aus* ›Scivias‹, *Rupertsberger Kodex, 12. Jahrhundert.*

Bedeutung der Sachlage wie folgt zusammen: »Hildegard-Kenner haben daher aus der bekannten Tatsache, daß die Autorenschaft der naturkundlich-medizinischen Schriften für Hildegard nicht in jedem Falle gesichert ist, diese bisher nur mit Zurückhaltung und ohne gewichtige Schlußfolgerungen verwendet und sich aus gutem Grund an die gesicherten theologischen Visionsschriften gehalten.«[7]

Ein weiteres Problem insbesondere für die praktische Anwendung stellt die Vieldeutigkeit der Krankheitsbezeichnungen und Pflanzennamen dar. So kann die Pflanze mit dem Namen »Sunnewerbel« die Wegwarte, das Sonnenröschen oder den Löwenzahn bedeuten. Auch für Krankheiten benutzt Hildegard keine einheitliche Terminologie, sodass sich dieselben lateinischen oder volkssprachlichen Begriffe auf Krankheitsbilder beziehen können, die verwandt erscheinen, aber unterschiedliche Ursachen haben. Dies alles bedeutet nicht, dass die Auseinandersetzung mit Hildegards Natur- und Heilkunde nicht sinnvoll wäre. Freilich ist man gerade bei diesen Themen auf eine kundige und seriöse Darstellung angewiesen. Was dennoch bleibt, ist eine komplizierte, unübersichtliche Gemengelage. Wer sich also mit Hildegard beschäftigen möchte, ist mit dem Weg über die Natur- und Heilkunde, den man für einen eher praktischen und daher weniger komplizierten Zugang halten mag, nicht gut beraten.

Die Heilkunde (›Causae et Curae‹) beginnt mit einem Kapitel zur Schöpfung der Welt. Es folgen Kapitel zum Bau des Kosmos und dem Wesen der Weltelemente. Kapitel vier und fünf behandeln den gesunden und den kranken Menschen. Hildegards medizinisch-heilkundliches Denken steht in der Tradition der antiken Säftelehre (Humorallehre), die auf Galenus zurückgeht. Die vier Säfte sind: Schleim (griech: phlegma), Blut (lat. sanguis), schwarze Galle (griech. melanos-schwarz), Galle (griech. chole). Den vier Säften werden vier Temperamente zugeordnet: Phlegmatiker, Sanguiniker, Melancholiker und Choleriker. Hildegard unterscheidet sich kaum von der antiken Lehre, auch wenn sie neue Bezeichnungen verwendet. In Analogie zu den vier Elementen kennt sie trockenes, feuchtes, schaumiges und lauwarmes Phlegma. Wesentlich für Hildegard ist das ausgewogene Verhältnis der Säfte. Hierin gründet in ihrer Auffassung die Gesundheit, während in der Krankheit das gestörte Gleichgewicht die Körpersäfte zum Gerinnen bringt. Die vier Säfte bzw. Schäume korrespondieren mit den vier Elementen des Weltgefüges (Feuer, Luft, Wasser, Erde) und den Kräften des Kosmos. Auch hier ist der Mensch vernetzt in mikro-makrokosmische Bezüge, sodass seine leibliche Verfasstheit in die Ordnung des Ganzen eingebunden ist und von dieser beeinflusst wird. Wiederum ergeben sich Verknüpfungen von großer poetischer Kraft: »Wenn das Bewußtsein der menschlichen Seele«, so Hildegard, »nichts Trauriges, nichts Unangenehmes und nichts Böses im Menschen spürt, dann öffnet sich auch das Herz dieses Menschen der Freude, so wie sich die Blumen der Sonnenwärme öffnen.« Freilich ist auch hier die konventionell-konservative Hildegard nicht fern, wenn sie das sonnenhafte Lachen, das Adam vor dem Sündenfall besaß, vom schallenden Gelächter und seinen Gefahren abgrenzt: »Unpassende Ausgelassenheit und Lachen haben sozusagen eine gewisse Gemeinsamkeit mit der Fleischeslust, und derselbe Wind, der das Lachen auslöst, geht vom Mark des Menschen aus und schüttelt seinen Unterleib und seine Eingeweide.«[8]

Hildegards naturkundliche Schriften enthalten Sequenzen, die von einer bewundernswerten Beobachtungsgabe für die Phänomene der Natur zeugen. Auffallend ist die sich von der Prüderie späterer Jahrhunderte wohltuend abhebende Unbefangenheit, mit der Fragen des Körpers und der Geschlechtlichkeit behandelt werden. Allerdings findet sich auch manch Befremdliches. So wird der sechste Band des Buches, in dem Charakter und Schicksal des Menschen vom Zeitpunkt seiner Zeugung in den verschiedenen Mondphasen abhängig gemacht werden, als nicht authentisch betrachtet, da die astrologischen Ausführungen in eklatantem Gegensatz zu Hildegards Theologie stehen.[9]

Einen offenkundig hildegardischen Geist atmen all jene Stellen, die sich um ihren Zentralgedanken, das innere Ordnungsgefüge der Schöpfung drehen, das alles Geschaffene und folglich auch das Verhältnis zwischen Körper und Seele bestimmt. Entsprechend setzt Heinrich Schipperges die moderne Bedeutung der Heilkunde Hildegards insbesondere bei

Heilung der Aussätzigen.
Evangeliar aus Echternach, um 1040.

der geordneten Lebensführung an, die das rechte Maß in allen Dingen wahrt. Dies entspricht der traditionellen Diätetik, die über die »Temperierung der Lebensbelange, in abwägender Verhaltenheit zu einer ausgewogenen Haltung führt, die dem Anspruch der Welt vernünftig entspricht«[10].

Die Heilkunde ist zugleich Kunde vom Heil und Unheil des Menschen, also eine gleichermaßen theologische wie »medizinische« Schrift. Die Krankheitsgeschichte der Menschheit beginnt mit dem Sündenfall: »Denn im selben Augenblick, da Adam das göttliche Gebot übertrat, sammelte sich die Schwarzgalle in seinem Blut. So verschwindet vergleichsweise die Helligkeit, wenn das Licht ausgelöscht wird, und so bleibt der glimmende, rauchende Docht mit seinem Gestank zurück. So geschah es mit Adam, weil sich die Schwarzgalle in seinem Blut ansammelte, als das Licht in ihm erlosch. Als Folge davon brachen Traurigkeit und Verzweiflung in ihm aus.«[11] Adam war heil und licht erschaffen worden. Das, woraus später die Galle wurde, glich einem Kristall und leuchtete schön wie die Morgenröte. Nach der Katastrophe des Sündenfalls jedoch wurde der Körper für Krankheiten anfällig und sterblich. Adams Gemüt verfinsterte sich. Er wurde traurig und auch zornig:»Denn aus der Traurigkeit entsteht der Zorn. Daher haben auch die Menschen vor ihrem Stammvater die Traurigkeit, den Zorn und alles, was ihnen schadet, bekommen.«[12] Seit dieser Zeit ist der Mensch ein gebrechliches, dem Tod preisgegebenes Wesen. Angesichts des Unheils, das Adam in die Welt brachte, wird»Christus Medicus« zum wahren Heiler der beim Sündenfall geschlagenen Wunden.»Ich bin der große Arzt« – spricht daher in ›Scivias‹ die himmlische Stimme –»für alles Siechtum und handle wie ein Arzt, wenn er den heilsbegierigen Kranken sieht.«[13] Letzte Heilung und Heilheit bleiben im Denken Hildegard allerdings immer der jenseitigen Zukunft vorbehalten, denn im Leben sind Krankheit, Angst und Tod des Menschen Schicksal.

Und weil es sich so verhält, kennt Hildegard auch eine Heilkundige von der besonderen Art, die Tugend der»Barmherzigkeit«. Diese lässt sie der»Herzenshärte« entgegentreten, einer Haltung, in der sich der Mensch in Angst und Selbstbezogenheit verschließt:»Ich will mich für niemanden stärker einsetzen«, spricht die Allegorie der»Herzenshärte«,»als auch er mir nützlich sein kann. (…) Würde ich nämlich immer nur solches Mitleid in mir hegen, daß ich rein gar nicht mehr zur Ruhe käme, was würde dann von mir selber noch übrigbleiben? (…) Ich weiß nur von meiner eigenen Existenz; möge auch jeder andere wissen, wer er ist!« Die stetige Sorge der»Herzenshärte« gilt allein sich selbst, nach außen hingegen schottet sie sich ab. So steht die Herzenshärte isoliert, und dies obgleich doch alles, was lebt, miteinander verbunden ist oder – wie Hildegard sagt – einen

Urtrieb nach liebender Umarmung besitzt. Wie aber soll man die Arme öffnen, wenn man das Herz nicht öffnen kann? Die »Barmherzigkeit« hingegen ist die Tugend eines offenen und weichen Herzens, das sich mit allem, was lebt, verbunden weiß. Wo sie nur kann, eilt die »Barmherzigkeit« zur Hilfe, trägt Lebendigkeit und grünende Frische in die Dürre der Not und lindert, tröstet und heilt: »Die Kräuter bieten einander den Duft ihrer Blüten; ein Stein strahlt seinen Glanz auf die andern, und jedwede Kreatur hat einen Urtrieb nach liebender Umarmung. (...) Ich bin in Luft und Tau und in aller grünenden Frische ein überaus liebliches Heilkraut. Übervoll ist mein Herz, jedwedem Hilfe zu schenken. (...) Mit liebendem Auge berücksichtige ich alle Lebensnöte und fühle mich allem verbunden. Eine Salbe bin ich für jeden Schmerz.«[14]

Angesichts der Versprechungen der »Hildegard-Medizin« mag der Blick auf die Quellen ernüchternd wirken. Wo freilich ein Markt ist – so lehren die Gesetze der modernen Welt – ist auch ein Bedürfnis. Worin kann dies bestehen?

Heinrich Schipperges, der Medizinhistoriker und Hildegard-Kenner schreibt in seinem Werk ›Homo patiens‹ über die moderne Medizin, »daß wir zwar ein bewundernswertes System der Befunde haben, aber keines der Befindlichkeit; daß wir die krankheitsorientierte Medizin beherrschen, aber nur wenig wissen von der patientenorientierten Heilkunst. (...) Dem Patienten geht es nämlich weniger um die Befunde als um seine Befindlichkeit. Heilkunst in unserem Sinne hat es weniger mit dem Gegen-stand zu tun als mit dem Gegen-über.«[15] Diese Charakterisierung stammt bereits aus dem Jahr 1985 und hat doch nichts von ihrer Aktualität verloren – ganz im Gegenteil. In Zeiten, da allerorten betriebswirtschaftliches Denken und Gewinnorientierung zum obersten Maßstab erhoben werden, gilt es, sich zu erinnern, dass der Patient sich vom »homo patiens«, dem leidenden Menschen, ableitet. Ein Patient ist also etwas anderes als ein Kunde ... oder sollte es doch wenigstens sein. Das Unbehagen an einer Medizin des Befundes, die dem Aspekt der Befindlichkeit zu wenig gerecht wird, ist weiterhin aktuell. Hierin

gründet die Attraktivität diverser ganzheitlicher heilkund-
licher Methoden, unter denen die »Hildegard-Medizin« eine
Möglichkeit unter einer Vielzahl von Angeboten ist. Das Anliegen ist nachvollziehbar, dennoch ist auch die im Vergleich
zur als kaltherzig geltenden Schulmedizin hochgelobte ganzheitliche Perspektive der Alternativmedizin nicht frei von
Tücken. Wenn Heil und Heilung, geistig-seelische und körperliche Verfasstheit eng ineinandergreifen, steckt dann im
kranken Körper eine kranke Seele oder gar ein kranker Geist?
Für die amerikanische Essayistin Susan Sontag sind solche
Erklärungen Instrumente, »um die Schande (der Krankheit)
auf die Kranken abzuwälzen«[16]. Gerade in unserem Kulturkreis, da das Thema »Schuld« zutiefst in den Köpfen ver-
ankert ist, wird man sich vor der erneuten Einschleusung der
alten Verbindung von Krankheit und Schuld zu hüten haben,
sei es durch die religiös-fundamentalistische Vorder- oder die
vulgär-psychologische Hintertür.

»Die Wirkungsgeschichte von Hildegards naturkundlichen
Schriften im Mittelalter ist wesentlich geringer als jene der
visionären Werke«[17], schreibt Michael Embach. Anderen
Jahrhunderten war also anderes an Hildegard wichtig. Dass
ausgerechnet in der Moderne die Natur- und Heilkunde
boomt, ist in der Tat erstaunlich. In der Epoche Hildegards
betrug die durchschnittliche Lebenserwartung eines Menschen knapp über dreißig Jahre. Heute werden Männer im
Durchschnitt über 77 Jahre alt, Frauen über 82 Jahre, jedenfalls im reichen Deutschland. In den letzten hundert Jahren
hat sich die Lebenserwartung in den Industrienationen etwa
verdoppelt. Man mag die Defizite der modernen Medizin
zu Recht beklagen, ihre Erfolgsgeschichte ist unbestreitbar.
Was dennoch bleibt ist die Sorge des Menschen um sich
selbst, die offenbar unabhängig vom Reichtum an Lebens-
zeit und Ressourcen ist – gleichsam die Schwarzgalle, die
bereits dem armen Adam, nachdem er verstand, dass er
sterben muss, das Gemüt mit Traurigkeit und Angst verfinsterte ...

Die Naturkunde (Physica) ist in neun Bücher mit 513 Einzelbeschreibungen unterteilt. Die ersten beiden Bände handeln über die Pflanzen und über die Elemente. Es schließt sich ein Band über Steine an, der heute als Hildegards Edelsteinme-

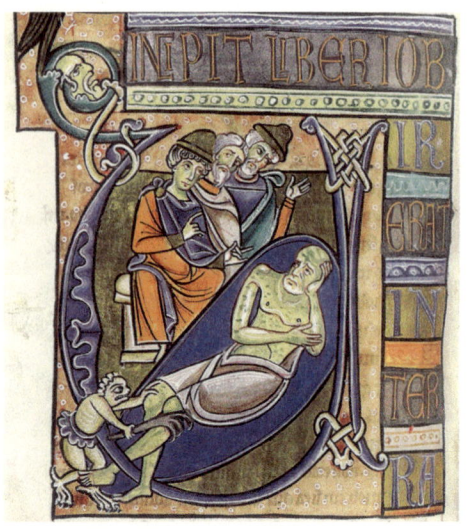

Initiale aus dem Buch Ijob. *Bibel von Souvigny, 12. Jahrhundert. Drei »fromme« Freunde beschuldigen den mit Pestbeulen übersäten Ijob, er habe die Krankheit durch seine Sünden selbst verschuldet. Wohlverhalten führe hingegen zu Wohlergehen. Auch nach dem Buch Ijob geht diese Rechnung nicht auf.*

dizin rezipiert wird. Die folgenden Bände handeln von den Fischen, Vögeln, Tieren. Es folgt ein Band: ›Vom Gewürm‹. Das Werk schließt mit Ausführungen über den Ursprung der Metalle.

Zu Hildegards Tierwelt gehören auch Fabelwesen: der Greif, ein Mischwesen zwischen Löwe und Adler, der Drache, der Basilisk, ein schlangenähnliches Wesen mit dem Kopf eines Hahnes, und das Einhorn. Das »Wissen« um diese Tiere teilt Hildegard mit ihren Zeitgenossen, sodass ihr Auftauchen in den naturkundlichen Werken nicht erstaunt. Erstaunlich ist allerdings Hildegards Schilderung des Einhorns, die ein »absolutes Novum«[18] darstellt. Das Fabeltier ist dem Mittelalter insbesondere über den Physiologus, eine spätantike Schrift, die naturkundliche Phänomene schildert und theologisch ausdeutet, vertraut. Nach dessen Beschreibung lässt sich das Einhorn allein durch eine Jungfrau fangen, in deren Schoß das wilde und scheue Tier seinen Kopf legt. Bei Hildegard müssen die Jungfrauen allerdings »adlig sein und nicht Bauernkinder«. Über den Grund, warum sich das Einhorn fangen lässt, heißt es weiter: »denn das Einhorn, das von

Einhorn. *Buchmalerei aus einem englischen Bestiarium, 13. Jahrhundert.*

fern ein Mädchen sieht, wundert sich darüber, daß es zwar die Gestalt eines Menschen, aber keinen Bart hat. Wenn nun zwei oder drei Mädchen zusammen sind, wundert es sich um so mehr und wird um so schneller gefangen«.[19] Jungfräulicher Adel als Voraussetzung für den erfolgreichen Einhornfang mag man Hildegard noch zutrauen. Bei den Fangumständen freilich herrscht interpretatorische Ratlosigkeit … und auch Erleichterung, dass die Evolution der Welt ein derart törichtes Tier erspart hat.

Im Gegensatz zu solchen Ausführungen steht der bemerkenswerte Band über die Fische. Er enthält die detaillierten Beschreibungen von fast dreißig rheinischen Fischarten, schildert deren Ernährungsgewohnheiten und Fortpflanzungsverhalten und zeugt somit von einer exakten Naturbeobachtung, die für das Mittelalter außergewöhnlich ist.

Auch Heilkundliches lässt sich im Buch über die Tiere finden. Das abgeschnittene rechte Ohr eines Löwen hilft, steckt man es in das Ohr des Kranken, gegen Taubheit, wenn zugleich folgende Formel gesprochen wird:»Höre, beschworen beim lebendigen Gott und bei der hohen Kraft des Löwengehörs«[20]. Mit einem deutlich verminderten Risiko für das Gesamtbefinden ist hingegen die Beschaffung einer halblebendigen Maus verbunden, die zwischen den Schultern angebunden wird, und, wenn sie stirbt, vom Wechselfieber befreit. Zu Mitleid neigende Tierfreunde seien auf das üble Naturell der Maus hingewiesen, denn sie »hat einen hinterhältigen Charakter, weil sie immer davonläuft und sich versteckt«[21]. Gegen Dummheit, so der Volksmund, ist kein Kraut gewachsen, und selbst die Götter kämpfen mit ihr vergebens, wie Friedrich Schiller offenbar in Unkenntnis der Heilkraft der Edelsteine behauptete. »Aber auch wer dumm ist«, heißt es im Buch von den Steinen, »so daß ihm jedes höhere Wissen abgeht und trotzdem klug sein möchte, es aber nicht kann und dabei nicht Bosheit im Auge hat, noch auf sie aus ist, der lecke mit seiner Zunge in nüchternem Zustand häufig an dem Saphir, weil die Wärme und die Kraft dieses Steines zusammen mit der warmen Feuchte des Speichels die schädlichen Säfte, die den Verstand des Menschen stark beeinträchtigen, vertreiben, und so wird der Mensch zu gutem Verstand kommen.«[22] Ein Vertreter der modernen Hildegard-Medizin versieht die Sequenz aus dem Edelsteinbuch mit dem praktischen Hinweis: »Wir empfehlen, den Saphir in einen Silberlöffel einzufassen. Dann kann er täglich abgeleckt werden.«[23]

Derlei Zitate aus den naturkundlichen Werken zeugen nicht nur von einem schier unüberbrückbaren Niveaugefälle im Vergleich zu den übrigen Werken Hildegards. Insbesondere die Anwendung magischer Praktiken in Form von Beschwörungsformeln und der Nutzung der Zauberkräfte von Tieren und Pflanzen, stehen im Spannungsverhältnis zum Menschenbild in den Visionsschriften. Der Widerspruch zu den rituell-magischen Praktiken, die auch Hildegard zur Dämonenaustreibung anrät und anwendet, muss hingenommen werden (vgl. S. 181 ff.). Ansonsten steht für Hildegard der Mensch an der Wegscheide zwischen dem Guten und dem Übel, Grünkraft und Dürre, Harmonie und Disharmonie. Im Fall des Gelingens wird die Entscheidung von der »rationalitas« gelenkt, einem der tiefgründigsten Begriffe im Werk Hildegards, gemäß dem sich der vernünftige Mensch in die vernünftige Schöpfung einfügt. Die Entscheidung obliegt dem freien Willen und ist daher von ganz anderer Art als magische Praktiken, die die Entscheidung umgehen, indem sie das Übel zu bannen suchen. Entsprechend tritt im Tugend-Lasterkatalog der zweiten Visionsschrift »die magische Kunst« als personifiziertes Laster auf, das ein Streitgespräch mit der Tugend des »wahren Gottesdienstes« führt. In seiner Rechtfertigungsrede rühmt sich das Laster seiner Macht: »Ich beherrsche die Leuchten des Himmels, die Bäume und Kräuter, wie jedes irdische Grünen. Ich gebiete den wilden Tieren und den übrigen Lebewesen auf der Erde wie auch dem Gewürm über und unter der Erde. Wer will mir bei meiner Methode Widerstand leisten?«[24] Seit jeher glaubten – so Hildegard – diejenigen, die sich der Magie bedienten, auf alles eine Antwort zu besitzen: »Mit ihren Forschungen haben sie die Elemente derart unterjocht, daß sie alles, was sie nur wollten, mit Sicherheit entdeckten.«[25] Hildegard unterstreicht weiter die enge Verbindung zwischen der Magie und der Unstetigkeit, die in Hildegards Abfolge der Laster der Magie vorangeht: »Denn wer den magischen Künsten nachjagt, erreicht diese am ehesten über die Unstetigkeit. Daher pflegen beide miteinander so sehr gemeinsame Sache zu machen, daß man sie kaum voneinander trennen kann.« So gehören Magie und Unstetigkeit zusammen, denn der Mensch eilt ruhelos von einer magischen Praktik zur nächsten. Vor allem anderen mangelt es denjenigen, die sich der Magie ergeben, an »vertrauensvoller Hoffnung auf Gott«, stattdessen sieht Hildegard hier die »Herrschsucht« am Werke. Wie alle anderen Laster, die Hildegard beschreibt, so ist auch die magische Kunst Ausdruck der Unvernunft schlechthin. Entsprechend mahnt die Tugend des wahren Gottesdienstes, »angesichts der Nichtigkeit solcher Täuschungsmanöver wieder zu Verstand zu kommen«[26].

Hildegard macht in dieser bemerkenswerten Textsequenz die Bemächtigungsstrategie kenntlich, mit der das herrschsüchtige Laster auf die menschliche Grunderfahrung der Ohnmacht angesichts der Bedrohung durch Verlust, Krankheit und Tod reagiert. Man mag hier heute an diverse esoterische Praktiken, alle Arten von umfassenden Heils- und Heilungsverheißungen denken, und auch das Kriterium der Unstetigkeit passt gut zu einer Haltung, die sich in rasantem Wechsel auf all das bezieht, was der Markt gerade zu bieten hat. Hildegards Laster trachtet danach, »alles (...) in der Welt zu erforschen«[27], glaubt alles zu wissen und über alles Macht zu besitzen. Dies lässt auch an das grenzenlose Vertrauen in die Möglichkeiten von Medizin und Technik denken, an dem – wie an allem, was auf die umfassende Bannung des Übels setzt – magische Züge erkennbar werden. Vor dem Hintergrund eines Textes aus dem 12. Jahrhundert wird somit die innere Verwandtschaft der verfeindeten Formen moderner »Gläubigkeit« kenntlich. Sie entstammen dem Geist der Bemächtigung und halten schier alles für machbar. Hildegard setzt dem Laster der eingebildeten Allmacht die Bereitschaft zur Einfügung in die Ordnung des Ganzen entgegen, was für sie ein Akt des Vertrauens und zugleich Ausdruck der Vernunft ist. Es ist nicht notwendig, Hildegards Glauben zu teilen, ja, man muss noch nicht einmal religiös sein, um zu wissen, das sie recht hat: »Vor dem Tod erschrickst du? Du wünschest, unsterblich zu leben? Leb im Ganzen! Wenn du lange dahin bist, es bleibt.«[28] (Friedrich Schiller)

Die ›Unbekannte Sprache‹ und kleinere Werke

»Wer aber würde nicht darüber staunen, daß sie (...) bis dahin nicht gesehene Schriftzeichen in einer früher nicht gehörten Sprache aufgezeichnet hat?«[29], so der Verfasser von Hildegards Vita. Auch eine unbekannte Sprache (Lingua ignota) und eine unbekannte Schrift (Litterae ignotae)[30] zählen zu Hildegards Werken. Sie selbst erwähnt die ›Unbekannte Sprache‹[31] und reiht sie in ihre inspirierten Schriften ein. Auch in einem Brief an Papst Anastasius berichtet Hildegard, dass Gott sein kleines Zelt, das heißt Hildegard, berührt habe, »damit es Wunder schaue, eine unbekannte Schrift schaffe und eine unbekannte Sprache erklingen lasse.«[32] Die ›Unbekannte Sprache‹ besteht aus einer Zusammenstellung von ca. tausend Wortschöpfungen: eine Art synthetische Sprache mit Elementen aus dem Hebräischen, Griechischen, Lateinischen und dem regionalen Dialekt der Volkssprache. Bei den aufgelisteten Wörtern handelt es sich um Substantive, die durch lateinische bzw. mittelhochdeutsche Worte übersetzt werden. Die Begriffe sind nicht alphabetisch geordnet, sondern in Sachgruppen (Gott und Mensch, Kirche, Zeitbezeichnungen, Gegenstände des täglichen Lebens, Bäume, Pflanzen und Vögel) unterteilt. Die Gesetze, nach denen Hildegard ihre Worte bildete, sind noch – wie manches andere bei diesem Thema – unklar. Auffällig ist die Häufigkeit des Lautes z in Wortbildungen wie Aigonz=Gott, Suinz=Schweiß, Molliz-Lunge. Es gibt Begriffe, die sich an Worte aus der Volkssprache bzw. dem Lateinischen anlehnen. In »düveliz«, das heißt des Teufels, ist der deutsche Wortstamm noch erkennbar. »Livionz« für Heiland lässt sich hingegen nirgends ableiten. Dass fast ein Drittel der Worte dem anatomischen bzw. botanisch-pharmakologischen Sachbereich angehört, wurde dahingehend interpretiert, dass es sich um eine verschlüsselte Fachsprache handeln könnte. Es wurde weiter gemutmaßt, dass es sich um eine Geheimsprache handele, dass versucht wurde, das klösterliche Schweigegebot auf diese Weise zu umgehen bzw. eine Sprachbarriere zwischen adligen Nonnen und niedrigen Dienstmägden zu errichten. Auch findet sich die Meinung, dass die göttlichen Eingebungen unmittelbar in dieser Sprache erfolgt seien. Am plausibelsten scheint, dass sich Hildegard mit der ›Lingua ignota‹ in die Tradition Adams, des ersten Sprachschöpfers, stellt. Auch ihr kompositorisches Werk setzt Hildegard in Beziehung zu Adam und der vollkommenen Stimme, die er vor dem Sündenfall besaß (vgl. S. 191). Entsprechend könnte – so Michael Embach – »die Lingua ignota als Versuch betrachtet werden, eine Art paradiesische Ursprache zu rekonstruieren, wie sie vor der babylonischen Sprachverwirrung gepflegt wurde.«[33]

Die »unbekannte Schrift«, das heißt eine Geheimschrift, enthält dreiundzwanzig verschlüsselte Zeichen für die Buchstaben des Alphabetes. Wie auch bei der ›Unbekannten Sprache‹ bleiben Sinn und Verwendung letztlich im Dunkeln.

Zu erwähnen sind noch zwei kleinere Werke. Das Verhältnis Hildegards zu den Disibodenberger Mönchen war immer wieder von Konflikten getrübt, dennoch blieb man einander verbunden. Abt Kuno und später Abt Helenger fragten daher bei Hildegard »da wir allen Zunder des Haßes und der alten Feindschaft (…) abgeschüttelt«, höflich wegen ihres Schutzpatrons, des heiligen Disibod, an: »Ihr wollet uns alles eröffnen, was Gott Euch über ihn geoffenbart hat.«[34] Hildegard, die hier gleichsam zu einer Schau in Form einer himmlischen Befragung aufgefordert wurde, kam der Bitte nach. Sie schrieb das Geschaute um 1170 nieder und übersandte es den Mönchen. Auch das Volkswissen über den Einsiedler, um den sich eine Klostergemeinschaft bildete, fand in Hildegards Werk Eingang. Wie die ›Vita Disibodi‹ ist auch die ›Vita Ruperti‹ eine Heiligenlegende. Bereits bevor Hildegard mit ihren Nonnen auf den Rupertsberg zog, wurden Rupertus und dessen Reliquien an dieser Stelle verehrt. Hildegard verfasste also mit der Vita des heiligen Rupertus nicht nur ein erbauliches Werk, sondern festigte die Stellung und den Ruhm ihres Klosters, indem sie die Verehrung des heiligen Einsiedlers an diesem Ort weiterhin pflegte. Über beide Heilige verfasste Hildegard auch Gesänge.

Kapitel 10
Öffentliche Predigt und
heilsgeschichtlicher Auftrag

Die ältere Forschung geht von vier Predigtreisen Hildegards in den Jahren von 1158 bis 1171 aus. Die erste Reise soll den Main entlang nach Mainz, Würzburg, Ebrach bis Bamberg, die zweite bis Trier und Metz geführt haben (1158–61). Die Route der dritten Reise (1161–63) habe sich rheinabwärts bis nach Köln und ins Ruhrgebiet erstreckt, die vierte Reise bis nach Schwaben geführt (um 1170). Die Einteilung der Reisen erfolgte im 19. und 20. Jahrhundert. Zwischenzeitlich sieht man die Möglichkeit, genaue Routen festzulegen, kritischer. Die zugrundeliegenden Angaben in der Vita und in den Briefen sind unpräzise, Daten und Personen oft nur schwer zuordenbar. Insbesondere fehlen unabhängige Zeugnisse wie regionale Chroniken, die über das öffentliche Auftreten und die Predigten Hildegards berichten. Die Gemengelage ist also sehr viel komplizierter, als man zu der Zeit, da man die Reiserouten festlegte, annahm. Auch stehen weitere Forschungen zu Einzelfragen aus.[1] So bleibt man vorerst auf die interessegeleiteten Zeugnisse, die auf dem Rupertsberg zusammengestellt wurden, als Quelle angewiesen. Hier belegen Briefe, in denen um eine schriftliche Fassung der von Hildegard gehaltenen Predigten gebeten wird, dass diese stattgefunden haben. Briefe aus befreundeten Klöstern, die an der Wegstrecke lagen und auf Hildegards Besuch Bezug nehmen, lassen Rückschlüsse auf die Reisen und deren Verlauf zu. Auch wenn manches Detail im Unklaren bleibt, wird man also am grundsätzlichen Sachverhalt festzuhalten haben. So ist die erstaunliche Energieleistung der zu Beginn ihrer Reisen bereits sechzigjährigen Hildegard hervorzuheben, zumal, wenn man die Beschwerlichkeit des Reisens im Mittelalter bedenkt. Noch erstaunlicher ist die Tatsache, dass hier eine Frau in der Öffentlichkeit predigt. Dieser Meinung ist auch Abt Robertus, der in seiner Lobrede auf Hildegard sogleich den möglichen Stein des Anstoßes interpretatorisch aus dem Weg räumt:»Der Apostel (Paulus) erlaubt nicht, daß eine Frau in der Kirche lehrt. Diese Frau aber ist durch den Empfang des Heiligen Geistes von dieser Anweisung befreit, und seine Leitung belehrt sie (...) So verkündet sie, wie man es aus ihren Schriften ersieht, was diese (die innere Salbung) ihr im Verborgenen eingibt, mutig in der Öffentlichkeit, um die Zuhörer zu unterweisen. Dennoch ist sie sich ihres Geschlechts und ihrer besonderen Stellung bewußt, und vor allem des erwähnten Verbotes. Sie gehorcht dem Geist und widersetzt sich so nicht dem Apostel, den der Geist sendet.«[2] Auf diese Weise wird das Unmögliche möglich, sodass Hildegard als göttlich legitimierte Ausnahme von der göttlichen Regel in der Öffentlichkeit das Wort ergreifen kann. Auch nach dem Bericht Theoderichs brach Hildegard »vom göttlichen Geist nicht nur angetrieben, sondern genötigt« zu diesen Reisen auf und »verkündigte (...) was das Heil der Seelen betraf, so wie Gott es ihr offenbarte«[3]. Die Briefe, in denen sie um die Übersendung der schriftlichen Predigtfassungen gebeten wurde, zeugen davon, dass man Hildegard als »Mitwisserin (der göttlichen) Geheimnisse«[4], als »wahrhaftes Orakel Gottes«[5] verehrte. Auf ihrer letzten Reise predigte Hildegard in Kirchheim gegen Missstände im Klerus. Werner von Kirchheim stellt ihre Mahnpredigt in die Tradition der Propheten des Alten Testamentes und verleiht seiner Hoffnung Ausdruck, Hildegard »möge nach dem Vorbild Deboras die feindlichen Scharen unter Gottes Führung vernichten«[6]. Eben dies ist auch Hildegards Selbstverständnis, wobei die Tatsache, dass nunmehr gerade eine Prophetin und nicht ein Prophet zur Umkehr mahnt, für sie in der heilsgeschichtlichen Epoche gründet, als die sie ihre Gegenwart begreift.

Heilsgeschichtliche Reflexionen sind im Mittelalter von großer Wichtigkeit. Dem modernen Denken sind sie fremd, da man heute eine andere Auffassung von Zeit und Geschichte hat. Die Grundzüge heilsgeschichtlichen Denkens seien deshalb kurz erklärt. Die Heilsgeschichte beginnt mit der Schöpfung bzw. mit dem Sturz Satans. Ihr Zentralereignis ist das Erscheinen Christi auf Erden. Von hier aus läuft die irdische Zeit auf die letzten Dinge zu: das Erscheinen des Antichristen, die Rückkehr Christi auf Erden und das Jüngste Gericht. Der Verlauf der Heilsgeschichte wird verschiedenen

Maria Magdalena als Predigerin.
Maria Magdalena predigt in der Kirche zu Aix. Unbekannter Schweizer Meister, Anfang 16. Jahrhundert.

Gliederungsprinzipien unterworfen. Häufig verwendet man die um Christus gruppierte Dreiteilung, in die Zeiten vor und unter der Gnade, auf die das Jenseits folgt. Die Heilsgeschichte kann aber auch in fünf, sechs oder sieben Weltalter unterteilt werden oder aber aus einer Abfolge von vier Weltreichen bestehen. Monumentale Werke mit elaborierten Erklärungsmustern der heilsgeschichtlichen Abläufe entstehen, so die Weltchronik Ottos von Freising, eines Zeitgenossen Hildegards. Wie der Name Weltchronik besagt, umfasst das Werk das ganze Weltgeschehen. Folglich beginnt die Chronik bei Adam. Es folgt alles verfügbare Wissen über den Lauf der Zeiten, das auf seinen heilsgeschichtlichen Sinn hin befragt und ausgelegt wird. Selbstverständlich fügt Otto auch die bib-

lischen Ereignisse ein: die Sintflut, die Arche Noah und den
Turmbau zu Babel, die im Mittelalter unbestreitbar wahr,
also historische Ereignisse sind.

Geschichte bezieht sich auf Vergangenes, die Heilsgeschichte hingegen bezieht sich auf einen gesetzten Zeit-
raum vom Anfang bis zum Ende der Welt, umfasst also auch
die Zukunft. Die letzten Dinge sind biblisch belegt, sodass
im Rahmen der geschichtstheologischen Betrachtungen auch
Aussagen über Zukünftiges gemacht werden können. Entsprechend beschäftigt sich Otto von Freising im achten Buch
seiner Chronik mit dem Erscheinen und Sturz des Antichristen, mit der Verwandlung der Erde, der Auferstehung der
Toten, mit dem Jüngsten Gericht und den dort verhängten
Strafen. Manches Befremdliche wird behandelt: an welchem
Ort das Jüngste Gericht stattfindet und in welcher Geschwin-
digkeit, in welchen Engelsrang die Erwählten aufsteigen, ob
reale Würmer die Verdammten benagen, oder ob es im übertragenen Sinne die Gewissensbisse sind, die sie peinigen.
Derlei Themen bewegen die frommen Zeitgenossen, und
auch Hildegard wird von den Mönchen von Villers befragt,
ob das Höllenfeuer tatsächlich oder als geistige Qual die Verdammten verbrennt – geistig, so die Antwort, da reales Feuer
tötet, die Qualen der Hölle jedoch ewig sind. [7]

Im Rahmen seiner Ausführungen zum Auferstehungsleib
von »Krüppeln« wendet sich Otto der Frage zu, in welchem
Geschlecht die Auferstehung der Menschen erfolgen wird.
Denn manche, so Otto, gehen davon aus, dass Frauen als
Männer auferstehen werden, da ja Gott nur den Mann aus
Erde gemacht habe, die Frau hingegen aus der Seite des Mannes. Otto widerspricht. Das weibliche Geschlecht sei kein
Fehler, sondern eine natürliche Beschaffenheit, sodass Frauen
im weiblichen Leib auferstehen werden. Das Werk schließt
mit der Beschreibung der Herrlichkeit des himmlischen Ho-
fes sowie der Rangordnung der Engel, Heiligen und Seligen,
die in ewiger Glückseligkeit Gott schauen.

Otto beklagt die Gegenwart als Zeit des Niedergangs,
»zumal wir wegen der Menge unserer Sünden und wegen

der stinkenden Sündhaftigkeit dieser höchst unruhevollen Zeit glauben, daß die Welt nicht mehr lange Bestand haben kann«[8]. Nicht anders als Otto verstehen die Zeitgenossen ihre Gegenwart als Epoche des Verfalls, die das Ende aller Zeiten einläutet.

Auch bei Hildegard nehmen heilsgeschichtliche Reflexionen einen breiten Raum ein. Ja, das heute so ferne Thema führt ins Zentrum von Hildegards Selbstverständnis. In ›Scivias‹ leitet sie die Abschnitte der Heilsgeschichte von den biblischen Schöpfungstagen ab[9]. Die fünf ersten Tage bezeichnen die Zeit vor Christus. Mit Christus beginnt der sechste Tag. Hierauf folgt mit dem siebten Tag die Endzeit, die mit dem Erscheinen des Antichristen und dessen Vernichtung durch die erneute Ankunft Christi beschlossen wird. Diese letzte heilsgeschichtliche Epoche unterteilt Hildegard in fünf durch Tiere symbolisierte Phasen[10], die sie in der dritten Visionsschrift im Wechsel von Verfolgungs- und Friedenszeiten näher bestimmt[11]. Wesentlich an Hildegards komplizierten Reflexionen ist, dass der siebte Tag, die Endzeit, zur Zeit Hildegards beginnt: »Waffnet euch und haltet euch durch diese treuen Schutzwehren gemahnt, zum Entscheidungskampfe bereit.«[12] Eben jenem brisanten Zeitpunkt der Heilsgeschichte ordnet Hildegard ihre eigene Geburt zu: »Im Jahr 1100 nach der Menschwerdung Christi begann die Lehre der Apostel (...) nachzulassen und geriet ins Schwanken. Zu jener Zeit wurde ich geboren«[13], heißt es in den autobiografischen Skizzen der Vita.

Hildegard nennt die erste endzeitliche Phase, also ihre Gegenwart, die »Zeit weibischer Schwäche« (tempus muliebris debilitatis), da sie auf das mannhafte Zeitalter folgt, an dessen Beginn die Apostel standen. Im Vergleich zur idealen christlichen Frühzeit ist die Gegenwart eine Zeit des Niedergangs, in der sich die Kirche in einem »ekelhaften Zustand«[14] befinde. Der Klerus sei weibisch schwach, da er die Seelsorge vernachlässige und sich Ausschweifungen hingebe. Ihm fehlen also die für Hildegard positiven Attribute von Weiblichkeit, nämlich Mütterlichkeit und Jungfräulichkeit. In diesem heilsgeschichtlichen Moment, da die männlichen Amtsträger versagen, wird eine weibliche Prophetin berufen, um zur Umkehr zu mahnen. Nicht die »Gebildeten und Starken«, also der männliche Klerus, künden nun die Wahrheit, sondern

Scivias: Das Ende der Zeiten.
Das schwarze Haupt, das die Allegorie der Kirche verunstaltet, symbolisiert den Antichristen, der in der letzten endzeitlichen Phase »in widernatürlicher Schändlichkeit und schwärzester Bosheit wüten wird.«[15] Rupetsberger Kodex, 12. Jahrhundert

eine »Ungebildete und Schwache«, das heißt eine Frau: »Deshalb spreche ich jetzt durch einen unberedten Menschen über die Heilige Schrift; er ist nicht von einem irdischen Lehrer belehrt, sondern ich, der ich bin, verkünde durch ihn neue Geheimnisse«.[16] Neben dem Lehrauftrag, der hier der prophetischen Theologin erteilt wird, soll sie zur Wiederherstellung der mannhaften Stärke, das heißt zur Erneuerung der apostolischen Werte, mahnen. Hildegard spricht, »damit diejenigen von Scham ergriffen werden, die meinem Volk den geraden Weg zeigen sollten, aber wegen ihrer Sittenverderbnis sich der Pflicht entziehen, offen die Gerechtigkeit, um die sie wohl wissen, zu predigen. Denn sie wollen sich der bösen Lust nicht enthalten, von der sie so beherrscht sind, daß sie vor dem Angesichte des Herrn fliehen und erröten, die Wahrheit zu reden. (...) Deshalb rede du, klein im Geiste, aber in deinem Innern belehrt durch meinen geheimnisvollen Hauch, wenn du auch um der Sünde Evas willen dem Manne untergeordnet bist«.[17] Hildegards öffentliche Lehre und Predigt hat nichts mit modernen emanzipatorischen Anliegen zu tun, auch die hierarchische Bewertung der Geschlechter stellt sie nicht infrage. Ja, sie greift gerade umgekehrt auf die traditionellen Zuschreibungen von Stärke und Schwäche zurück, um die spezifische heilsgeschichtliche Situation zu beschreiben, die ihr Auftreten notwendig macht. Als Prophetin durchbricht sie sodann Status und Rolle, denen sie als Frau, genauso wie alle anderen Frauen auch, unterworfen bleibt.

Sowohl in der Trierer als auch in der Kölner Predigt münden heilsgeschichtliche Betrachtungen in die heftige Kritik am Klerus. Nicht anders als für viele Zeitgenossen ist die Kirchenreform, das heißt die Bekämpfung von Missständen, insbesondere von weltlichen Einflüssen auf die Kirche, auch für Hildegard die drängende Aufgabe der Gegenwart. Entsprechend steht in der Kölner Predigt gegen die Katharer die Mahn- und Drohrede an den Klerus im Vordergrund, den allein seine weltlichen Geschäfte interessieren: »Bald seid ihr Soldaten, bald Knechte, bald Possenreißer. Mit eurem leeren Getue verscheucht ihr aber bestenfalls im Sommer einige Fliegen. (…) Allein ihr seid zu Boden geworfen und seid kein Halt für die Kirche, sondern flieht in die Höhle eurer Lust. Und wegen eures ekelhaften Reichtums und Geizes sowie anderer Eitelkeiten unterweist ihr eure Untergebenen nicht.«[18] Eben dieses Versagen des Klerus macht für Hildegard das Auftreten der Katharer überhaupt erst möglich.

Die Katharer (Reinen) waren die bedeutendste Sekte des Mittelalters. Die radikalen Anhänger der Armutsbewegung waren im 12. Jahrhundert weit in Europa verbreitet. Sie fanden bei den Laien großen Anklang, insbesondere bei Frauen, da auch sie »Vollkommene« werden, das heißt den höchsten religiösen Rang erreichen konnten. Die »guten Menschen« oder »guten Christen«, wie sie sich nannten, legten besonderen Wert auf einen vorbildlichen Lebenswandel. Eigene Kirchen und Bistümer entstanden im Rahmen einer erstarken-

den Bewegung, die als häretisch, das heißt als ketzerisch (der
Begriff Ketzer leitet sich vom Namen Katharer ab) von der offiziellen Kirche ausgegrenzt wurde. In Frankreich tragen die
Katharer den Namen Albigenser und wurden zu Beginn des
13. Jahrhunderts in den als Kreuzzug geführten Albigenser-
kriegen fast völlig ausgerottet. Auch in Mitteleuropa wurden
die Katharer verfolgt und sodann durch die Armutsbewegung
der Dominikaner und Franziskaner zurückgedrängt. Um die
Mitte des 13. Jahrhunderts war auch hier die Bewegung verschwunden.

Die Katharer vertraten eine dualistische Lehre gemäß der
ein böses Prinzip (Teufel) und ein gutes Prinzip (Gott) miteinander im Widerstreit lagen. Der Bereich des Leiblich-Irdischen war dem Bösen zugeordnet, weswegen Weltenthal-
tung als das erstrebenswerte Ideal galt. Die »Vollkommenen«
(perfecti) führten ein asketisches Leben, enthielten sich der
Sexualität und folgten strengen Speisevorschriften. Die Katharer verwarfen die Ehe, die Sakramente und die Priester-
schaft und negierten den kirchlichen Anspruch auf alleinige
Heilsvermittlung.

Die rigorose Ablehnung von Leib und Welt lief Hildegards
theologischen Grundüberzeugungen zuwider[19]. Nicht minder
anstößig war für Hildegard jedoch die Infragestellung der
gesellschaftlich-religiösen Ordnung. Dies ruft in Hildegards
Kölner Predigt, die wahrscheinlich 1163 stattgefunden hat,
sogleich den ewigen Störenfried als den eigentlichen Draht-
zieher und folglich ein Schreckensszenario des Unterganges
auf den Plan: »Denn der Teufel ist bei diesen Leuten (...)
Wenn ihr sie nicht ausweist, wird die ganze Kirche zugrunde
gehen.«[20] Auch in der Mainzer Predigt droht der Untergang
all jenen, die das »unreine und unheilige Volk« bei sich dulden: »Denn eure Städte und Dörfer werden zerstört und eure
Landgüter wegen dieser verleumderischen Menschen ver-
wüstet werden, wenn sie bei euch verbleiben.«[21] Hildegard
betont die Verworfenheit der Ketzer, und dass der Endzweck
all ihres keuschen Gebarens die Unkeuschheit sei. »Auf diese
Weise angeln sie sich die Weiber und fangen sie in ihren Irr-

tum ein. Im Hochmut ihres aufgeblähten Geistes behaupten sie: ›Wir übertreffen alle‹. Und hinterher treiben sie doch insgeheim mit jenen Weibern Wollust.«[22] Auch Bernhard von Clairvaux, der gegen den Ketzer Heinrich von Lausanne (den Vertreter einer radikalen und daher missliebigen Richtung der Kirchenreform) predigte, prangerte den Hochmut und die Heuchelei eines Mannes an, der sich nächtens mit Prostituierten herumtreibe. Die Übereinstimmung der Vorwürfe überrascht nicht, denn auch das mittelalterliche Ketzerbild folgt verbindlichen Mustern. »Der Ketzer«, so der Historiker Herbert Grundmann, »ist nicht nur Negation, sondern Gegenbild des wahren Gläubigen, und die Kirchenlehre hat für diesen wie für jenen einen ›Idealtyp‹ geprägt. (…) Diese allgemeinen typischen Grundzüge wollen auf jeden Ketzer zutreffen, eben insofern er Ketzer ist, unabhängig vom Inhalt seiner Lehre.«[23] Ein solches Stereotyp ist der Hochmut der Ketzer, als der das Abweichen vom katholischen Glauben gedeutet wird. Der Vorwurf der Heuchelei (hypocrisis) bezieht sich auf den religiösen Ernst und die strenge Lebensführung vieler Sektenmitglieder. Der Kontrast zu den Missständen im Klerus machte – dies schätzt Hildegard durchaus realistisch ein – einen großen Teil der Attraktivität der Sekte aus. Der Vorwurf der Heuchelei denunziert das reale Verhalten als teuflisches Trugbild. Nunmehr ist der Weg frei für Unterstellungen jeglicher Art, bevorzugt die der sexuellen Ausschweifung. Hildegards Polemik ist nicht weiter erstaunlich, denn sie folgt dem Geist bzw. Ungeist ihrer Epoche. Erstaunlich ist vielmehr, dass in modernen Darstellungen Licht und Schatten weiterhin nach mittelalterlichen Wertsetzungen verteilt werden. Ein begütigendes Licht fällt somit auf die Vorgänge in Köln, wo sich die Katharer »eingenistet« hatten, und die unerschrockene Predigerin der »geistige(n) Verwirrung immer größerer Massen«[24] entgegentrat.

Über die Ketzerverfolgungen in Köln liegen verschiedene Quellen vor. Bereits im Jahr 1143 wurden Ketzer verhört, wovon Abt Evervin von Steinfurt in einem Brief berichtet. Es ist das Zeugnis eines nachdenklichen Mannes, der sich der geläufigen Polemik enthält und offenbar von der Frömmigkeit der Ketzer, die sich als »Arme Christi« in der Nachfolge der Apostel verstanden, stark beeindruckt war. Von den Ereignissen in Köln ist bekannt, dass sich die Führer der Ketzer

Scivias: Der Tag der großen Offenbarung. *Darstellung der Auferstehung der Toten und des Jüngsten Gerichtes: »Da erstrahlten alsbald die Auserwählten lichter als der Glanz der Sonne. Mit dem Sohne Gottes und den seligen Scharen der Engel zogen sie in großer Freude in den Himmel ein. Die Verdammten aber fuhren mit dem Teufel und seinen Engeln unter lautem Heulen in den höllischen Abgrund.«[25] Rupertsberger Kodex, 12. Jahrhundert.*

bereit erklärt hatten, zur Kirche zurückzukehren, wenn sie in einer öffentlichen Disputation widerlegt würden. Der Kölner Klerus ließ sich hierauf nicht ein, sondern setzte seine Bekehrungsversuche fort, bis er von der fanatisierten Menge unterbrochen wurde, die die Ketzer auf den Scheiterhaufen zerrten und verbrannten.[26]

Über die Vorgänge im Jahr 1163 berichtet die Kölner Königschronik. Katharer hätten in einer Scheune abseits der Stadt gelebt und sich dadurch verdächtig gemacht, dass sie nicht beim sonntäglichen Gottesdienst erschienen. Sie seien festgenommen und befragt worden und hätten trotz eingehender Ermahnung hartnäckig auf ihrem Irrglauben beharrt. Als verstockte Ketzer wurden sie dann nach gängiger mittelalterlicher Praxis den weltlichen Machthabern zur Bestrafung übergeben.»Diese führten sie am 5. August aus der Stadt und überlieferten sie dem Feuertod, vier Männer und ein Mädchen. Dieses wäre durch das Mitleiden des Volkes fast gerettet worden, wenn sie durch den Tod der anderen sich hätte schrecken und zur Annahme weiseren Rates bewegen lassen; doch plötzlich den Händen derer, welche sie hielten, entrinnend, stürzte sie sich freiwillig ins Feuer und fand den Tod.«[27]

Ob Hildegard über die Hinrichtung in Köln 1143 und 1163 unterrichtet war, ist unbekannt. Sie selbst hat »nur« zur Vertreibung aufgerufen. Festzuhalten bleibt, dass ihre Worte in eine bereits aufgeheizte Stimmung hineingesprochen wurden und dass man es sich hier – wie in jedem anderen historischen Vergleichsfall auch – zu leicht macht, wenn man glaubt, flammende Reden und brennende Scheiterhaufen hätten nichts miteinander zu tun.

Die Briefe

Die Briefe Hildegards stellen aufgrund der Art und Weise ihrer Überlieferung ein schwieriges Forschungsproblem dar. Die Briefe sind nicht im Original, sondern in Kopien erhalten, Datierungen fehlen, oft kennt man den Absender nicht bzw. weiß nicht, an wen der Brief gerichtet war: eine komplizierte Gemengelage, aus der im Vergleich von Übereinstimmungen und Abweichungen diverser Kopien auf die ursprüngliche Briefgestalt rückgeschlossen wird. Das Ergebnis dieser schwierigen Rekonstruktionsarbeit ist die neue kritische Edition der Briefe Hildegards. Beträchtliche Veränderungen in den Briefen Hildegards wurden durch Mönch Volmar vorgenommen, der sie um 1170 überarbeitete und zu einem Briefbuch zusammenstellte. Die Tatsache, dass diese »Aufarbeitung« des Briefwechsels von Hildegards »Feile« und rechter Hand unternommen wurde, macht die Annahme, dass Hildegard darum nicht wusste, unrealistisch. Eher muss man in ihr die Auftraggeberin sehen. Hildegard ist zu diesem Zeitpunkt über siebzig Jahre alt. Man hat also bei der Bearbeitung und Zusammenstellung den Nachruhm der Prophetin und Heiligen im Auge. Das Briefbuch steht hier im Kontext einer Reihe weiterer publizitätsfördernder Maßnahmen. So verfertigte man auf dem Rupertsberg mehrere Kopien der Visionsschriften, von denen man auch Exemplare verschickte, ebenso begann die Abfassung der Vita. Man nahm die Zusammenstellung des »Riesencodex« in Angriff, einer monumentalen Handschrift, die eine Art Gesamtausgabe der Werke Hildegards darstellt.

Auch die erwähnten Veränderungen im Briefwechsel zwischen Hildegard und Tenxwind gehen auf diese Bearbeitung der Briefe zurück, sodass man davon ausgehen kann, dass Hildegard davon gewusst und das Vorgehen gebilligt hat[28]. Nichts anderes gilt für den Briefwechsel mit Bernhard von Clairvaux. Dessen Antwortschreiben zeugt nicht von überschwänglicher Begeisterung, betont nicht, dass Hildegard in besonderem Maße mit Gott verbunden ist und enthält folglich auch nicht die Aufforderung, dass Hildegard in ihrem segensreichen Tun fortfahren soll. Der ursprüngliche Brief ist etwa um die Hälfte kürzer und mit dem Hinweis auf »die Menge der Geschäfte«[29] knapp und nüchtern gehalten.

Zu den beträchtlichen Eingriffen, die an den Briefen vorgenommen wurden, gehören Umstellungen in der Abfolge (sodass z. B. der Eindruck entsteht, Bernhard hätte sich zuerst an Hildegard gewandt), inhaltliche Eingriffe wie Umformulierungen, Einfügungen und Auslassungen, gezielte Adressenänderungen sowie die Verfertigung von Briefen durch das Zusammenfügen diverser Versatzstücke.

Die Anlage des Briefbuches folgt dem Anliegen. Ziel ist es, Hildegards Ansehen und ihren Einfluss als Prophetin zu unterstreichen. Dies wird sowohl durch den hohen Rang ihrer »Briefpartner« als auch einen weitreichenden Wirkkreis gewährleistet. Entsprechend werden die Briefe nach Wichtigkeit der Personen angeordnet. Bernhard von Clairvaux steht am Anfang, was die Bedeutung belegt, die man ihm beimaß.

Sodann folgt der Briefwechsel mit den Päpsten, bei dem man den Eindruck zu erwecken versuchte, Hildegard habe kontinuierlich mit den Päpsten ihrer Zeit korrespondiert und weiter, dass diese Korrespondenz auf Initiative der Päpste zustande kam. Das Fehlen eines Briefes von Papst Hadrian IV. wurde durch einen Brief Papst Eugens III. kompensiert, den man Hadrian zuschrieb. Ein Schreiben von Papst Alexander III., das sich ursprünglich an Probst Wezzelin von St. Andreas richtete, wurde an Hildegard umadressiert. Auf die Päpste folgten die hohen kirchlichen Würdenträger. Ein fehlender Brief an den Kölner Erzbischof Arnold wurde aus mehreren Briefen Hildegards an Laien zusammengestellt. Diese und andere Änderungen nahm man vor, »um den Eindruck eines möglichst breitgefächerten Korrespondentenkreises zu erwecken, der die wichtigsten geistlichen Würdenträger von Hildegards weiterer Umgebung umfaßt«[30].

Auch die Korrespondenz mit weltlichen Herrschern sollte Hildegards Autorität und Einfluss unterstreichen. Doch auch an ihrem Brief an den ersten Stauferkönig Konrad III. gibt es beträchtliche Echtheitszweifel. Der Herausgeber der kritischen Edition hält es für möglich, dass der Bearbeiter des Briefwechsels »einen hildegardischen Text zu einem Brief an Konrad umgewandelt (und eine Anfrage erdacht) hat«[31].

Des Weiteren besteht die Sammlung aus Briefen an geistliche und weltliche Personen, die sich mit vielfältigen Anfragen an Hildegard wenden. Auch hier antwortet Hildegard im prophetischen Selbstbewusstsein und unterrichtet den jeweiligen Empfänger über das, was sie in seinem Fall geschaut hat. In der visionären Anlage unterscheiden sich die Briefe also nicht von den sonstigen Schriften, und in der Tat rechnet Hildegard in der Aufzählung ihrer Werke diesen auch die »Antworten und Ermahnungen an zahlreiche Personen hohen und niederen Standes«[32] zu. Ja, für die Verbreitung des Ansehens der Prophetin und ihrer Botschaften unter den Zeitgenossen waren die im Vergleich zu den Visionswerken leichter zugänglichen Briefe der ungleich wichtigere Teil.

Nicht anders als bei den Vorgängen um die Gründung des

Klosters Rupertsberg wird auch im Fall der Briefe das nach
den Schablonen der Heiligkeit gezeichnete Bild Hildegards
brüchig. Hier wie da wird der Blick auf eine Hildegard freige-
geben, die machtbewusst, pragmatisch und nicht ohne tak-
tisches Geschick ihre Interessen wahrte, ja mit Nachdruck
verfocht. Der öffentliche Charakter der Briefsammlung und
auch die Tatsache, dass die »Werbung in eigener Sache« zu
diesen Zeiten nicht singulär steht, sind mit zu bedenken.
Was dennoch bleibt, ist das Urteil, zu dem der Herausgeber
der kritischen Briefedition, Lieven van Acker, über die Rolle
Hildegards gelangt: »Sie hat bewusst Manipulationen, die
ihren Ruhm zu vermehren beabsichtigten, genehmigt oder
wenigstens geduldet.«[33]

Kapitel 11

Rechtes Maß und Grünkraft

Hildegards zweite Visionsschrift, ›Liber vitae meritorum‹ (Buch der Lebensverdienste), steht in der Tradition der altchristlichen Psychomachia (Seelenkampf) des Dichters Prudentius. Die Tugenden und Laster treten in personifizierter Form auf. Die Streitgespräche, die sie miteinander führen, beschreiben den inneren Widerstreit im Menschen, der über den einzuschlagenden Weg entscheiden muss. Entsprechend gibt Heinrich Schipperges seiner Übersetzung des Werkes den Titel: »Der Mensch in der Verantwortung«. Nicht nur die allegorische Art der Darstellung, sondern auch der Tugendbegriff mag moderne Leser an Hildegards Werk irritieren. Im ursprünglichen Verständnis beschreibt »Tugend« einen weit umfassenderen Geltungsbereich, als man dem Begriff heute, da er meist auf den Bereich der Sexualität eingeschränkt wird, zuordnen mag. Demgemäß ist in den mittelalterlichen Texten nicht von der Tugend, sondern von den Tugenden die Rede. Zu ihrer Kategorisierung stehen mehrere Systeme bereit, in denen über die Vermittlung der Kirchenväter das antike Erbe in das mittelalterliche Denken Eingang findet. So geht das System der vier Kardinaltugenden »Klugheit, Mäßigkeit, Starkmut und Gerechtigkeit« auf Cicero zurück. Biblischen Ursprungs sind die sieben Tugenden, die sich von den sieben Gaben des Heiligen Geistes ableiten: »Weisheit, Einsicht, Rat, Stärke, Erkenntnis, Frömmigkeit und Gottesfurcht.« Auf acht Tugenden weisen die acht Seligpreisungen der Bergpredigt hin. Die mittelalterliche Lehre von den Tugenden ist kein festgefügtes System, sondern vielfältige Variation der tradierten Vorgaben. Für moderne Leser ist es wichtig zu wissen, dass diese literarisch-theologische Form, die man heute als überholt empfinden mag, die alte »Seelenkunde« beinhaltet. Wiederum eröffnet sich also die Möglichkeit divergierender Arten, den Text zu lesen. Die modern-psychologische Lektüre wird in den Tugenden und Lastern vor allem Beschreibungen seelischer Verfasstheiten erkennen. Diese Lesart trägt über weite Strecken und erschließt in Hildegards Werk die Lebensweisheit einer großen Seelenkundigen. Sehr zu Recht kann man hier von »ein(em) Handbuch des Lebens«[1], in dem sich auch Bedenkenswertes für die Gegenwart finden lässt, sprechen. Liest man den Text hingegen als historisches Zeugnis, ist die tiefe Einbindung der Visionssschrift in die mittelalterliche Theologie zu unterstreichen. Der Begriff Tugend, lat. »virtus«, ist bei Hildegard doppeldeutig. Er bezeichnet nicht nur eine moralische Kategorie, sondern zugleich die nach der neuplatonischen Tradition im Diesseits wirkmächtigen Gotteskräfte der Gnade (also intelligible Wesen), die den in der Entscheidung zwischen Gut und Böse stehenden Menschen unterstützen. Entsprechend wird Hildegards Singspiel ›Ordo virtutum‹ mit ›Spiel der Kräfte‹ übersetzt. Es beschreibt am Beispiel einer einzelnen ringenden Seele, wie die Gotteskräfte (virtutes) mit dem Teufel kämpfen und die Seele letztendlich zum Sieg führen – oder eben auch nicht. Entsprechend thematisiert Hildegard im ›Buch der Lebensverdienste‹ auch die auf das jeweilige Laster abgestimmten Strafen des Fegefeuers und der Hölle (vgl. S. 97 f.).

Hildegard entwickelt ihre Lehre von den Tugenden in unterschiedlichen Varianten, die vom jeweiligen Kontext abhängen. Ihre Lieblingstugend, »discretio«, die weise Maßhaltung oder das rechte Maß, behandelt sie vielfach und weist ihr immer wieder eine zentrale Rolle zu. Gerade bei der Wertschätzung für die »Mutter aller Tugenden« steht sie als Benediktinerin in der Tradition ihres Ordensvaters. Dieser warnt in der Benediktsregel vor übertriebener Härte und betont die Notwendigkeit zur ausgewogenen Lebensführung. Und auch die Art und Weise, wie der Abt sein Amt ausüben soll, hat nach Vorgabe der Regel dem Grundsatz der Ausgewogenheit zu folgen: »Er denke an die Unterscheidungsgabe des heiligen Jakob, der sprach: ›Wenn ich meine Herde unterwegs überanstrenge, gehen alle an einem einzigen Tag zu grunde‹ (Gen 33,13). Dieses und andere Zeugnisse für die Unterscheidungsgabe – die Mutter der Tugenden! – nehme er sich vor; so ordne er alles mit Maß, damit die Starken finden, was sie suchen, und die Schwachen nicht weglaufen.«[2] Es liegt nahe, sich bei diesem Thema an Meisterin Jutta, die radikale Asketin, zurückzuerinnern. Insbesondere in ihrem Briefwechsel mit anderen Klöstern mahnt Hildegard eine ausgewogene Lebensführung, also das gerade Gegenteil dessen, was ihr einst Jutta vorlebte, an:»Wenn nämlich ein Mensch seinen Leib maßvoll nährt, hat er einen sanftmütigen und frohen Charakter. Lebt er aber im Übermaß an Speisen und Gelagen, dann läßt er jedwedes schädliche Laster in sich wuchern. Wer dagegen durch maßlose Abstinenz seinen Leib aufreibt, kommt immer zornig daher.«[3] Und auch im Rahmen von Hildegards Theologie, die den Ordnungs- bzw. Harmoniegedanken ins Zentrum stellt, nimmt nur folgerichtig»das rechte Maß« den Rang einer Leit- und Lenktugend ein.

Hildegards Lieblingstugend leitet sich vom Grundbegriff der Schöpfung Gottes ab, die gemäß dem alttestamentarischen Weisheitsbuch nach Maß, Zahl und Gewicht (Weish 11,21) erfolgte. Alle Komponenten im wohlgeordneten Ganzen sind aufeinander bezogen, was auch bedeutet, dass sie sich wechselseitig begrenzen.»Discretio«, die Tugend der klugen Grenzziehung, bestimmt die äußere Ordnung der Welt und soll nicht minder die innere Ordnung im Menschen bestimmen:»Und so liebt die Seele in allen Dingen das diskrete Maß.«[4] Gerade weil für Hildegard der Mensch seit dem Sündenfall»keinerlei Sicherheit in seiner Existenz«[5] hat, ist für ihn eine Lebensführung angemessen, die auf innere Ausgewogenheit abzielt:»Gott, der in allem allmächtig ist, hat in allen seinen Werken Maß. Er handelt mit Maß und Diskretion, damit der Mensch mehr und mehr gefestigt und bereit zur Beständigkeit im Guten wird.«[6] Entsprechend wird die»Diskretion«, das rechte Maß, dem der sorgsam abwägende Geist der weisen Unterscheidung zugrundeliegt, zur Leittugend. Gleich einer klugen Wagenlenkerin hält sie die übrigen Tugenden im Zaum, denn jede Tugend kann ohne»Diskretion«

zum Laster entarten. Vor allen Dingen trägt sie der Natur des Leib/Seele-Wesens Mensch Rechnung, in dem sie keinen Bereich vernachlässigt und alles im klugen Gleichgewicht hält: »Sie ist für Himmlisches und Irdisches die Mutter aller

Schöpfer mit Zirkel.
Bible moralisiée, Frankreich,
Mitte 13. Jahrhundert.

Tugenden. Denn durch sie wird die Seele geleitet und ebenso der Leib in rechter Zucht ernährt.«[7]

Aus dem Gleichgewicht und folglich außer Rand und Band geraten ist hingegen der Wolf, den Hildegard als Allegorie des Lasters der Maßlosigkeit durch die Welt jagen lässt: Die Wolfsgestalt spricht: »Was immer ich wünschen und suchen kann, das will ich auch genießen. Warum sich enthalten, wo einem dies nichts einbringt? Sollte ich etwa vergessen, was ich bin, wo doch jedes Wesen auf seine Eigenart pocht? Wollte ich so leben, daß ich kaum zum Atmen käme, was wäre mein Leben dann noch wert? Was mir an Spiel und Lust entgegenkommt, das will ich auch packen. Wenn mein Herz vor Freude springt, soll ich es festbinden?«[8] Scheinklug und halb vernünftig redet das Laster daher und rechtfertigt sich vor über siebenhundert Jahren – nicht anders, als es sich heute rechtfertigen würde. Seine Selbstinszenierung als lebenslustiger, munterer Geselle erscheint zeitlos, wie auch seine Schattenseite, die er zu verbergen sucht. In der Abfolge der Laster, die in Hildegards Werk untereinander verbunden sind und ineinander übergehen, geht der Maßlosigkeit die Schwermut voran. Ihre Gestalt gleicht einem Aussätzigen: »Wie nämlich die Aussätzigen von den Gesunden und Reinen isoliert leben, damit sie mit ihnen in keinerlei Berührung kommen, so haust auch der Schwermütige abgetrennt von allen Gotteskräften und leuchtet in keinerlei Glanz mehr.« Bereits im Zustand der Schwermut hatte sich der Wolf isoliert, die Bindungen an Gott und die Welt gekappt und somit auch die Bindung an sich selbst verloren. Sich erneut einzubinden, sich als Teil des Ganzen und somit als gehalten zu begreifen, wäre der Ausweg für den Schwermütigen, der freilich nach anderem sinnt und sich – wie Hildegard weiter schreibt – »mit der Unbeständigkeit jeder Art von Eitelkeit umgibt, um so durch das Wechselspiel (seiner) Haltung jenes Glück zu erzwingen, das (er) doch nicht haben kann«.[9.] So hockt er weiterhin im Käfig der Einsamkeit und Freudlosigkeit und sucht – gleich nach welcher Richtung – auszubrechen. Die Schwermut geht in die Maßlosigkeit über. Nun streift der Wolf rastlos umher und bleibt doch weiterhin in sich selbst eingesperrt, denn alles äußere Tun wird sein inneres Wesen nicht ändern. Er gibt der Willkür seiner maßlosen Wünsche nach und verliert darüber mehr und mehr seine Mitte. Gemeinsam mit Maß und Mitte gehen auch die Wertmaßstäbe verloren. Nur allzu leicht – so Hildegard – verfällt der Wolf »allem Minderwertigen und sinnt nur auf lauter Nichtigkeiten, die (er) sich aneignen will«[10]. Ein bunter Fetzen im Wind kann genügen, um sein Interesse und seine Gier zu wecken.

Der Maßlosigkeit lässt Hildegard die Tugend des rechten Maßes (discretio) gegenübertreten, die mit Worten von fremdartiger Schönheit die Gegenrede auf die Rechtfertigung des Wolfes hält: »Alles nämlich, was in der Ordnung Gottes steht, antwortet einander. Die Sterne funkeln vom Licht des Mondes, und der Mond leuchtet vom Feuer der Sonne. Jedes

Ding dient einem Höheren, und nichts überschreitet sein Maß. Du aber nimmst weder auf Gott Rücksicht noch auf seine Geschöpfe. Du hängst vielmehr in der Luft wie eine leere Scheide, die im Wind baumelt. Ich aber wandle auf den Pfaden des Mondes und in den Bahnen der Sonne; ich achte auf jede Satzung Gottes, und mit allen Dingen wachse ich in ehrenvoller Gesittung. Ich zähle sie alle in Liebe voll und ganz. Denn ich bin im Palast des Königs eine Fürstin und erforsche alle seine Geheimnisse. Nichts lasse ich leer davon zurück, sondern fasse alles zusammen. Ich habe das alles sehr lieb, und ich leuchte mit allem wie der Strahl der Sonne.«[11]

Hildegards »discretio« besitzt in der heutigen Sprache kein Äquivalent mehr. Wer daher das rechte Maß oder gar die Mäßigkeit als Wertorientierung für die Gegenwart vorschlägt, wird nur auf mäßige Begeisterung treffen. Vom rechten Maß, das die kluge Mitte bestimmt, ist nur noch das allseits gefürchtete Mittelmaß geblieben. Dies freilich hat rein gar nichts mit der Strahlkraft, Würde und Schönheit von Hildegards in den Fürstinnenstand erhobenen Lieblingstugend zu tun. Ehre, wem Ehre gebührt. Der Glanz sei ihr gegönnt, denn sie ist keine Prophetin der Entsagung und schon gar keine freudlose Asketin. Sie ist die kluge Verwalterin der Reichtümer des Lebens. Gerade deshalb sollte man ihre Botschaft nicht überhören, die davon kündet, dass der Mensch gemeinsam mit dem rechten Maß seine Mitte verliert und zugleich die nach Maß, Zahl und Gewicht geschaffene Ordnung des Ganzen bedroht.

Das Hauptaugenmerk Hildegards gilt allerdings nicht der unverkennbar aktuellen Gestalt des gierigen Wolfes, sondern seinem Gegenpol, dem maßlosen Tugendstreben, das zu den drängenden Problemen in den Klöstern ihrer Zeit gehört.

Ausgeprägtes Sündenbewusstsein, Leibfeindlichkeit und das Ideal, dem leidenden Christus nachzufolgen, ergaben eine brisante Mischung, die sich bis hin zur Bedrohung der eigenen Existenz radikalisieren konnte. Nicht die Leichtfertigen, die Ernsthaften waren hier betroffen – Männer wie

Frauen. Frauen allerdings standen noch zusätzlich unter dem Eindruck einer frauenfeindlichen Theologie und hatten folglich einen besonderen Grund ihren Leib zu hassen, war es doch der Leib Evas. Hinzu traten die unterschiedlichen Lebensbedingungen, die auch im geistlichen Stand für die Geschlechter galten. Während sich Männer zwischen verschiedenen Formen des religiösen Lebens entscheiden konnten, bestand für Frauen keine religiöse Vielfalt. Frauen unterlagen (gegenläufige Tendenzen wurden unterbunden) der strengen Klausur und somit Lebensumständen, die maßlose Askese als eine Art der religiösen Radikalisierung, die allen frommen Eifer auf die eigene Person umlenkt, begünstigte. Das drängende Problem, auf das Hildegard Bezug nimmt, betraf also besonders häufig Frauen.

In ihrer dritten Visionsschrift widmet sich Hildegard Menschen, die »den rechten Tugendweg maßlos zu wandeln versuchen«. Als Grund macht sie »ein übertriebenes Maß des Gewissens« aus, das den Anschein besonderer Frömmigkeit erweckt, tatsächlich aber »die Zartheit des Mutes« zerbricht und letztlich bewirkt, dass sich die Betroffenen in der »Schlinge der Verzweiflung«[12] verfangen. An anderer Stelle beschreibt Hildegard den »Winter des Überdrusses«[13], der sodann das Gemüt vereist, und die Gefährlichkeit der Scheintugend, die in Wahrheit ein Einfallstor der Laster ist: »Wo das der Fall ist, dort werden sicher die beflügelten Tugenden – nämlich Demut und Liebe, die allerschönsten Blüten – zugrunde gehen. Denn einer übertriebenen Enthaltsamkeit fehlt die Lebenskraft der Tugenden, und dort nimmt der eitle Ruhm der Untauglichkeit zu. Viel Erschreckendes entsteht dort, als ob es heilig sei; und es ist nicht heilig«[14], so Hildegard an die Laienschwester Jutta.

Insbesondere in ihrem Briefwechsel mit anderen Klöstern warnt Hildegard immer wieder vor den ruinösen Folgen maßloser Askese. Der wohl eindringlichste Beleg ist ein Brief, von dem man lange Zeit glaubte, er sei an Elisabeth von Schönau gerichtet. Gleich welche Adressatin[15] man annimmt, Hildegard reagiert hier auf eine Frau, deren radikaler Kampf gegen

die eigene Sündhaftigkeit (oder was sie dafür hält) im Begriff
steht, in Selbstvernichtung überzugehen:»In einer wahren
Schau sah und hörte ich folgende Worte: O Tochter Gottes,
die du aus Liebe zu Gott mich armseliges Gebilde ›Mutter‹
nennst, lerne Maßhaltung!« Auch die Leittugend ›Diskretion‹ wird von Hildegard Mutter genannt, denn sie leitet die
Seele und nährt den Leib, den es eben nicht als die Wurzel allen Übels zu bekämpfen gilt. Der Leib muss vielmehr
wie ein gut bestellter Acker sein, in dem die Seele wachsen
kann.»Wie durch unangebrachten Sturzregen die Frucht der
Erde Schaden leidet und wie in ungepflügter Erde nicht gute
Frucht, sondern unnütze Kräuter aufsprießen, so wird auch
der Mensch der sich mehr Mühsal auferlegt, als sein Körper
aushalten kann – da in ihm das Wirken der heiligen Diskretion geschwächt ist – durch maßlos auferlegte Mühsal und
Enthaltsamkeit seiner Seele keinen Nutzen bringen.« Entsprechend sind jene Sturzbäche an Tränen, die der maßlosen
Reue entspringen, nicht von Nutzen, sondern tragen mehr
und mehr den fruchtbaren Mutterboden ab:»Wenn daher der
pechschwarze Vogel, der Teufel, spürt, daß der Mensch durch
Fasten, Beten und Enthaltsamkeit von seinen unerlaubten
Begierden und Sünden ablassen will, rollt er sich zusammen
wie eine Natter in ihrer Höhle und flüstert ihm zu: ›Deine
Sünden können nur getilgt werden, wenn du deinen Leib
durch Trauer, Tränen und Anstrengungen ohne Maß derart
niedertrittst, daß er ganz verdorrt‹.« Man muss nicht an den
Teufel glauben, um die Klugheit der Textstelle zu erkennen.
Der Wurm nagt tief im Inneren. Die Persönlichkeit wird
durch ein radikalisiertes Sündenbewusstsein ausgehöhlt, der
Körper zum Kriegsschauplatz erklärt. Hildegard weist dies
teuflischem Einfluss zu, denn vor allem anderen ist der Teufel
für sie ein Radikaler, der »immer nur in extreme Höhen oder
extreme Tiefen strebt«[16]. Letztlich macht es somit keinen
Unterschied, ob der oder die Betreffende die innere Ordnung
durch maßloses Wohlleben oder aber durch maßlose Askese
zerstört. Allein darin unterscheiden sich die beiden Seiten
der gleichen Medaille, dass es sich bei dem Wurm im In-

neren um die letzte und die heimtückischste List des Teufels, das heißt um ein besonders schwer zu erkennendes Fehlverhalten handelt. Nicht große Sünder sind betroffen, sondern jene, denen ihre kleinen Vergehen zu einer übergroßen Sündenlast anwachsen, unter der sie letztendlich zusammenbrechen. Nach außen wirkt ein solcher Mensch unauffällig, ja außergewöhnlich demütig und fromm, und dies besonders, wenn es sich um eine Frau handelt, die hierin nicht nur religiösen Normen, sondern auch ihren gesellschaftlichen Rollenvorgaben entspricht.»Ein solcher Mensch lebt dann ohne Hoffnung und ohne Freude, nicht selten schwindet ihm das Lebensgefühl, und er wird von einer schweren Krankheit ergriffen. Durch diese teuflische Hinterlist des Verdienstes der Heiligkeit beraubt, läßt er unvollendet liegen, was er ohne Maßhaltung begonnen hat. Und so werden die letzten Dinge ärger sein als die ersten.«[17]

Auch in der Folgezeit sollte das Problem, auf das Hildegard reagierte, bestehen bleiben.»Tugend, ich nehme Abschied von euch auf immer!«, schreibt die Begine und Mystikerin Margareta Porete:»Gelitten habe ich da manch schwere Qual, manch harte Pein erlitten. Ein Wunder ist es, daß ich noch lebend entkam!«[18] Gerade bei den Ernsthaftesten von allen konnte das Tugendstreben zur Gefahr, ja zur Todesursache werden. Margaretas Abschied von den Tugenden bestand darin, das gängige Schema der Tugenden und Laster durch ihre Mystik der radikalen Selbstpreisgabe an die Liebe zu ersetzen:»Die Liebe zerstört nie, vielmehr unterweist und ernährt und unterstützt sie jene, die sich ihr anvertrauen. Denn sie ist sättigend und ein Abgrund und ein überlaufendes Meer.«[19] Auch Meister Eckharts Lehre von der»Gelassenheit« kann vor diesem Hintergrund verstanden werden.»Und wo du dich findest, da lass von dir ab«[20], was in der Auffassung Eckharts, überall und immer, also auch für fromme Tugendübungen gilt, in die sich der Mensch – wie in alles andere auch – verstricken kann. Von daher warnt auch Meister Eckhart, der nicht nur Gelehrter und Mystiker, sondern als Oberer des Dominikanerordens zugleich ein erfahrener Seelsorger war, vor der falschen, gefährlichen Reue: »Es gibt zweierlei Reue: die eine ist zeitlich oder sinnlich, die andere ist göttlich oder übernatürlich. Die zeitliche zieht immerfort hinab in größeres Leid und versetzt den Menschen in solchen Jammer, als ob er gleich verzweifeln müsse, und dabei beharrt die Reue im Leid und kommt nicht weiter; daraus wird nichts. Die göttliche Reue aber ist ganz anders. (...) Daraus kommt eine geistige Freude, die die Seele aus allem Leid und Jammer erhebt und sie fest an Gott bindet. (...) Und wenn dann die göttliche Reue sich zu Gott erhebt, sind alle Sünden bälder verschwunden im Abgrund Gottes, als ich meine Augen zutun könnte, und sie werden dann so völlig zunichte, als seien sie nie geschehen.«[21]

Angesichts des Problems der maßlosen Askese, ja angesichts schuldgebeugter, an der übergroßen Seelenlast zerbrechender Menschen, setzt Hildegard deutliche seelsorgerische Gegenakzente. An die Stelle eines asketischen Verständnisses von Tugend und Läuterung, das sich in seiner radikalisierten Form gegen das Leben selbst richten kann, treten Hildegards grünende Tugenden. »O Grünkraft aus Gottes Hand«[22], schreibt Hildegard, denn alles, was Gott geschaffen hat, Kosmos, Welt und Mensch, grünt. Grünkraft (viriditas) durchpulst die Luft[23], ist die Fruchtbarkeit der Erde[24], fließt in den Lenden der Zeugenden[25], durchflutet Fluss und Bach[26], ist die heilende Kraft in den Kräutern. Kein Geschöpf, kein Teil der Natur, dem sie nicht innewohnt. »Die Seele durchfließt den Leib wie der Saft den Baum«[27], sagt Hildegard. Denn der Mensch ist Teil der grünenden Ordnung alles Lebendigen, sodass nur folgerichtig auch Hildegards Tugenden grünen. Es ist die Grünkraft, die die menschliche Seele mit himmlischer Sehnsucht durchtränkt, »bis er von Tugend zu Tugend hinanschreitend zu grünen beginnt«[28]. Grün ist in einem Visionswerk das Gewand des Menschen, der in guter Absicht handelt[29], grün ist die Kraft des Gewissens[30]. »Ich aber bin aller Grüne ein milder Hauch«[31], spricht die Tugend der Geduld. Auch die guten Taten bewirken, dass der Mensch grünt und aufblüht: »Und wie die Geschöpfe im Sommer blühen und grünen, im Winter dörren und welken, so blüht und grünt auch die Seele freudig in ihren guten Werken.«[32] Grün schließlich ist die Farbe allen menschlichen Gelingens, wenn in der Seele »die Vollendung vollkommener Werke grünt (...) wie die Grünheit der Welt«[33].

Hildegards grünende Tugenden dienen dem Leben. Die Laster bzw. Fehlverhalten sind hingegen durch ihre Lebensfeindlichkeit gekennzeichnet, sodass »Menschen, in denen die Grünkraft herrschen sollte, (...) nur noch dürre Trockenheit«[34] besitzen. Dürre kennzeichnet die Personifizierung der Lüge, deren Gestalt ohne die Grünkraft der Gerechtigkeit ganz vertrocknet erscheint[35]. Dürre ist das Wesensmerkmal aller schlechten Werke. Diejenigen, die so handeln, tragen Unfruchtbarkeit und Leblosigkeit in die Welt und schnüren zugleich in sich selbst die Lebensadern der Grünkraft ab: »Wenn der Mensch indes die grüne Lebenskraft dieser Tugenden aufgibt und sich der Dürre seiner Nachlässigkeit überläßt, so daß ihm der Lebenssaft und die Grünkraft guter Werke fehlen, dann beginnen auch die Kräfte seiner Seele selbst zu schwinden und zu dörren.«[36] Grünkraft und Dürre sind ethische und vitale Kategorien zugleich, sodass sich falsches Handeln immer zugleich gegen das Leben selbst richtet. Hildegards grünende Tugenden sind weit mehr als Kategorien einer oberflächlichen Entsagungsmoral. Sie reichen tief hinab in das Wissen über die Verbundenheit alles Lebendigen. »Tugendhaftes« oder – wie eine moderne Übersetzung lauten könnte – dem Leben zugewandtes Handeln liegt letztlich im Selbstinteresse. Allein auf diese Weise erfährt sich der Mensch als mit seiner Welt verbunden und zugleich in sich selbst lebendig und eins.

Hildegards Tugendfürstin »discretio« und die »grünende Lebensfrische der Tugenden«[37] entstammen dem 12. Jahrhundert und sind doch von zeitloser Aktualität. Ja, bleibend hilfreich ist Hildegards »Grünkraft des Gewissens«[38]. Man mag bei gedanklichen Erwägungen über den einzuschlagenden Weg in tiefe Ratlosigkeit über die uralte Frage um Wollen und Sollen verfallen. Damals wie heute ist Hildegards dem

Leben zugewandter Gewissensbegriff ein kluger Wegweiser, zumal auch die Gegenprobe gilt. Wo es nicht grünt, herrscht die Tugend eben nicht. Vor dem Hintergrund der gleichermaßen lebensklugen wie gedankentiefen Kategorie enttarnen

Adam vor dem Sündenfall.
Illumination (Ausschnitt)
aus ›Scivias‹, Rupertsberger
Kodex, 12. Jahrhundert.

sich alle Arten von Pseudotugenden gleichsam von selbst. Noch heute kann man sie unschwer an den Folgen, der Dürre und Unfruchtbarkeit, und auch an der Traurigkeit erkennen, die sie im Menschen hinterlassen. Ohne Zweifel wurden die grünenden Tugenden von einer großen Seelenkundigen ersonnen, deren Rat an Hazzecha, die Äbtissin von Krauftal, auch weiterhin beherzigenswert bleibt: »Wo du Schmutz siehst, wasch ihn ab, und was dürr ist, lasse grünen.«[39]

Hildegard und Elisabeth von Schönau

»In diesen Tagen zeigte Gott die Zeichen seiner Macht im zarten Geschlecht, nämlich in zwei seiner Dienerinnen: Hildegard auf dem Rupertsberg nahe Bingen und Elisabeth von Schönau«[40], lautet ein Eintrag in den Annalen von Pöhlde. In einem Atemzug nennt der Chronist die beiden herausragenden Frauen, von denen die unter den Zeitgenossen Berühmtere, Elisabeth, heute fast ganz vergessen ist. Elisabeth wurde um 1129 wahrscheinlich in Bonn geboren und als Zwölfjäh-

rige in das benediktinische Doppelkloster in Schönau (bei
Bonn) gegeben, wo sie ab 1157 die Frauengemeinschaft leitete.
Wie Hildegard empfing Elisabeth Visionen, ebenfalls in
Verbindung mit tiefen Zweifeln und schweren Krankheitskrisen. Der ›Liber visionum‹ (Visionenbuch) beinhaltet ihre
Schauungen zu den Heiligen und über das Jenseits, der ›Liber
viarum Dei‹ (Buch der Gotteswege) religiöse Belehrungen für
die einzelnen Stände der Gesellschaft. Der ›Liber revelationum de sacro exercitu virginum Coloniensium‹ (Buch der Offenbarung über die heilige Heerschar der Kölner Jungfrauen)
enthält die ihr offenbarte Fassung der Legende von Ursula und
den 11 000 Jungfrauen.[41] Elisabeth war bei den Zeitgenossen
deutlich populärer als Hildegard, denn ihre Visionen kamen
stärker als die Hildegards dem Zeitgeschmack entgegen.

Im Vergleich beider Frauen erweist sich Hildegard als die
ungleich souveränere Persönlichkeit. Im Gegensatz zu Hildegard, die selbst predigte, ließ Elisabeth den Abt ihres Klosters ihre Botschaften verkünden. In Hildegards Werk folgen
auf die Visionen komplizierte Auslegungen, die von ihr als
Auditionen erfahren wurden. Mönch Volmar nahm in diese
theologischen Ausführungen keine Eingriffe vor. Elisabeth
hingegen überließ die Auslegungen ihrer Visionen dem gelehrten Bruder, der auf ihren Wunsch in Schönau eingetreten
war. Egbert, ein ehrgeiziger Mann mit Beziehungen zu den
höchsten Kreisen, wusste seine Schwester geschickt zu lan-
cieren. Den weitreichenden Einfluss, den er auf Elisabeth
nahm, belegt ein Schreiben an Propst Ulrich von Steinfeld,
der Egbert um eine Art Auftragsvision ersucht hatte, in der
Elisabeth Aufschluss über Potentinus, einen Lokalheiligen,
geben sollte: »Ich habe sie also, sage ich, gebeten, obwohl sie
sich oft und lange dagegen sträubte wegen der Zungen der
Lästerer; ich habe sie durch großes Drängen gezwungen, und
Er (ein Engel), der das Verborgene weiß, hat mir durch sie das
eröffnet, was ich verlangte.«[42]

Auch bezüglich ihres Visionserlebens unterscheiden sich
beide Frauen. Hildegard betont, dass sie ihre Visionen bei
klarem Bewusstsein erlebt hat, während Elisabeths Visionen

mit ekstatischen Verzückungszuständen verbunden waren, die für die spätere Frauenmystik typisch werden sollten. »Es überkam sie nämlich« – so die Beschreibung des Bruders – »ein bestimmtes inneres Leiden, und eine große Angst befiel sie, bis sie wie entseelt liegenblieb, so daß in ihr kein Lebenshauch und keine Bewegung mehr zu spüren war.«[43] Die Angst, von der Egbert spricht, konnte sich bei Visionen, in denen ihr der Teufel in Tiergestalt oder als lüsterner Priester erschien, bis hin zu schweren Panikattacken steigern. Hinzu traten ständige Erkrankungen und eine tiefe Traurigkeit. Elisabeth beschreibt jenen Tag, da angesichts der übergroßen Schwere ihrer »Schuld« nicht einmal mehr die Kommunion einen Funken Hoffnung in das innere Dunkel zu tragen vermochte: »Es stiegen in meinem Herzen mehr wie sonst alle Sünden auf und ich vergrößerte jede einzelne bei mir und vermehrte mir so selbst meine Schmerzen. So wuchs nach und nach bei mir diese nicht gute Traurigkeit, und ich wurde so in meinem Sinn verfinstert, daß, wohin ich mich auch wandte, ich in Finsternis zu wandeln glaubte.«[44] Offenbar suchte Elisabeth ihre »Sündhaftigkeit« durch Nahrungsentzug und strenge Bußübungen, zu denen auch das Tragen eines eisernen Bußgürtels gehörte, auszutreiben. »Die Bäche deiner unzähligen Tränen, die Müdigkeit deiner Knie; die Zerkratzung deines zarten Leibes, die du erlittest von der Rauheit des Kleides; das Einschneiden in die Hüften, das dir die Härte des Gürtels verursachte; die unglaubliche Knappheit der Speisen (...) mögen sie unvergessen bleiben«, schreibt Egbert voller Bewunderung in seinem Nachruf auf die 1164 oder 1165 verstorbene Schwester. Elisabeth war nur ca. fünfunddreißig Jahre alt geworden. »Immer« – so Egbert weiter – »lag die Hand des Herrn schwer auf dir, und zu keiner Zeit fehlte dir die Heimsuchung von oben, dein Gemüt bedrückend und deinen bejammernswerten Leib in Bedrängnissen und Mühseligkeiten zermalmend.«[45] Hildegard hingegen betont in ihrem Brief an Elisabeth: »Gott aber züchtigt immer die, die Seine Posaune blasen, und achtet darauf, daß das Tongefäß nicht zerbricht, sondern Ihm wohlgefällt.«[46] Die Hand Gottes kann, wie

Hildegard aus ihren eigenen Krankheitskrisen weiß, schwer auf seinem Gefäß lasten, doch er zerbricht es nicht. Entsprechend setzt Hildegard mit der Leittugend »discretio« und den grünenden Tugenden deutliche Akzente gegen derlei klösterliche Lebensläufe. Egbert hingegen sieht den Willen Gottes walten und ist ungeachtet des tödlichen Ausgangs voll Lob für den asketischen Heroismus seiner Schwester. Die Sichtweisen könnten nicht gegensätzlicher sein.

Kapitel 12
Ein hartnäckiger Dämon

Theoderich, einer der Verfasser von Hildegards Vita, die er
auch zu ihrer endgültigen Fassung zusammenfügte, räumt
dem Bericht über die Dämonenaustreibung an einer adligen
Frau, die sich im Jahr 1169 zugetragen hat, breiten Raum ein.
»Als die Frau nach siebenjährigem Leiden nach Brauweiler
gebracht wurde, um dort durch die Verdienste des hl. Nikolaus Befreiung zu erlangen, erklärte der böse Geist nach er-
folgter Beschwörung, er werde sein Gefäß (...) nur durch den
Rat und die Hilfe einer alten Frau in der Gegend des oberen
Rheines verlassen. Er verdrehte ihren Namen und nannte
sie spöttisch ›Schrumpelgardis‹«.[1] Der Dämon hatte bei der
Beschreibung seiner etwa siebzigjährigen Wunschexorzistin
wohl nicht ganz unrecht, was freilich nichts daran ändert,
dass es sich bei ihm um ein ausgesprochen freches und – was
wesentlicher ist – hartnäckiges Exemplar seiner Gattung handelte. Theoderich fügt an dieser Stelle seines Berichtes einen
Briefwechsel zwischen Hildegard und Gedolph, dem Abt von
Brauweiler, ein. Dieser berichtet von den vergeblichen Bemühungen, den Dämon auszutreiben und wendet sich hilfe-
suchend an Hildegard. »Wir alle haben, zusammen mit dem
Volk, um die Befreiung dieser Frau schon drei Monate lang
auf vielfache Weise uns abgemüht und haben – dies sagen wir
nicht ohne Schmerz – infolge unserer Sünden nichts erreicht.
Daher haben wir all unsere Hoffnung nächst Gott auf Euch
gesetzt. (...) Eure Heiligkeit möge alles, was Gott in dieser
Sache Euch eingibt oder in der Schau offenbart, uns brieflich
mitteilen. Dies ist unsere dringende und demütige Bitte.«[2]
Hildegard wird in dieser schwierigen Frage zu Rate gezogen,
da man von ihr direkte »Einblicke« in Bereiche erhofft, die
normalen Menschen nicht zugänglich sind. Und in der Tat
erfolgt eine Schau, in der Hildegard visionären Aufschluss
über den Dämon erhält: »In einer wahren Vision schaute ich,

wie diese Frau mit Gottes Zulassung von einer teuflischen
Zusammenballung von Schwärze und Dampf besessen und
verdunkelt war.« Dieser Dämon gehöre zu einer Schar böser
Geister, die die Welt durchstreifen und in Menschen fahren,

Übermütige Dämonenschar.
Des Teufels Netz (Ausschnitt), Bodenseeraum, 1441

durch die sie Verwirrung stiften. Gott lasse all dies zur Läu-
terung seines Volkes zu, wie auch die Besessene auf diese
Weise zur Reue bewogen und der böse Geist letztendlich be-
siegt werde.[3] In ihrem Antwortschreiben an den Abt bezieht
sich Hildegard sodann auf die verschiedenen Dämonenarten.
Hartnäckigkeit und Spottlust seien die Kennzeichen eines
Dämons, der sich an das Leben der Menschen angepasst hat:
»Deshalb hält er sich gern unter Menschen auf, kümmert
sich auch wenig um das Kreuz des Herrn, die Reliquien der
Heiligen und ähnliches, was zum Dienst des Herrn gehört.
Ja er verspottet bisweilen diese Dinge und fürchtet sie nicht
sehr. (…) Darum ist seine Austreibung schwieriger als die
eines anderen Dämons.«[4]
Ungewöhnliche Dämonen machen ungewöhnliche Maß-

nahmen notwendig, die Hildegard im weiteren Verlauf des Briefes beschreibt. Sieben Priester seien zu bestimmen, die zuvor fasten, sich geißeln, beten, Almosen verteilen und Messfeiern abhalten. Diese sollen die Leidende umstellen und jeder Priester dabei einen Stab in der Hand, der Abbild des Stabes Mose ist, halten. Der erste Priester soll sodann die Formel sprechen, die wie folgt beginnt: »Höre, böser und törichter Geist, der du in diesem Menschen wohnst, höre diese Worte, die nicht von einem Menschen ersonnen«.[5] Der Brief wurde nach Brauweiler geschickt, wo man Hildegards Anweisungen befolgte und das Schreiben in Anwesenheit der Besessenen verlas: »Als der Leser an die Stelle kam, in der es am Schluß heißt: ›Und ich ungelehrte und armselige Frau gebiete dir, o Geist der Gotteslästerung und des Spottes, in der Wahrheit, aus der ich Arme und Ungelehrte dies im Lichte der Weisheit geschaut und gehört habe; ich befehle dir, Kraft dieser Weisheit, für dauernd und nicht nur im vorübergehenden Wirbel aus diesem Menschen auszufahren!‹, da stöhnte der böse Geist und stieß ein solches Geheul und furchtbares Geschrei aus, dass er den Umstehenden einen gewaltigen Schrecken einjagte.« Noch eine halbe Stunde sollte der Dämon sich winden und toben, ehe er entwich. »Als die Frau fühlte, daß sie befreit war, reichte sie den Umstehenden die Hände, damit sie sie aufrichteten, da ihr die Kräfte fehlten. Dann warf sie sich vor den Hauptaltar des hl. Nikolaus nieder und sagte Gott Dank für ihre Befreiung.«[6]

Die befremdliche Angelegenheit ist im Mittelalter so befremdlich nicht. Teufelsaustreibungen sind in der Bibel belegt, von den Kirchenvätern bezeugt, werden den Theologen detailreich dargelegt und von den Priestern vollzogen. Freilich ist der Glaube an den Teufel und an dessen Austreibung keine ausschließliche Angelegenheit des Mittelalters. Noch heute wird im amtskirchlichen Katholizismus unter Berufung auf die Teufelsaustreibung Christi in der Synagoge von Kafarnaum (Mk 1,25) Exorzismus praktiziert. Mit dem Exorzistat existierte (und existiert) ein kirchlich institutionalisierter Weihegrad bzw. ein Amt, das – heute nach bischöflicher Zustimmung – zum Exorzismus berechtigt. Das in der Gegenwart eher randständige Thema war in vorangegangenen Epochen ein Thema, das die Zeitgenossen bewegte, ja bedrängte. Nach christlicher Auffassung ist der Teufel Gott untergeordnet, nicht nebengeordnet. Dennoch fanden ins Christentum dualistische Tendenzen Eingang, sodass sich der Teufel im Mittelalter, insbesondere im Spätmittelalter und in der frühen Neuzeit gleichsam zu einer Art Gegenmacht verselbstständigte. Fortan spukte er in den Köpfen der Zeitgenossen und schlich folglich durch Städte, Dörfer und Klöster. Seinen bevorzugten Wohnort freilich hatte und hat der Teufel in der Angst, die Menschen vor ihm haben.

Dies stellte bereits Teresa von Avila fest, die im Spanien des 16. Jahrhunderts, einer Epoche, in der für Dämonen und Teufel aller Art Hochkonjunktur herrschte, lebte. Teresas Beichtväter hatten festgestellt, ihre Visionen seien teuflische Trugbilder. Jahre der Angst folgten, bis der Durchbruch zur inneren Gewissheit, dass nicht der Teufel sondern Jesus in ihr sprach, Teresa wie verwandelt erscheinen ließ: »Warum sollte ich nicht stark genug sein, um mit der ganzen Hölle den Kampf aufzunehmen? Ich nahm dann ein Kreuz in die Hand, und es schien mir, als gebe mir Gott wirklich Mut; denn in so kurzer Zeit sah ich mich ganz verändert, so daß ich mich nicht gefürchtet hätte, mit den bösen Geistern handgemein zu werden; mit diesem Kreuze glaubte ich sie alle leicht überwinden zu können. Und so sprach ich denn: jetzt kommt nur alle herbei.« Offenbar war die Macht der Dämonen mit Teresas Ohnmacht verbunden, denn nun bekamen es umgekehrt die Dämonen mit der Angst zu tun: »In der Tat schienen sich die bösen Geister seither vor mir zu fürchten.« Derart bestärkt zeigte sich Teresa weiter kampfeslustig und verteilte nun, da sich der Teufel nicht mehr blicken ließ, die Prügel nach einer Richtung, wo man auch aus heutiger Sicht den Sitz des Übels lokalisieren mag: »Was soll also die Furcht? Es ist gewiß wahr, daß ich jetzt jene, die den Teufel gar so sehr fürchten, mehr fürchte als den Teufel selbst; denn dieser kann mir nichts anhaben, indes jene große Unruhe bereiten, besonders wenn sie Beichtväter sind.«[7]

Zu den traditionellen Mitteln des Exorzismus gehörten Beschwörungsformeln, Anrufungen heiliger Namen, Lesungen

Die erste Versuchung Christi.
Psalter, Kopenhagen, um 1222.

aus der Heiligen Schrift, Präsentation des Kreuzes, Handauflegen, Weihwasser, Reliquien usw. Die Nähe zu magischen Praktiken wird noch heute heftig bestritten, ist aber dennoch unverkennbar. Auch in Hildegards Anweisungen ist die rituell-magische Dimension deutlich präsent und auch bei ihr bleibt der Zwiespalt spürbar, der sie einerseits magische Praktiken ablehnen (vgl. S. 146) lässt, während sie andererseits eben diese Praktiken zur Bekämpfung der Dämonen anwendet[8]. Ansonsten gab es, wie schon bei Teresas beherzter Attacke deutlich wurde, auch handfeste Formen des Dämonenkampfes. Einen nachhaltigen Erfolg erzielte bereits Benedikt von Nursia, als er einen besessenen Mitbruder mit einer schallenden Ohrfeige kurierte, »so daß (der Teufel) es nicht wagte, zu ihm zurückzukehren«.[9]

Doch zurück zur Besessenen in Brauweiler und ihrem besonders hartnäckigen Dämon. Der Exorzismus schien zur Freude aller gelungen: »(W)ährend die Brüder den Hymnus ›Gott, wir loben dich‹ sangen, da geschah es, oh weh, was furchtbar zu sagen ist: der alte Feind kehrte nach Gottes geheimen Ratschluß zurück und nahm das Gefäß, das er verlassen hatte, wieder in Besitz. Die Frau zitterte daher am ganzen Leib. Tobend und schreiend richtete sie sich auf und begann stärker zu rasen als zuvor.« Unter den erneuten Versuchen seiner Austreibung ächzte der Dämon auf und war wiederum zu dem Bekenntnis gezwungen, »(n)ur in Gegenwart dieser alten Frau könne er ausfahren«[10]. Also fasste man den Beschluss, die Besessene nebst einem Begleitschreiben Abt Gedolphs auf den Rupertsberg zu überführen.

»Über die Ankunft der Frau« – so Hildegards Bericht – »waren wir sehr erschreckt, da wir die sehen und hören sollten, die das ganze Volk so lange in Unruhe versetzt hatte. Doch Gott träufelte den Tau seiner Süßigkeit auf uns hernieder.«[11] Die folgende Wendung zum Guten deutet sich bereits hier im gleichermaßen schönen wie lebensklugen Sprachbild vom Tau göttlicher Süßigkeit an. Sich abwenden zu müssen, ist bitter, sich zuwenden zu können, ist süß. Die Benetzung durch den süßen göttlichen Tau beschreibt den Augenblick, da das vor Angst verhärtete Herz erweicht. Sodann wirkten die weich gewordenen Herzen der Schwestern offenbar auf den »hart«näckigen Dämon ein. »Entschlossene Menschen fürchtet er sehr[12]«, sagt Teresa über den Teufel. Dies gilt offensichtlich nicht nur im 16. Jahrhundert in Avila, sondern auch im 12. Jahrhundert auf dem Rupertsberg.

Man wird kaum anders können, als den Mut und die Unerschrockenheit Hildegards und ihrer Schwestern zu bewundern. Demjenigen (wer oder was auch immer er war), der mit seinen furchtbaren Schreien und blasphemischen Verwünschungen alle in die Flucht schlug oder sie in Ratlosigkeit stürzte, wurde hier ein erstes Mal die Grenze seiner Macht aufgezeigt. Bereits in der Ankunftsszene lässt sich eine Besserung im Zustand der Besessenen ablesen. Offensichtlich gelang es, die schwer tobende Frau einigermaßen beruhigt ins Kloster zu überführen. »Und ohne Furcht und Schrecken und ohne männliche Hilfe brachten wir sie in die Wohnräume der Schwestern. Trotz des Entsetzens und der Verwirrung, mit denen der Dämon alle sich Nahenden wegen ihrer Sünden erschreckte, trotz der Schand- und Spottreden, durch die er uns übertrumpfen wollte, trotz seines abscheulichen Blasens wichen wir nicht von ihrer Seite.« Von Mariä Reinigung (2. Februar) bis zum Ostersamstag, bemühten sich Hildegard,

Freiburger Münster, Tympanon der Vorhalle. *Immerhin war der von Hildegard exorzierte Dämon bereits gezwungen, die Wahrheiten des christlichen Glaubens zu bekennen. Sollte er gar so tragisch (jedenfalls für einen Dämon) wie der »betende Teufel« enden, den das Freiburger Münster ziert? Bei näherem Betrachten handelt es sich bei der frommen Geste allerdings wohl eher um den Versuch, dem Erzengel Michael, der beim Jüngsten Gericht die Seelen abwägt, eine Seele abzubetteln. Auch ein übereifriger Unterteufel versucht, das Endergebnis durch unlautere Mittel zu verzerren, und hat sich zu diesem Zweck an die der Hölle zugeneigte Waagschale gehängt.*

ihre Mitschwestern und das herbeigeeilte Volk »durch Gebete, Almosen und körperliche Buße« um die Austreibung des Dämons. Und tatsächlich: in einer Art öffentlicher Befragung zeigte er sich bereits derart geschwächt, dass er »zu seiner Beschämung wider Willen vor allem Volke Christi die Ehre gab«, das heißt statt freche Reden zu führen, rechtgläubige katholische Glaubenspositionen vertrat. »Wenn ich aber« – so Hildegard weiter – »in einer wahren Schau ihn Falsches vorbringen sah, widerlegte ich ihn auf der Stelle. Sogleich verstummte er und wütete gegen mich mit den Zähnen. Sagte er aber Wahres, so hinderte ich ihn des Volkes wegen nicht am Sprechen.« Endlich, am Ostersamstag, dem Tag, da das Taufwasser geweiht wurde, kam die Angelegenheit zu einem glücklichen Ende: »Bald darauf sah und hörte ich in einer wahren Schau, daß die Kraft des Allerhöchsten (...) zu der teuflischen Zusammenballung, durch die die Frau gequält wurde, sprach: ›Weiche, Satan, aus dem Lebenszelt dieser Frau und gib dem Heiligen Geiste darin Raum!‹« Sogleich fuhr der Dämon aus der gerade eben noch heftig tobenden und zitternden Frau, um sie fortan unbehelligt zu lassen. /

Dieser Fall von Exorzismus ist im mittelalterlichen Kontext zwar staunenswert, aber weit weniger befremdlich als er heute erscheinen mag. Unschwer ließe sich der Bericht durch vergleichbare zeitgenössische Zeugnisse ergänzen. Dem Verfasser der Vita ist diese Episode (die sich auch aus Hildegards Briefen belegen lässt, also nicht nur das Produkt des wundergläubigen Hagiografen ist) besonders wichtig. Die Macht, Teufel und Dämonen auszutreiben gehörte zu den besonderen Gnadengaben der Heiligen, sodass der Bericht Hildegards Heiligkeit belegt und unterstreicht. In dieselbe Richtung zielt auch das Resümee Theoderichs. Er stellt Überlegungen zur Hartnäckigkeit des Dämons an und kommt zu dem Schluss, dass es Gott jederzeit freigestanden hätte, den Dämon zu vertreiben – »doch übertrug er den Ruhm dieses Wunders auf die heilige Jungfrau (Hildegard), um den Wert ihrer Verdienste in augenfälliger Weise allen zur rechten Zeit zu offenbaren«[13].

Zweifelsfrei schätzt Theoderich die Wirkung solcher Ereignisse auf die Zeitgenossen richtig ein. Derlei Geschichten verbreiten sich wie ein Lauffeuer. Bis Köln ist die Nachricht gedrungen, »daß jener alte Feind durch Eure Gebete ausgetrieben wurde«. Im Schreiben des Dekans der Apostelkirche findet sich auch der Name der Besessenen, »Sigewize«, die ihm persönlich bekannt ist und die er zu grüßen aufträgt[14], da sie nun unter Hildegards Schwestern lebt. Auch in Trier hat man von dieser Angelegenheit gehört, wie Hildegards Brief an ihren Neffen, Erzbischof Arnold, belegt: »An der Be-

Die Heilung des Besessenen.
Hitda- Codex, frühes 11. Jahrhundert

sessenen aber, nach der Ihr fragt, haben wir viel Wunderbares geschaut, das wir schriftlich jetzt nicht mitteilen können. Wir haben aber erkannt, daß der teuflische Anhauch von Tag zu Tag bis zu seinem Rückzug dahinschwand. Und diese Frau ist von den Quälereien des Teufels befreit worden. Sie wurde dann zwar von einer Krankheit ergriffen, die sie nicht verspürt hatte. Jetzt aber hat sie die Kräfte des Leibes und der Seele in voller Gesundheit wiedererlangt.«[15]

Der allmähliche Rückzug des Teufels, den Hildegard beschreibt, unterstreicht den für moderne Betrachter augenfälligen Prozesscharakter des Geschehens, während die mittelalterliche Darstellung eher die wundersame Wendung, also das göttliche Eingreifen, betont. Das mittelalterliche Denken lässt Sigewize dem Einfluss äußerer Mächte unterliegen, wo das moderne Denken innere Vorgänge lokalisiert. Hat der

Dämon oder hat Sigewize gleich zweimal nach Hildegard gerufen? Zwischen dem mittelalterlichen und dem modernen Denken lässt sich über diese Frage keine Einigung erzielen, ebenso wenig wie über die Ursache der Befreiung, die für Hildegard und ihre Zeitgenossen zweifelsohne im Eingreifen Gottes bestand. Aus der modernen Perspektive hingegen ist das Engagement Hildegards und ihrer Schwestern zu unterstreichen. Vor dem Hintergrund der mittelalterlichen Teufelsangst wird man ihren Mut, ihre Fürsorge und insbesondere die Bereitschaft zu bewundern haben, Sigewize in den eigenen Reihen aufzunehmen. Die Perspektiven der Beurteilung unterscheiden sich, das Ergebnis bleibt sich gleich. Die Quelle berichtet vom »Heil-Werden« einer schwer leidenden Frau, das sich modern als Prozess der Heilung, im 12. Jahrhundert hingegen als ritueller Akt der Vertreibung unheilvoller Mächte darstellt.

Kapitel 13

Welt- und Seelenharmonie

»Wer aber würde nicht darüber staunen, daß sie Gesänge mit schönsten Melodien in wunderbarem Zusammenklang komponierte«[1], schreibt der Verfasser von Hildegards Vita, und man wird auch heute kaum anders können, als diese Auffassung zu teilen. In den Jahren von 1151 bis 1157 entstanden über siebzig Gesänge, die den Titel »Symphonia celestium revelationum«, das heißt Sinfonie der himmlischen Offenbarungen, tragen und beim Gottesdienst oder beim Stundengebet gesungen wurden. Weiter ist ein geistliches Singspiel (Ordo virtutum) überliefert, das aus zweiundachtzig Melodien besteht und eine Art liturgisches Drama zum Inhalt hat, in dem die Tugendkräfte mit dem Teufel um die Seele des Menschen ringen. Hildegards Kompositionen[2] sind eng mit ihrem Visionswerk verbunden, die meisten Liedtexte finden sich bereits in ›Scivias‹. Nicht anders als ihre Schriften führt Hildegard auch die Kompositionen auf göttliche Inspiration zurück. Der schwierigen Materie entsprechend sind viele Detailfragen strittig. Vertonte Hildegard ihre Texte oder entstanden Text und Melodie zugleich? Wie hat sie die Gesänge aufgezeichnet? Hat sie sich bewusst für einstimmige Kompositionen entschieden, wo sich doch gerade die Mehrstimmigkeit durchsetzte? Wie sah die Aufführungspraxis aus? Wie sind die Niederschriften in Neumen (griech. Neuma, Wink, das heißt Handzeichen bei der Chorführung) zu interpretieren? Die mittelalterlichen Tonzeichen setzen Sänger voraus, denen die Melodien aufgrund mündlicher Überlieferungen bereits geläufig sind. Die Musikwissenschaftler sind sich daher einig, dass alle heutigen Aufführungen der Lieder Interpretationen sind, da es ungewiss ist, wie Hildegards Kompositionen ursprünglich geklungen haben. Ebenso herrscht Einigkeit über die Originalität der Kompositionen und darüber, dass sie eine herausragende Leistung, darstellen.

Der hohe Stellenwert, den die Musik für Hildegard besitzt, durchzieht ihr ganzes Werk. Die Komponistin hat musikalische Texte, ja eine musikalische Theologie hinterlassen. Die Nonne Richardis ist ihr »eine Blume [...] in der Schönheit und Zier und Symphonie dieser Welt«[3], denn bei allem, was Hildegard besonders am Herzen liegt, beginnt ihre Sprache zu grünen, zu strahlen oder eben zu erklingen. Musik gehört neben der Grünkraft und dem Glanz der Schöpfung zu den zentralen Themen ihres Lebens. Das Verbot der klösterlichen Gesänge auf dem Rupertsberg, das am Ende ihres Lebens ausgesprochen wurde (vgl. S. 205 ff.), muss sie bis ins Mark getroffen haben. Entsprechend behandelt der Brief an die Mainzer Prälaten, die dieses Verbot verfügten, nicht nur den konkreten Streitfall, sondern enthält grundsätzliche Ausführungen über das Wesen der Musik.

Ihren Ursprung nehmen Musik und Gesang für Hildegard in der Stimme Adams, die schön war wie die der Engel. Ja, sie war so schön, dass ein sterblicher Mensch sie nicht zu ertragen vermocht hätte. Diese Stimme, die »in vollem, harmonischem Klang die Lieblichkeit aller Musikkunst in sich trug«[4], ging infolge des Sündenfalles verloren. Gleichsam im Rückbezug auf den unersetzlichen Verlust wurden von den Propheten (auch als Komponistin sieht sich Hildegard in der Traditionsfolge der Propheten) nicht nur Psalmen und Lieder verfasst, sondern auch die Musikinstrumente zu ihrer Begleitung erfunden. So entstand die Musik, die den Menschen Trost und Mahnung zugleich ist, denn sie ist eine Erinnerung an das Paradies. »O Musik! Nachklang aus einer entlegenen harmonischen Welt! Seufzer des Engels in uns«[5] – heißt es noch bei Jean Paul.

Nur einer nahm und nimmt Anstoß, der Teufel, der ewige Störenfried, der aus Prinzip dissonant und daher ein Feind der Musik ist. In Hildegards Singspiel kommt die einzige Sprechrolle dem Teufel zu. Der Teufel singt nicht, ja im Grunde spricht er noch nicht einmal. Sein Auftritt ist mit »trepidus diaboli« überschrieben – der Teufel lärmt und kreischt. Gesang kann er prinzipiell nicht ertragen, da »das Singen des

Gotteslobes als Widerhall der himmlischen Harmonie« im
Heiligen Geist wurzelt. Auch der Mensch hat im Gesang an
dieser Harmonie Anteil:»Der Leib aber ist das Gewand der
Seele, die der Stimme Leben gibt. Darum muß der Leib seine
Stimme im Einklang mit der Seele zum Gotteslob erheben.«[6]
Singend wird – wie auch die Sänger und Sängerinnen wissen,
die Hildegards Glauben nicht teilen – der Mensch von der
Mitte her eins.

All dies ist, wen wird es wundern, dem ewigen Quertreiber
ein Ärgernis. Bereits als er Adam singen hörte, ergriff den
Teufel Neid und Furcht, weswegen er durch böse Einflüsterungen den Lobpreis Gottes zu verhindern suchte und – so
Hildegards feste Überzeugung – auch weiterhin sucht. Zu
seinen Strategien gehört auch – womit Hildegard beim konkreten Anlass ihres Briefes, nämlich der über ihr Kloster verhängten Kirchenstrafe angelangt ist – die »ungerechte Unter-
drückung aus dem Munde der Kirche«. Dies ist insbesondere
von den Mainzer Prälaten zu bedenken:»Auch müßt ihr
beim Fällen des Urteils euch ständig in acht nehmen, daß
Satan, der den Menschen der himmlischen Harmonie und
den Wonnen des Paradieses entriß, euch nicht umzingelt.«
Das Schreiben ist weiter mit dem Hinweis gewürzt, dass diejenigen, die auf Erden das Singen des Gotteslobes verbieten,
sich hüten mögen, dass sie nicht dereinst vom gemeinsamen
Gesang mit den Engeln ausgeschlossen werden:»Denn das
härteste Gericht wird über die Prälaten ergehen, wenn sie
nicht, wie der Apostel sagt, ihr Vorsteheramt mit Sorgfalt
führen.«[7] Die Stimme, die Hildegard all dies zu künden auf-
trug, war offenkundig auf die kirchlichen Oberen in Mainz
gar nicht gut zu sprechen.

Bemerkenswert an diesem streitbaren Schreiben ist die
Tiefendimension, die Hildegard der Musik zuspricht. Was
man heute als seelische Tiefe des Musikerlebens nachvollziehen mag, leitet sich für Hildegard aus der »Tiefe der Zeit«,
dem Ursprung der Musik am Beginn der Heilsgeschichte ab:
»Beim Hören eines Liedes pflegt der Mensch manchmal tief
zu atmen und zu seufzen. Das gemahnt (…) daran, daß die

Seele der himmlischen Harmonie entstammt.«[8] So bringt
Musik eine Art wehmütiger Urerinnerung an die himmlische
Herkunft im Menschen zum Anklingen: »Denn auch des
Menschen Seele hat in sich einen Wohlklang, und sie selbst

Boethius ›De institutione
musicae‹.
Boethius, Pythagoras,
Platon und Nikomachos.
Englische Buchmalerei,
Canterbury, um 1150.

ist von klingender Natur, weshalb sie oftmals Leid erfährt,
wenn sie jenen Urklang vernimmt. Erinnert sie sich doch
dann daran, daß sie aus der Heimat in die Fremde vertrieben
ward.«[9]

>»Schläft ein Lied in allen Dingen,
>Die da träumen fort und fort,
>Und die Welt hebt an zu singen,
>Triffst du nur das Zauberwort.«

So lautet ein berühmtes Gedicht Joseph von Eichendorffs[10].
Ursprünglich gehört die Idee der klingenden Welt in den
Bereich des Glaubens und des Mythos, ist Gegenstand der

alten Naturkunde, die die Natur mit religiösen Kategorien beschreibt. Im Lauf der Jahrhunderte wurde die alte Naturkunde zur modernen Naturwissenschaft entzaubert. Nunmehr verzaubern Gedichte die Welt und lassen sie wieder erklingen. Altes naturkundliches Wissen wird als poetisches Wissen tradiert und bewahrt.

So ist Eichendorffs »Lied in allen Dingen« die romantische Ausprägung eines Motivs, das sich auch bei Hildegard findet. Ihre klingende Natur der Seele führt noch einmal zurück zum Wort, das am Anfang war und das – wo es von Hildegard als »das tönende Wort«[11], also von seiner Klangdimension her beschrieben wird – einen tönenden Kosmos entstehen lässt: »Sein Schall erweckte alles zum Leben (...) Als nun das WORT Gottes erklang, da erschien dieses WORT in jeder Kreatur, und dieser Laut war das Leben in jedem Geschöpf.«[12] Am Beginn erklang das Wort, um dessen Schall sich die Schöpfung materialisiert: »Und die Weltkugel entstand, da sie den Klang, der vom Vater ausging, aufnahm.«[13] So gründet das »Lied in allen Dingen« bei Hildegard im tönenden Wort des Schöpfers, das eine tönende Schöpfung ins Leben ruft. Wiederum beschreibt Hildegard den geordneten Kosmos, hier nun in seiner wohl schönsten Variation – die Schöpfung als Tonschöpfung, als göttliche Sinfonie. Auch in anderen Kulturkreisen, in den Religionen und Mythologien der Völker, lässt sich das Motiv einer musikalischen Schöpfung wiederfinden. Gänzlich unbewegt – so ein Mythos aus Mexiko – war am Beginn der Schöpfer, stumm wie ein Stein. Doch da er seinem Wunsch, die Welt und den Menschen zu erschaffen, nicht mehr widerstehen konnte, brach er sein Schweigen: »Da sang er: ›Diese Welt soll sein!‹, und die Welt entstand.«[14]

Die Vorstellung, dass der Kosmos klingt, ist uralt. Unserem Kulturkreis sind die Musik des Weltalls und der Klang der Sphären aus der antiken Tradition vertraut. Die Planeten, so glaubte man, bewegen sich auf unsichtbaren Bahnen, den Sphären, wobei sie in Klängen von höchster Schönheit zu tönen beginnen. Zahlreiche Zeugnisse führen die Idee der

Sphärenharmonien auf Pythagoras zurück. Der Neuplatoniker Iamblichos schildert, dass Pythagoras den Klang des Kosmos zu hören vermochte: »Er richtete kraft eines unsagbaren und schwer vorzustellenden göttlichen Vermögens sein Gehör

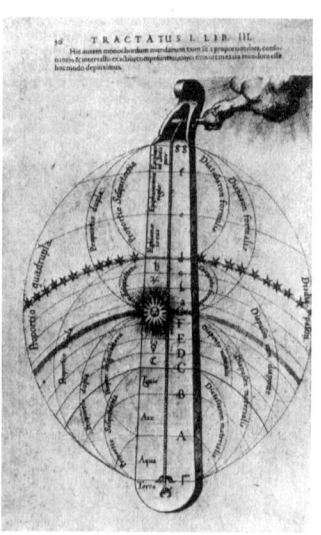

Weltharmonie.
Robert Fludd: Monochordum Mundanum, Oppenheim 1617. Die harmonische Ordnung der Welt wird durch ein Monochord (Einsaiter) dargestellt, das von Gott gestimmt wird.

und seinen Geist fest auf das erhabene Zusammenklingen der Welt. Daher hörte und verstand er – wie er erklärte – die gesamte Harmonie und den Wettgesang der Sphären und der Gestirne, die sich darin bewegen. Diese Harmonie ergab eine vollkommenere und erfülltere Musik als die irdische. (...) Von dieser Musik ließ er sich gleichsam durchtränken, ordnete seinen Geist in diesen reinen Verhältnissen. Davon gedachte er seinen Jüngern, so gut es ging, Abbilder zu geben, indem er die Sphärenmusik auf Instrumenten und durch die bloße Stimme nachahmte.«[15] Auch in der Antike machte man sich über die naheliegende Frage Gedanken, wieso die Sphärenklänge nicht hörbar seien. Wie bei Hildegard die Stimme Adams so schön ist, dass sie von einem Normalsterblichen nicht ertragen werden kann, übersteigen auch die Sphärengesänge das Fassungsvermögen der Sinne. Der Mensch würde taub, könnte er die Töne hören.

Im Anschluss an Pythagoras begreifen die pythagoräischen Schulen die Zahl als bestimmendes Prinzip der göttlichen Weltordnung. Entsprechend lässt sich die kosmische Ordnung aus den verwandten Disziplinen Arithmetik, Geometrie, Astronomie und Musik ergründen. Noch im Mittelalter bilden diese das Quadrivium, die rechnenden Künste, das heißt den Teil der sieben freien Künste, der sich der »Naturwissenschaft« widmet. Insbesondere die Musik spiegelt die Harmonie des Ganzen, denn ihre Gesetze folgen denen des Alls, sodass die sieben Töne der Tonleiter in Analogie zu den sieben Planeten bestimmbar werden. Musik strukturiert den gesamten Kosmos und wird somit zum universellen Bindeglied – tatsächlich zu dem, »was die Welt im Innersten zusammenhält«. »Einzig die Tonkunst« – schreibt der spätantike Musiktheoretiker Aristides Quintilianus – »erstreckt sich sozusagen durch den ganzen Bereich der gesamten Materie und reicht durch die gesamte Zeit hindurch: die Seele bringt sie durch die Schönheit der Harmonie in Wohlordnung, den Körper durch geziemend-angemessene Rhythmen in richtige Verfassung.(...) Die aufgrund der Zahlen und Proportionen in allen Körpern verborgenen Harmonien macht sie sichtbar.«[16] Diese allen Dingen innewohnende musikalische Grundstruktur ist nicht nur Ausdruck der höchsten harmonischen Ordnung, sondern wirkt auch harmonisierend, wenn die Ordnung ins Wanken gerät. Auch in der pythagoräischen Auffassung ist die Seele von Dissonanz bedroht. Hier spricht Pythagoras der Musik einen heilsamen Einfluss und folglich einen hohen Stellenwert in der Erziehung und bei der Heilung von Krankheiten zu. »Die Seelenkräfte werden«, so Iamblichos über Pythagoras weiter »dabei wieder in ihr ursprüngliches harmonisches Gleichgewicht gebracht. So erdachte er verschiedene Mittel, leibliche und seelische Erkrankungen einzudämmen und zu heilen.«[17] Die aus der kosmischen Ordnung abgeleitete Musik stellt die innere Ordnung des dissonant gewordenen Menschen wieder her. Musik stimmt also in einem durchaus wörtlich zu verstehenden Sinne um. Sie kuriert »Verstimmtheit«, wie man auch heute aus Er-

fahrung nachvollziehen mag. Im alten Sinne freilich greift
die »Umstimmung« sehr viel tiefer. Musik löst den Zwiespalt
des Menschen nach den Gesetzen einer höheren Ordnung
auf, die – gemäß der alten Idee der Strukturgleichheit von

Musizierende Engel. *Buchmalerei, Frankreich, 14. Jahrhundert.*

Mikro- und Makrokosmos – mit der Tiefenordnung seiner
Seele identisch ist. Musik versöhnt den Menschen mit sich
selbst und folglich mit der Welt, in der er lebt.
    Die antike Musikauffassung wurde dem Mittelalter durch
das Werk des Boethius ›De institutione musica‹ überliefert.
Auch bei ihm nimmt die »Musica Mundana«, die Musik des
Weltalls und der Sphären, den höchsten Rang in der Musik
ein. Allerdings wurden in dem Maß, in dem der christliche
Glaube an die Stelle des antiken Denkens trat, die Sphärengesänge vom Gesang der Engelschöre überlagert. Ganz verstummte die Musik der Sphären freilich nie. Insbesondere in
christlicher Frühzeit tönen Sphären und Engel unisono zum
Lobpreis Gottes. Der Kirchenvater Origenes schreibt: »Wir

lobsingen dem Herrn und seinem eingeborenen Sohn, ebenso wie die Sonne, der Mond und die Sterne und das ganze himmlische Heer.«[18]. Dennoch tritt die antike Idee der Weltharmonie mehr und mehr zugunsten der christlichen Weltliturgie in den Hintergrund[19] Nicht mehr die Sphären singen, sondern die Engel ... diese aber singen nicht allein.»Im Angesicht der Engel will ich Dir Psalmen singen«, heißt es im neunzehnten Kapitel der Benediktsregel:»Bedenken wir also, wie wir uns verhalten sollen unter den Augen Gottes und seiner Engel«[20], denn im gesungenen Lobpreis verbinden sich die Stimmen der Menschen und der Engel. Ja, in den schönsten Texten zur Weltliturgie stimmt die gesamte Schöpfung in den Gesang ein.»Ich durchwandre Himmel und Erde, die Welt und den Abgrund, Wald und Heide, Berg und Tal: Sie singen mir allesamt den herrlichen Gesang deines unfaßbaren Lobes«, schreibt Heinrich Seuse im 14. Jahrhundert. Er trägt nicht zu Unrecht den Beinamen eines schwäbischen Franz von Assisi, denn bei ihm dürfen auch die weniger begnadeten Sänger in den großen Chor einstimmen:»Lieber Herr, dich loben doch auch die Frösche im Graben; zwar können sie nicht singen, aber sie quaken doch.«[21]

Im Werk Hildegards lässt sich neben dem Gesang der Engel auch die ältere Idee der Weltharmonie wiederfinden, die hier der lebendige Nachhall der Stimme des Schöpfers ist. Ja, bisweilen greifen auch bei Hildegard beide Traditionen ineinander.»Der ganze Kosmos«, kann sie daher sagen,»singt der Engel Lied.«[22]

Hildegards tönendes Schöpfungsverständnis hat eine tönende Lebenslehre im Gefolge, so in ihrer zweiten Visionsschrift, in der »musikalische Tugenden« und »unmusikalische Laster« aufeinandertreffen. In Entgegnung auf die personifizierte Schlemmerei spricht die Tugend der Enthaltsamkeit:»Ich bin eine Zither, die in schönster Musik tönt und in ihrem guten Willen die Härte der Herzen durchdringt.«[23] Die Tugend der Gerechtigkeit stellt sich als »Lobgesang«[24] (symphonia) der Werke Gottes vor. Freudlos und daher unmusikalisch ist hingegen die Haltung des Geizes, der spricht:»Ich raffe alles an mich.«[25] Sein Widerpart, die Genügsamkeit, ist eine Tugend der offenen Arme, die liebevoll umfängt, was der Geiz im »An-sich-Reißen« erdrückt:»Ich aber, ich sitze über den Sternen, weil mir alle Gottesgaben genügen. Ich freue mich an der süßen Musik der Pauken, da ich mein Vertrauen auf Ihn setze. Ich küsse die Sonne, wenn ich Ihn frohlockend besitze; den Mond umarme ich, wenn ich Ihn in Liebe halte, weil mir das reicht, was sie auf dieser Welt wachsen lassen. Und wozu sollte ich mehr wünschen, als ich brauche?«[26] Hildegards grünende Tugenden sind auch begnadete Musikantinnen, denn sie stimmen in die harmonische Ordnung des Kosmos ein. Die Laster hingegen bleiben dissonant.»Die Symphonie des Heiligen Geistes aber«, so Hildegards Vorwurf an die Geizigen,»an welcher sie sich nach Gottes Geheiß erfreuen sollten, haben sie vergessen.«[27]

Hildegards zweites Visionswerk folgt den geläufigen christlichen Tugend- und Lasterkatalogen. Die Bilder jedoch, die Hildegard verwendet, reichen weit tiefer als die konventionelle Anlage des Werkes. Dies gilt für die grünenden Tugenden und nicht minder für die Tugenden als Musikantinnen. Nicht anders als in der antiken Tradition ist auch in Hildegards musikalischer Theologie der Mensch von klingender Natur und daher zum Einklang mit der symphonischen Ordnung des Ganzen bestimmt. Und weil dem so ist, ist der Mensch, der »mitklingt«, zugleich mit sich selbst identisch. Umgekehrt richtet sich die Fehlhaltung (wie man das Laster auch interpretieren kann) nicht nur gegen andere, sondern immer zugleich auch gegen die eigene innerste (Klang-)Natur. Der »dissonante« Mensch steht außerhalb und neben sich. Für sich und andere ist er zum Misston geworden. In letzter Konsequenz steht er isoliert oder besser, bildet sich ein, isoliert zu stehen, denn als Teil des Ganzen kann er sich nicht mehr erfahren. Man muss Hildegards Glauben nicht teilen, um die Konsequenz, die sie aus ihrer klingenden Schöpfungs- und Lebenslehre zieht, zu schätzen:»Anima symphonialis esse debet« – die Seele muss sinfonisch sein. An die Stelle von

Trennung und Entfremdung muss erneut die Erfahrung der Verbundenheit treten.

Die sinfonische Seele ist bei Hildegard immer zugleich die vernünftige Seele. »Ich bin auch die Vernunft«, spricht Gott, »die den Hauch des tönenden Wortes in sich trägt, durch das die ganze Schöpfung gemacht ist.«[28] Vernunft ist das Wesen des nach Zahl, Maß und Gewicht durchstrukturierten Kosmos. Die Struktur tönt, denn alles, was dem tönenden Wort Gottes entstammt, klingt zusammen. Nicht anders sind auch die Werke des vernünftigen Menschen dazu bestimmt, zu klingen und zu singen, sich also in die harmonische Ordnung einzufügen. Mit ihrem tönenden Schöpfungsverständnis und ihrem symphonischen Vernunftbegriff hat Hildegard Kategorien geschaffen, die eine Brücke zu all jenen religiösen und auch nicht-religiösen Traditionen schlagen, die den Menschen von seiner Verbundenheit her verstehen. »Wir Menschen sind keine abgespaltenen Fragmente«, gibt Pir Zia Inayat Khan, ein moderner Sufimeister zu bedenken und rät, sich zu erinnern: »Sich erinnern heißt auf Englisch: *to remember*. Re-member – das bedeutet: wieder zugehörig werden – wieder *member*, Mitglied sein: Teil dieses Einen Seins.«[29] Auf nichts anderes zielt die Kategorie der »Achtsamkeit« des vietnamesischen Zenmeisters Thich Nhat Hanh: »Das Verbunden-Sein und Zusammengehören erschließt sich nur durch innere Einsicht. Inter-Sein ist nicht eine Idee, sondern eine Realität«[30], – die, wenn man sie anerkennt, in eine Ethik führen muss, die der Tatsache der Verbundenheit Rechnung trägt. Gerade auch im globalen Mitgefühl und der existentiellen Solidarität mit allem, was lebt, bewahrheitet sich heute Hildegards »Die Seele muß sinfonisch sein«. Warum? Weil alles andere unvernünftig wäre. Vernunft ist nämlich nur vernünftig, wenn sie tönt, also der Ordnung des Ganzen gerecht wird. Aktueller kann eine Botschaft nicht sein.

Tanzende Derwische. *Miniatur aus einem Manuskript, vielleicht einem Divan von Hafiz. Stil von Bizhad. Timuridische Schule, Herat, um 1493.*

Hildegard und Rumi

Dschalaluddin Rumi ist ein großer islamischer Mystiker, auf den der Sufi-Orden der »Tanzenden Derwische« zurückgeht. Zugleich ist er einer der bedeutendsten Dichter der persischen Sprache. Hildegard teilt mit ihm die Liebe zur Musik, die auch bei Rumi ein Nachklang der paradiesischen Urmelodie im Menschen ist.

»Wir alle waren Teile von Adam, wir haben
jene Melodien im Paradies gehört.
Wenn auch das Wasser und die Erde unserer Körper
Ursache sind, daß Zweifel uns befiel,
etwas von jenen Melodien kehrt zurück
in das Gedächtnis.«[31]

Das Seufzen beim Musikhören, das nach Hildegard Ausdruck der Sehnsucht nach der ursprünglichen himmlischen Harmonie ist, findet sich bei Rumi im wehmütigen Klang der Rohrflöte wieder. Sie ist das Symbol des Menschen, der einst – gleich der Flöte vom Ried – von der Alleinheit in Gott abgeschnitten wurde. Bei Hildegard klingt das göttliche Wort in allem, bei Rumi der göttliche Flötenton.

»Die Welt ist wie ein Flötenrohr:
Er bläst darein und wo Er blies,
ist jede Klage, die erklingt,
von seinen Zuckerlippen süß.«[32]

Auch bei Rumi hat der Schöpfungsakt eine musikalische Dimension, hier als Motiv der urzeitlichen Aufforderung zum Tanz, in den das ins Leben gerufene Geschöpf einschwingt.

»Hallte ein Ruf im Nicht-Sein: da
sagte das Nicht-Sein: ›Gewiß!
Ich setz' den Fuß in jenes Land,
froh, grün und frisch mich zu zeigen!‹

Es hörte Gottes-Urzeit-Ruf,
tanzend ward es und berauscht;
Nicht sein war es und ward zum Sein –
Herzen und Tulpen und Feigen.«[33]

Vor allen Dingen aber teilen Rumi und Hildegard die Erfahrung der »Ergriffenheit«. Beide liegen sie als Musikinstrumente in den Händen Gottes. Der Mensch, als den sich Hildegard beschreibt, »trägt Gottes Wunderdinge nicht aus sich
selbst heraus vor, ist vielmehr davon so ergriffen, wie eine
Saite durch den Spieler ergriffen wird, um ihren Ton nicht
aus sich, sondern aus dem Griff eines anderen wiederzu-
geben.«[34] Ebenso ist Rumi zum Instrument geworden:

»Blase in mich, der Knecht deines Lufthauchs ich sei,
Deine Schalmei, Deine Schalmei, ja Deine Schalmei.«[35]

Beide Ergriffenen wissen, dass das vollkommene Lied, da es
auf unvollkommenen Instrumenten gespielt wird, nur eine
Ahnung des vollendeten Tönens vermittelt. Entsprechend
charakterisiert sich Hildegard als »ein wenig erklingend wie
ein schwacher Posaunenklang vom Lebendigen Licht«[36].
Nicht anders sieht Rumi sein Werk als Nachhall des Unfass-
lichen, als Gestammel des Unaussprechlichen. Eher noch ist
das Unsagbare singbar – von Nachtigallen, die wie Rumi ihr
schönstes Lied anstimmen, ohne jedoch das, was sie singen,
begreifen zu können:

»Manches hab' ich nicht verstanden,
das ich wagte nachzulallen:
also singen dir zum Preise
Unverstandnes Nachtigallen,
also lernen Kinder reden,
welche lieb dir sind vor allen!«[37]

Kapitel 14

Letzte Kämpfe und Beginn des Heiligenkultes

Im Jahr 1173 starb Mönch Volmar, der Propst des Klosters Rupertsberg. Vor allen Dingen aber war er Hildegards Vertrauter und Mitarbeiter bei der Abfassung ihrer Visionsschriften und stand ihr zweiunddreißig Jahre lang zur Seite. Inmitten der Arbeit an ihrem letzten Visionswerk wurde ihr der unverzichtbare Helfer entrissen. »Da durchbohrte Traurigkeit mir Seele und Leib, weil ich, durch das Geschick des Todes dieses Mannes beraubt, eine Waise in dieser Welt war. Denn im Dienste für Gott hatte er alle Worte dieser Schau mit großer Sorgfalt in ununterbrochener Mühe aufgenommen und sie korrigierend durchgesehen. Und immer hat er mich ermahnt, sie nicht wegen irgendwelcher Schwäche meines Körpers aufzugeben, sondern Tag und Nacht an dem, was mir in dieser Schau gezeigt wurde, zu schreiben und zu arbeiten.«[1] Hildegards Klage über den schweren Verlust ist zugleich eine Würdigung all dessen, was sie Volmars Unterstützung verdankt. Auch heute darf man ihm für die authentische Überlieferung der Visionswerke dankbar sein. Im Gegensatz zum späteren Sekretär Wibert, der einigen Ehrgeiz darauf verwandte, Hildegards Schau nach zeitgenössischer stilistischer Mode zu »verbessern«, beschränkte sich Volmar, die »Feile«, tatsächlich auf die Glättung des Lateins in einem Werk, in dessen Dienst er sich selbstlos stellte.

Noch einmal sollte die Vakanz der Propststelle den alten Konflikt mit den Disibodenberger Mönchen neu aufflammen lassen. Unter dem mühsam geschnürten Bündel an Abmachungen, das 1158 beurkundet worden war, befand sich die Zusicherung, dass die Nonnen aus dem Kreis der Disibodenberger Mönche ihren Probst frei bestimmen durften. Abt Helenger weigerte sich, diesen zu entsenden. Erst auf Hildegards Intervention bei Papst Alexander III.[2], der einen

Vermittler einschaltete, fand man eine Lösung. Im Jahr 1174 wurde Mönch Gottfried zum Probst bestellt. Er verfasste auch das erste Buch der Vita Hildegards, verstarb jedoch schon Ende des Jahres 1175 (oder Anfang 1176). Vorüber-

Christus der Allherrscher
und Davids Musik.
Psalmenkommentar
12. Jahrhundert.

gehend übernahm Hildegards Bruder Hugo und ein Kanonikus aus Mainz das Amt, bis im Jahr 1177 sodann Wibert von Gembloux Hildegards Sekretär und Seelsorger auf dem Rupertsberg wurde.

Das Jahr 1178, Hildegards letztes Lebensjahr, wurde von einem schweren Konflikt überschattet, in den sie mit der ihr vorgesetzten Kirchenbehörde, dem Mainzer Episkopat, geraten war. Ein nach Auffassung der Mainzer Prälaten exkommunizierter Edelmann war auf dem Klosterfriedhof des Rupertsberg begraben worden. Also erging an Hildegard die Aufforderung, die Leiche, die nicht in geweihter Erde ruhen

durfte, vom Klosterfriedhof entfernen zu lassen. Hildegard
hingegen war davon überzeugt, dass der Edelmann vor seinem Tod gebeichtet, die letzte Ölung erhalten und die Kommunion empfangen hatte, die Bestattung also rechtmäßig
erfolgt war. In einem Brief an die Mainzer Oberen schildert
sie, wie sie in dieser Frage letzten Aufschluss durch ihre
visionäre Schau erhielt. Erschreckt habe sie den Befehl ver-
nommen »und habe, wie gewohnt, zum wahren Licht auf-
geschaut und mit wachen Augen in meiner Seele folgendes
gesehen: Würde gemäß ihrer (der Prälaten) Vorschrift der Leib
dieses Toten ausgegraben, so würde durch die Entfernung
unserm Orte große Gefahr drohen gleich der schwarzen
Wolke, die Sturm und Gewitter anzuzeigen pflegt. Deshalb
maßen wir uns nicht an, den Leib des Verstorbenen (...)
herauszuholen.«[3]

Keinesfalls wolle sie ungehorsam erscheinen – und ist es
dennoch. Sie weigert sich, die Weisung umzusetzen und
nimmt stattdessen das Interdikt, dessen Verhängung man
ihr angedroht hatte, in Kauf. Nun waren im Kloster auf dem
Rupertsberg öffentliche Gottesdienste, der Empfang der Kommunion sowie der Gesang des Gotteslobes untersagt. Allein
mit gedämpfter Stimme durften die Psalmen und Lesungen
hinter verschlossenen Türen rezitiert werden – ein schwerer
Schlag für Hildegard und ihre Nonnen. Ein Brief in dieser
schmerzlichen Angelegenheit blieb wirkungslos, sodass sich
die Achtzigjährige selbst auf den Weg nach Mainz machte.
Hildegard unterrichtet Erzbischof Christian von Mainz, der
sich zu diesem Zeitpunkt in Italien befand, von diesen Vorgängen und von dem an sie ergangenen göttlichen Befehl, die
Leiche an ihrem Ort zu belassen. »Hätte die Furcht vor dem
allmächtigen Gott mich nicht daran gehindert, so hätte ich
den Obern demütig gehorcht.« Sodann berichtet sie von der
vergeblichen Intervention bei den Mainzer Prälaten: »Als
wir aber eine Zeitlang nicht ohne großen Schmerz und tiefe
Traurigkeit den Gottesdienst eingestellt hatten, begab ich
mich, durch diese wahrhaftige Schau meiner Seele (belehrt)
und vom höchsten Richter (dessen Gebot ich nicht zu wider-

stehen wagte) durch das Gewicht einer schweren Krankheit gezwungen, zu unseren Prälaten nach Mainz. Ich legte ihnen die Worte, die ich im wahren Lichte geschaut, wie Er selbst mir befohlen hatte, in einem Schriftstück vor, damit sie daraus den Willen Gottes in diesem Rechtsfall erkennen sollten. Unter bitteren Tränen bat ich die Anwesenden um Verzeihung und flehte sie klagend und demütig um Erbarmen an. Da aber ihre Augen so verfinstert waren, daß sie auch nicht einen Blick des Erbarmens für mich hatten, ging ich unter vielen Tränen wieder von ihnen weg.«

Befehl steht hier gegen Befehl, die göttliche Weisung steht gegen die Weisung der Oberen. Die Entscheidung, welcher Stimme Hildegard gehorsam ist, belegt vor allen Dingen eines: Hildegards Integrität als Visionärin. Zeit ihres Lebens hatte sie sich auf die göttlichen Visionen berufen. Sie verdankt ihnen die Entfaltung ihrer Hochbegabung, die Verwirklichung einer weitgehenden Unabhängigkeit durch die Ablösung vom Kloster Disibodenberg und die Gründung eigener Klöster sowie Ansehen und Einfluss wie kaum eine Frau ihrer Zeit. Die Geschichte ihrer Visionen ist auch eine persönliche Erfolgsgeschichte Hildegards. Aber nicht nur als die Visionen ihr Vorteile verschafften, auch als sie von Nachteil waren, hielt sie an ihnen fest. »Besser ist es für mich«, so Hildegard an den Mainzer Erzbischof in biblischer Wendung, »in die Hände der Menschen zu fallen, als das Gesetz meines Gottes zu verlassen.«[4]

Auch hier gibt es eine pragmatische Ebene. Hildegard hatte den befreundeten Erzbischof Philipp von Köln aktiviert, der mit zwei Zeugen vor den Mainzern erschienen war, die bestätigten, dass der Ritter kurz vor seinem Tod vom Bann gelöst worden war. Nach einigen weiteren Verwicklungen wurde das Interdikt letztendlich von Erzbischof Christian aufgehoben. Das Schreiben, in dem er Hildegard positiven Bescheid gibt, ist mit einer ernst zu nehmenden Warnung versehen: »Es stand aber für die Kirche als wahr fest, daß bei einem Gotteshaus ein Mann begraben worden war, der zu seinen Lebzeiten der Strafe der Exkommunikation verfallen

war.« Und was für die kirchlichen Oberen wahr ist, hat auch
für eine ihnen untergebene Nonne verbindlich zu sein.
»Im Hinblick auf die nicht zu umgehenden Satzungen der Väter
war es für Euch höchst gefährlich, den Einspruch der Geist-
lichen zu mißachten.«[5] Und in der Tat sollten sich derlei Unbotmäßigkeiten auch
in den folgenden Jahrhunderten immer wieder als (lebens-)ge-
fährlich erweisen. Das klassische Konfliktpotenzial zwischen
dem kirchlichen Anspruch auf Vermittlung des göttlichen
Willens und mystischer Gottunmittelbarkeit, das hier zum
Ausdruck kommt, reicht vom schlichten Spannungsverhältnis bis hin zur Ausgrenzung mit tödlichen Folgen. Goldene
Brücken hatte man der Begine Margarata Porete, einer der
bedeutendsten Mystikerinnen des Mittelalters gebaut, damit
sie ihr Werk ›Der Spiegel der einfachen Seelen‹[6] widerrufe.
Sie widerrief nicht und ging im Jahr 1310 in Paris auf den
Scheiterhaufen.

Die verwickelten Verhandlungen und Interventionen bewirkten, dass sich der Streit mit den Mainzer Prälaten über
ein Jahr hinzog. Es war das letzte Lebensjahr Hildegards.
Freilich erlebte sie noch die Aufhebung des Interdikts, bevor
sie am 17. Sept. 1179 im Alter von einundachtzig Jahren starb.

Ihr Hagiograf berichtet vom vorbildlichen Ende einer in jeder Hinsicht vorbildlichen Frau, also vom Tod einer Heiligen.
Der Konflikt mit der Mainzer Kirchenbehörde passt nicht
ins Bild und hat folglich zu entfallen. Wesentlicher ist dem
Hagiografen ein gewaltiges Lichtwunder. Zwei überaus helle
farbige Lichtbögen erschienen am Himmel, die sich nach
den vier Himmelsrichtungen ausdehnten. Am Scheitelpunkt,
wo sich die Bögen kreuzten, leuchtete das Licht noch heller.
Inmitten dieses Lichtes erschien ein rotes Kreuz, das zu gewaltiger Größe anwuchs. Umgeben war es von vielen bunten
Kreisen, in denen sich wiederum kleine Kreuze mit Kreisen
bildeten. Der ganze Himmel war von diesem Lichtwunder
erfüllt, das auf den Sterbeort Hildegards hinabstrahlte und
den Rupertsberg in herrlichen Glanz tauchte. Auch die Krankenheilungen am Leichnam sowie ein wunderbarer Duft,

der ihrem Grab entstieg, dürfen nicht fehlen – traditionelle hagiographische Motive, die die Heiligkeit der Verstorbenen belegen: »Daher hoffen und glauben wir ohne Zweifel, daß bei Gott ihr Andenken unsterblich ist, der ihr schon in diesem Leben den besonderen Vorzug

Heilung eines Lahmen.
Ein Fußkranker wird durch den Schuh des heiligen Cuthbert geheilt. Aus: Beda, Vita Sancti Cuthberti (Leben des hl. Cuthbert), englische Buchmalerei, spätes 12. Jahrhundert.

seiner Gaben verlieh, wofür ihm Preis und Ehre sei von Ewigkeit zu Ewigkeit. Amen.«[7]

Im Falle von Normalsterblichen müsste an dieser Stelle der Bericht enden, nicht so im Fall einer mittelalterlichen Heiligen bzw. einer Frau, die regional als Heilige verehrt wurde. Untrennbar mit dem Kult der Heiligen verbunden ist der Kult um ihre Reliquien[8]. Noch heute ist in die Altäre in katholischen Kirchen eine Heiligenreliquie eingelassen. Der Stellenwert, der Reliquien im gegenwärtigen Katholizismus zukommt, ist allerdings nicht zu vergleichen mit dem brennenden Interesse, das man im Mittelalter an diesem Thema besaß. Reliquien (lat. Reliquiae = Überrest) konnten Teile des Körpers sein oder auch Gegenstände, die mit dem Körper in Berührung (Kontaktreliquien) gekommen waren.

Das Charisma der Heiligen wirkte, so der Glaube, auch in ihren Überresten fort. Reliquien galten als heilkräftig und wundertätig und stellten eine besondere Beziehung zu ihrem ursprünglichen »Besitzer« her. Man versprach sich Unterstützung in wichtigen irdischen Anliegen, aber auch in Bezug auf die jenseitige Zukunft, die man durch heilige Fürsprecher zu verbessern erhoffte. Mit Reliquien wurde gehandelt, sie wurden gefälscht, sie wurden gestohlen, ja, wegen ihnen wurde gemordet. Reliquien konnten aus einem unbedeutenden Flecken einen berühmten Wallfahrtsort machen. Kurzum: Reliquien waren äußerst wertvoll.

Auch im Falle Hildegards entwickelte sich ihre Verehrung als Heilige am Kult um ihre Reliquien[9], denn – so der Bericht der Vita – »zwei Menschen, die ihren heiligen Leichnam in gläubiger Hoffnung zu berühren wagten, wurden von schwerer Krankheit geheilt«.[10] Der ursprüngliche Ort der Beisetzung Hildegards bleibt dennoch unklar. Vielleicht war es schon damals die Gruft unterhalb des Altarraums in der Kirche des Klosters Rupertsberg. Oder aber die Gebeine wurden im 13. Jahrhundert dorthin umgebettet.

Im Jahr 1489 wurde das Grab auf Geheiß des Mainzer Erzbischofs geöffnet, da man auf eine Urkunde zur Heiligsprechung hoffte – vergebens. Wenig später (1498) wurde das Grab nochmals geöffnet. Die Überreste Hildegards wurden »erhoben« und in einen Holzkasten verbracht, in dessen gewölbtem Deckel ein Sichtfenster eingelassen war. All dies geschah im Beisein des glühenden Hildegard-Verehrers Abt Trithemius von Sponheim, der wegen seiner Bemühungen um Hildegard »als Geschenk einen Arm mit Handknochen« erhielt[11]. Vom Beginn des lokalen Heiligenkultes zeugt auch, dass man in der Folgezeit Reliquien verschenkte. Freilich wurden die Beschenkten im Umfang weit weniger großzügig (oft waren es nur Partikel) als der Abt von Sponheim bedacht. So befand sich z. B. unter den Geschenken des Jahres 1521, die der Mainzer Kurfürst der Stiftkirche in Halle zukommen ließ, »ein Finger sanctae Hildegardis« und in einem Glas ein Partikel »von der Zungen S. Hildegardis«[12].

Während des Dreißigjährigen Krieges gelangten die Reliquien teilweise nach Köln, wohin sie von Nonnen, die vor den Kriegswirren flohen, mitgenommen wurden. Ein Teil verblieb auf dem Rupertsberg und überstand die Zerstörung des Klosters im Jahr 1632 in einem Versteck. Das Kloster wurde nicht wieder aufgebaut, sodass die übrig gebliebenen Nonnen dem Konvent in Eibingen beitraten und die Reliquien Hildegards mitbrachten. Als der Eibinger Konvent im Jahr 1802 infolge der Säkularisation aufgehoben wurde, gingen die Reliquien an mehrere Personen, so den Pfarrer von Eibingen. »Den Bitten der Nonnen und des Propstes, Reliquien als Andenken mitnehmen zu dürfen, wurde auch entsprochen.«[13] Vielfach kehrten die Reliquien in die ehemalige Klosterkirche, die ab 1831 zur Gemeindekirche von Eibingen wurde, zurück. Auch Clemens Brentano, der romantische Dichter und Bewunderer der stigmatisierten Nonne Katharina von Emmerich, deren Visionen er aufschrieb, befand sich zeitweise im Besitz eines Beckenknochens und eines Fingerknochens, die er Katharina zur Begutachtung vorlegte. Diese habe sofort erklärt, dass dies die Gebeine der heiligen Hildegard seien. Die Reliquien wurden von der Familie Brentano im Jahr 1857 nach Eibingen zurückgegeben.

In der Folgezeit engagierte sich der ortsansässige Pfarrer Ludwig Schneider für eine Wiederbelebung des Hildegardkults. Im Auftrag des Limburger Bischofs öffnete er gemeinsam mit einem Arzt den Sarg. Er enthielt ca. sechzig Knochen, die alle zu einem Frauenskelett gehörten und einen Schädel mit einer Seidenhaube, an die ein Zettel in einer Schrift des 15./16. Jahrhunderts geheftet war mit der Aufschrift »Caput sancte Hildegardis«, das heißt Haupt der heiligen Hildegard. In einem seitlichen Täschchen der Haube befand sich etwas grau-gelbliches Haupthaar. Auch ein Ordenskleid mit einem beigelegten Zettel »Dieß ist der hl. Hildegard Chorkapp«[14], das in ein Tuch mit der bestickten Jahreszahl 1556 eingewickelt war, wurde gefunden und ein Beutelchen mit drei Haarlocken. Zwei mumifizierte Organe, Herz und Lunge, wurden ebenfalls untersucht. Die Zunge war in einem Etui aus Seide aufbewahrt. Das Herz hatte sich in Köln noch in einer silbernen Kapsel, die wahrscheinlich verkauft worden war, befunden. Nun war es ebenfalls in einem Etui aus Seidenstoff verwahrt. Auf den Bericht des Pfarrers hin wurden die Reliquien im Jahr 1857 vom Limburger Bischof als echt

Scivias: Chöre der Seligen. *Unterhalb der thronenden Himmelskönigin Maria die Engel, Patriarchen und Propheten, Apostel, Märtyrer, Bekenner sowie (in der Mitte) die Gruppe der Jungfrauen: »Alsdann sah ich eine von Licht durchglänzte Luft. Aus ihr tönten mir wundersam (...) mannigfaltige Klänge entgegen. Es waren Lobgesänge auf die, die in den Himmelsfreuden wohnen«[15]. Rupertsberger Kodex, 12. Jahrhundert*

anerkannt und durften somit öffentlich verehrt werden. Im selben Jahr am 17. September, dem Todestag Hildegards, wurden die Reliquien erstmals anlässlich des wieder eingeführten Hildegardis-Festes in einer Prozession durch Eibingen getragen.

Kapitel 15
Zur Heiligsprechung Hildegards

Bereits zu Hildegards Lebzeiten suchte man ihre Verehrung als Heilige zu fördern. Ab etwa 1170 begann man auf dem Rupertsberg zu diesem Zweck mit der Überarbeitung und Zusammenstellung ihrer Schriften. Auch der Beginn der Niederschrift ihrer Vita durch Mönch Gottfried fällt in diese Zeit. Die Bemühungen fanden also wahrscheinlich unter Hildegards Anleitung oder doch wenigstens nicht ohne ihre Kenntnis und Duldung statt.

Nach Hildegards Tod waren es mehrere Gruppen, die sie als Heilige verehrten bzw. die ihre Verehrung propagierten. Zum einen war es ein Kreis von Bewunderern aus Benediktiner- und Zisterzienserklöstern, von denen sie vielen noch persönlich bekannt war, der ihren Kult förderte. So wurde Hildegard in den Klöstern von Gembloux und Echternach, in St. Eucharius in Trier sowie im Kloster Villers als Heilige verehrt. Hier entstanden auch die ersten liturgischen Texte zu ihrer Verehrung, in Villers komponierte man einen Hymnus auf sie. Wichtiger für den sich entwickelnden Ruf der Heiligkeit war jedoch die Volksverehrung, die schon früh an Hildegards Grab und in Verbindung mit ihren Reliquien einsetzte. »Auch fehlte es«, so der Bericht in der Vita, »vor ihrem Begräbnis nicht an Wundern, die das Verdienst ihrer Heiligkeit bezeugen. Denn zwei Menschen, die ihren heiligen Leichnam in gläubiger Hoffnung zu berühren wagten, wurden von schwerer Krankheit geheilt.«[1]

Im Jahr 1227 reichten die Schwestern vom Rupertsberg bei Papst Gregor IX. den Antrag auf formelle Heiligsprechung ein. Gregor IX. stand dem Anliegen positiv gegenüber und schrieb, dass er sich darauf freue, »auf Erden die zu erhöhen, die der Herr im Himmel geehrt hat, das heißt sie heilig zu sprechen und ihren Namen in die Liste der Heiligen einzutragen«.[2] Am 27. Januar 1228 beauftragte der Papst drei

Kommissare aus dem Mainzer Domkapitel mit der Untersuchung des Lebens und der Wunder Hildegards[3]. Erst am 16. Dezember 1233, fünf Jahre nachdem Papst Gregor das Protokoll angefordert hatte, lag es vor und wurde nach Rom weitergeleitet. Über fünfzig Jahre waren inzwischen seit dem Tod Hildegards vergangen – die geforderte Präzision in den Angaben und insbesondere die Vernehmung von Augenzeugen mussten sich zunehmend schwierig gestalten. Die Zeit, die sich die Kommission ließ, zeigt, dass das Interesse, das man in Mainz an dieser Angelegenheit hatte, nicht allzu groß gewesen sein muss.

Das fertige Protokoll führt die wahren Prophezeiungen Hildegards auf. Bereits als Fünfjährige habe sie die Fellzeichnung und die bunten Flecken auf der Stirn eines ungeborenen Kälbchens im Leib seiner Mutter gesehen[4], später habe sie ihren eigenen Todestag vorausgesagt. Man hebt die Approbation ihrer Schriften durch Pariser Theologen hervor. Ihre Korrespondenz mit den Päpsten sowie kirchlichen und weltlichen Würdenträgern wird mit dem auf dem Rupertsberg zusammengestellten Briefbuch bezeugt[5]. Den weitaus breitesten Raum im Bericht der Mainzer Kommissare nehmen die Wunder ein, die Hildegard noch zu Lebzeiten wirkte, die an ihrem Grab geschahen oder aber durch den Kontakt mit ihren Reliquien. Unter anderem wird geschildert, dass die Oberin vom Rupertsberg, Elisa, gesehen habe, wie eine Mechtild am Grab Hildegards von einem Dämon befreit wurde. Auch der Exorzismus an Sigewize wird erwähnt.[6] Viele Wunder betreffen Krankenheilungen. So heißt es, dass Hildegard durch die Benetzung der Augen einer Blinden mit Rheinwasser deren Blindheit geheilt habe[7]. An Hildegards Grab seien Epileptiker und Fieberkranke bei Anrufung ihres Namens geheilt worden. Die Einnahme von Wasser, das mit Hildegards Gebeinen in Berührung gekommen war, habe eine Frau von schwerem Fieber geheilt.[8] Zu den diversen Vorgängen führt das Protokoll Rupertsberger Schwestern, Kleriker und weltliche Personen an, die das jeweilige Geschehen unter Eid bestätigen. Allerlei Befremdliches wird berichtet. So zeigt sich Hildegard

über den Tod hinaus wehrhaft, als Erde von ihrem Grab an
einen weniger würdevollen Ort weggetragen wird. Die Magd
Mezza, die sich die Tat hatte zuschulden kommen lassen,
wurde »von der seligen Hildegard zurechtgewiesen und ge-
schlagen; dadurch bezwungen trug sie die Erde zurück«.[9]
Noch schlimmer erging es einer barmherzigen Schwester,
die – auf welchem Weg auch immer – an Haare Hildegards
gekommen war. Diese waren eine Kostbarkeit, wurden doch
durch das Auflegen der Haare – das Protokoll berichtet von
mehreren Fällen – Krankheiten geheilt. Auch auf die Haar-
entwendung reagierte die Verstorbene ernsthaft ungehalten
und die Schwester wurde von ihr »gegeißelt (…), bis die Haare
wieder zurückgegeben worden waren«.[10]

Offenbar bestand dennoch Mangel an postumen Wundern,
der die Kommissare bewegte, nach der Ursache zu forschen:
»(Als) wir den Konvent auch fragten, warum die selige Hildegard jetzt keine Zeichen mehr mache, sagten sie: Als der Herr
nach ihrem Tod so viele Wunder zeugte und der Zustrom
der Leute zu ihrem Grab so groß wurde, da wurden Kult und
Gottesdienst durch den Lärm der Leute so sehr gestört, daß
sie es dem Herrn Erzbischof berichteten. Deshalb kam er
persönlich zu dem Ort und befahl ihr, mit den Zeichen auf-
zuhören«[11] – was Hildegard, die sich hier gegenüber ihrem
Mainzer Oberen einmal außergewöhnlich folgsam zeigt,
auch tat, wie ja das Ausbleiben der Wunder schlagend belegt.
Angeregt wurde das Argument vermutlich durch die Vita
Bernhards, dem das postume Wunderwirken ebenfalls um der
klösterlichen Ruhe willen durch den Nachfolgeabt im Kloster
Clairvaux untersagt worden war[12].

Der Bericht wurde gemeinsam mit den Schriften Hildegards und ihrer Vita nach Rom übersandt. Dort nahm man
nicht an den heute eher irritierenden Schilderungen ihrer
Wundertaten und auch nicht am bischöflichen Wunderwirk-
verbot Anstoß, sondern daran, dass das Protokoll nicht präzi-
se genug gefasst war. Vor allem fehlten konkrete Angaben zu
Personen, Ort und Datum, um die Geschehnisse überprüfbar
zu machen. Der Bericht der Kommission genügte also den

formalen Ansprüchen eines solchen Verfahrens nicht. Papst Gregor forderte Präzisierung und Vervollständigung und beauftragte zu diesem Zweck am 6. Mai 1237 eine neue Kommission mit Mainzer Domklerikern. Von der Kommission

liegt kein Ergebnis vor, ja es ist noch nicht einmal sicher, ob sie überhaupt ihre Arbeit aufgenommen hat.

Ein erneuter Anlauf zur Heiligsprechung wurde auf die Initiative Papst Innozenz IV. hin unternommen. Papst Gregor war inzwischen verstorben, das Pontifikat seines Nachfolgers, Coelestin IV. dauerte nur wenige Monate. Sodann folgte Papst Innozenz IV., der in einem Brief vom 24. November 1243 befahl, das Kanonisationsverfahren wieder aufzunehmen. Das alte Protokoll wurde überarbeitet, mit dürftigem Ergebnis. Man fügte einige Verbesserungen ein und am Ende einige Wunder hinzu. Von einer Reaktion aus Rom ist nichts bekannt, ja man weiß noch nicht einmal, ob das Dokument jemals nach Rom gelangte.

Der neue Himmel und die neue Erde.
Illumination aus ›Scivias‹, Rupertsberger Kodex, 12. Jahrhundert.

Die Bemühungen um eine formelle Kanonisation Hildegards brechen an diesem Punkt ergebnislos ab. »Die Chancen zur offiziellen Heiligsprechung Hildegards, die im Pontifikat Gregors IX. vorhanden waren, wurden von Mainz aus nicht genutzt«[13], so die zusammenfassende Beurteilung Josef Krasenbrinks. Die beteiligten Päpste wirken wohlwollend, während die Mainzer Kirchenbehörde träge reagiert und die Angelegenheit verschleppt. Über die Gründe kann man nur spekulieren. Dass es sich hier um eine Quittung für

Hildegards Unbotmäßigkeiten handelte, wurde vielfach gemutmaßt, gilt in der Forschung allerdings als eher unwahrscheinlich. Vielleicht war der schnöde Mammon die Ursache.
Blühende Wallfahrtsstätten waren immer auch eine lukrative
Angelegenheit. Eine solche Stätte in unmittelbarer Nähe zu
Mainz hätte möglicherweise Einnahmen von der Stadt abge-
zogen, was das mangelnde Engagement der Mainzer erklären
würde. Auf einen anderen möglichen Grund für das Desinte-
resse weist Monika Klaes hin. Sie hält es für möglich, dass
man in Mainz die Zuständigkeit des Papstes, in dieser Frage
zu urteilen, nicht akzeptierte.[14] Und in der Tat fiel der Versuch, die Heiligsprechung Hildegards in Rom zu erwirken, in
eine Zeit, da sich das Kanonisationsverfahren im Umbruch
befand[15].

Die Verehrung der Heiligen geht auf die christliche Frühzeit zurück. Zuerst wurden die Märtyrer, deren Kult um
ihr Grab und ihre Reliquien entstand, verehrt und als Fürsprecher vor Gott angerufen. Allmählich entwickelte sich
aus diesem Ursprung die christliche Heiligenverehrung, die
ebenfalls lange an den Kult ums Grab gebunden blieb. Über
Jahrhunderte hinweg war es also die Verehrung des zu den
Gräbern pilgernden Volkes, die zur Heiligkeit führte. Wie
einst an den Gräbern der Märtyrer, geschahen nun am Grab
der Heiligen Zeichen und Wunder. Es sind weitgehend die
gleichen Zeichen und Wunder, denn nicht der Heilige als
Individuum ist von Interesse, wichtig ist, dass er dem Typus
der Heiligkeit genügt. Die zentralen Motive wiederholen sich
also in den Viten der Heiligen, insbesondere, was die Ereignisse am Grab betrifft: diverse Lichterscheinungen, ein
Wohlgeruch, der das Grab umgibt, die Unverwestheit des
Leichnams und vor allem die Wunder und Heilungen, die
an diesem Ort geschehen. Das heute so befremdliche Thema
verweist auf einen zentralen Bestandteil des mittelalterlichen
Weltbildes. Diesseits und Jenseits werden nicht als getrennte
Bereiche erfahren, sie können sich berühren, ja ineinander
übergreifen und eine der wichtigsten »Schnittmengen« bildet die »Doppelexistenz« – so die Formulierung von Arnold

Angenendt – der Heiligen, die sowohl dem Himmel als auch der Erde angehören.[16] So ist es das Licht des Himmels, das an ihrem Grab erstrahlt, es ist der Wohlgeruch des Paradieses, der hier duftet. Ihre Unverwestheit belegt, dass in ihnen die göttliche Wirkkraft (virtus) lebendig und mächtig ist. Ja, in jedem Teil ihrer Überreste ist diese Kraft lebendig, weswegen selbst die kleinste Reliquie Wunder wirken und heilen kann. »Drei Viertel« – so Angenendt – »aller Wunderberichte künden vom Wirken des Heiligen nach seinem Tod.«[17] Gerade durch postume Wunder wird die Mittlerstellung der Heiligen zwischen Diesseits und Jenseits beglaubigt. Sie beweisen, dass die göttliche Kraft in den Heiligen und ihren Überresten wirkmächtig ist und weist sie zugleich als mächtige Fürsprecher vor Gott aus. Die Kommissare, die fragten, wieso die postumen Wunder Hildegards ausblieben, sprachen also einen heiklen Punkt an, auf den die Rupertsberger Schwestern mit einer plausiblen Erklärung zu reagieren hatten.

Die Nachricht von den Zeichen und Wundern an den Gräbern der Heiligen verbreitete sich und mit ihnen der Ruf der Heiligkeit. Wurde der Ruf mächtig genug, hatte dies zur Folge, dass man den Leichnam »erhob« und an den Altar überführte. Diese »Erhebung zur Ehre der Altäre« war, so Arnold Angenendt, »in ihrer Wirkung als ›Heiligsprechung‹ anzusehen«[18]. Die Heiligsprechung durch den Kult (»per viam cultus«) war von Rom unabhängig und an die bischöfliche Genehmigung (in den vorangegangenen Jahrhunderten auch an die durch weltliche Herrscher) gebunden. Der erste Heilige, der in Rom im Jahr 993 von Papst Johannes XV. offiziell heiliggesprochen wurde, war Bischof Ulrich von Augsburg. Der Vorgang blieb vereinzelt. Erst im Rahmen eines erstarkten Papsttums und eines sich mehr und mehr durchsetzenden römischen Zentralismus zog man auch das Heiligsprechungsverfahren an sich. Erst Papst Alexander III. (1159–1181) reservierte das Recht zur Kanonisation für das Papsttum, was einer Verrechtlichung des Weges zur Heiligkeit gleichkam. Aus dem gelebten Kult wurde ein juristischer Vorgang, in dem Lebensführung und gewirkte Wunder überprüft wurden. Bei positivem Bescheid führte dies zur Aufnahme in das Verzeichnen der Heiligen (Kanon), also zur Kanonisation.

Im neuen Verfahren hatten die Antragsteller den Formalien eines Prozesses zu genügen, der der päpstlichen Entscheidung vorgeordnet war. An eben diesen Formalien scheiterte die offizielle Heiligsprechung Hildegards. Auch die formelle Kanonisation ihres Zeitgenossen Bernhard von Clairvaux scheiterte aus diesem Grund, wobei in seinem Fall das konsequent vom Zisterzienserorden vorangetriebene Verfahren dann doch zur Kanonisation im Jahr 1174 führte.

Da viele Bischöfe weiterhin kanonisierten, liefen für lange Zeit die ältere und die jüngere Tradition der Heiligsprechung parallel, weswegen die Säumnis der Mainzer Behörde tatsächlich darin begründet sein kann, dass man den alten Rechtsanspruch zu wahren suchte, indem man das päpstliche Verfahren unterlief. Oder aber die formelle Bestätigung aus Rom war den Mainzern nicht wichtig genug. Die Zahl der päpstlichen Heiligsprechungen im Mittelalter ist relativ gering. Zwischen 1198 und 1431 wurden zweiundsiebzig Prozesse angestrengt, von denen sechsunddreißig erfolgreich waren.[19] So ist es möglich, dass auch die Verehrer Hildegards »den Mangel der Aufnahme in den Katalog der Heiligen nicht allzu schwer empfanden«[20]. Die meisten neuen Heiligen wurden auch weiterhin ohne päpstliche Kanonisation in lokalen Kulten verehrt.

Der Unterschied zwischen bischöflicher und päpstlicher Kanonisation ging im Spätmittelalter im Unterschied zwischen »beati« und »sancti«, »Selige« und »Heilige« auf. Während für die »Seligen« ein lokaler Kult gepflegt wurde, der in die bischöfliche Zuständigkeit fiel, bezog sich die Verehrung der vom Papst kanonisierten Heiligen auf die gesamte Kirche. Nach der päpstlichen Anerkennung wurden die Heiligen in das »Martyrologium Romanum« aufgenommen. Die im Kern bis heute geltenden Regeln legte im Jahr 1735 Clemens II. fest. Die Voraussetzung für eine Kanonisation ist die vorausgehende Seligsprechung, ein formelles Kanonisationsverfahren sowie wenigstens zwei Wunder, die auf die Fürbitte des angehenden Heiligen hin gewirkt wurden.

Wie im weiteren Verlauf des Mittelalters in der Rezeptionsgeschichte das Interesse an Hildegard abflacht, hält sich auch
der Kult in Grenzen. Im 13. Jahrhundert trat das Interesse an
Heiligen aus dem Benediktiner- bzw. Zisterzienserorden in
den Hintergrund. Populär waren nun die neuen Heiligen aus
den Bettelorden wie Franz von Assisi. So blieb der Kult Hildegards regional beschränkt und war selbst in diesem kleinen
Rahmen nicht sehr bedeutend. Im Grunde handelt es sich bei
ihr um eine »lokale Klosterheilige«[21], und selbst hier kam ihr
nach dem Klosterpatron St. Rupertus nur der zweite Rang zu.

Noch einmal nahm im 15. Jahrhundert der Mainzer Erzbischof Berthold von Henneberg die Frage der Kanonisation in
Angriff. Er ließ Hildegards Grab öffnen in der Hoffnung, hier
die Urkunde ihrer Heiligsprechung zu finden – vergeblich.
Dennoch wurde Hildegard im Jahr 1584 in das Martyrologium Romanum, das Verzeichnis der Heiligen und Seligen,
aufgenommen. Ihr liturgischer Gedenktag ist ihr Todestag,
der 17. September.

Nachdem das Kloster Eibingen im Jahr 1802 im Rahmen
der Säkularisation aufgehoben wurde, ging auch die Verehrung Hildegards zurück. Im Rahmen der katholischen Er-
neuerungsbewegung nahm sie allerdings bald wieder zu. Am
17. September 1857 feierten die Diözesen Limburg, Mainz
und Trier erstmals gemeinsam das Hildegard-Fest. Das einstige Klosterfest war zu einem Ereignis der regionalen Verehrung geworden, bei dem die Reliquien Hildegards durch
Eibingen getragen wurden (und weiterhin werden). Mit der
Besiedelung des oberhalb Eibingen entstandenen neuen Klosters »St. Hildegard« am 17. September 1904 nahm die Verehrung Hildegards einen erneuten Aufschwung.

Die Hildegard-Renaissance der siebziger Jahre des 20. Jahrhunderts zeigte auch in der katholischen Amtskirche Wirkung.
Im Jahr 1979 wurde von der deutschen Bischofskonferenz der
Antrag gestellt, Hildegard zur Kirchenlehrerin zu erheben –
ein Titel, der an herausragende Theologen und Theologinnen
aus der Reihe der Heiligen, die sich in Lehre und Glaubens-
vermittlung verdient gemacht haben, verliehen wird. Auf-

grund der fehlenden formellen Heiligsprechung Hildegards erfolgte die Erhebung nicht. Im Jahr 1987 wurde daher von der Bischofskonferenz die Heiligsprechung und erneut die Erhebung in den Rang der Kirchenlehrerin beantragt. Papst Benedikt XVI. beauftragte im Januar 2011 die Kongregation für Heiligsprechungen im Vatikan mit der Wiederaufnahme des Verfahrens. Die offizielle Heiligsprechung Hildegards erfolgte am 10. Mai 2012, die Erhebung zur Kirchenlehrerin am 7. Oktober des gleichen Jahres.

Heilige, Reliquien und Wunder sind als Teil des mittelalterlichen Weltbildes eine historische Gegebenheit. Heute sind sie eine Frage des Glaubens, wie auch die kirchlichen Ehrungen Hildegards vor allem eine Angelegenheit des Glaubens sind. Zugleich zeichnet sich eine weitere Station in Hildegards Rezeptionsgeschichte ab. In den siebziger und achtziger Jahren war es vor allem die »alternative« Hildegard, die interessierte: alternativ – in der positiven Bewertung von Leib und Welt, alternativ – in der Neuerschließung theologischer Sichtweisen von Weiblichkeit, alternativ auch in ihrem Durchsetzungsvermögen im Rahmen einer Männerkirche.

War das Hildegard-Bild der vorangegangenen Jahrzehnte von Eigenständigkeit, ja Widerständigkeit geprägt, so ist es nun eine angepasste, ins Konservative gewendete Hildegard – jedenfalls in den Katechesen Papst Benedikts XVI. vom 1. September und vom 8. September 2010 – die auf der Rezeptionsbühne erscheint. Die Wertsetzungen, die der Darstellung zugrunde liegen, bestimmen auch hier – nicht anders als im übrigen Verlauf ihrer Rezeptionsgeschichte – das Bild Hildegards.

Zur querköpfigen Mystikerin, die weiterhin ihren Platz in der zeitgenössischen Hildegard-Rezeption beansprucht, gesellt sich nun die gehorsame Tochter ihrer Kirche, die sich als Visionärin von Anfang an »der Autorität weiser Personen anvertraut«. Auf diese Weise durchläuft sie die kirchliche Prüfung und erlangt die päpstliche Erlaubnis zur Niederschrift und Verbreitung ihrer Visionen. Dass sich Hildegard

»im Gehorsam der Autorität der Kirche« unterstellt, ist in diesem Hildegard-Bild von zentraler Bedeutung. Ja, es ist zwingend notwendig, da die Authentizität der Erfahrung des Heiligen Geistes an die kirchliche Anerkennung gekoppelt wird. Das klassische Konfliktpotenzial zwischen mystischer Gottunmittelbarkeit und kirchlicher Mittlerstellung (das Margareta Porete auf den Scheiterhaufen brachte und Meister Eckhardt die Verketzerung eintrug) existiert in dieser Darstellung, in der echte Mystiker immer zugleich gehorsame Mystiker sind, nicht. Mögliche Divergenzen im Verhältnis der Mystiker und Mystikerinnen zur institutionellen Kirche werden vielmehr auf das moralische Fehlverhalten der Mystiker zurückgeführt: »Und dies, meine Freunde, ist das Zeichen einer authentischen Erfahrung des Heiligen Geistes, der die Quelle jeden Charismas ist. Die Person, die mit übernatürlichen Gnaden beschenkt wird, prahlt nicht mit ihnen und stellt sie nicht zur Schau, sondern unterstellt sich im Gehorsam der Autorität der Kirche. Jede Gabe des Heiligen Geistes trägt zum Aufbau der Kirche bei, und es ist die Kirche, die wiederum durch ihre Hirten deren Authentizität anerkennt.«[22] Dass die kirchliche Anerkennung weit weniger stromlinienförmig erfolgte, ist hier kein Thema, und schon gar nicht Hildegards kluger Pragmatismus, nicht ohne Haken und Ösen, der sie an der Mehrung ihres Ansehens mitwirken ließ.

»Wenn Hildegard ihre Stimme erhob, hatten die Priester nichts zu lachen«[23], lautet eine in den Rang einer Artikelüberschrift erhobene Stilblüte (vgl. S. 51), die auf das Bild der »widerständigen« Hildegard, die auf ihren Predigtreisen den Klerus in Angst und Schrecken versetzt, anspielt. Die ins inhaltliche Gegenteil verkehrte Variante ergibt sich, wenn die »konservative« Hildegard auf Reisen geht: »Alle hörten ihr gerne zu, auch wenn sie einen strengen Ton anschlug«[24]. Von Hildegards Konflikten mit den Disibodenberger Mönchen und dem Mainzer Episkopat ist keinerlei Rede mehr. So herrscht hier nun wieder freudige Eintracht zwischen Hildegard und der sie umgebenden Geistlichkeit.

Auch das klassische Thema des widerständigen Hildegard-Bildes, die Rolle der Frau in Theologie und Kirche, greift Papst Benedikt in seiner Hildegard-Katechese auf.

Im Rahmen von Unterordnung und Gehorsam wird am Beispiel Hildegards der »besondere Beitrag von Frauen,« die »mit der ihnen eigentümlichen Intelligenz und Sensibilität über Gott und die Geheimnisse des Glaubens« sprechen, gewürdigt. Da »Eigentümlichkeit« eine Frage der Definition ist, die wiederum die Frage aufwirft, wem das Recht zukommt, das zu definieren, was als eigentümlich weiblich zu betrachten ist, dürfte sich hier die Freude bei vielen der Gewürdigten in Grenzen halten.

Bereits in Hildegards Rezeptionsgeschichte spielt ihre Predigt gegen die Katharer eine bedeutende Rolle, wobei die mittelalterliche Sekte als Folie für die Konflikte in den jeweiligen Epochen diente. Die Inhalte wechselten, die polemische Schärfe der Auseinandersetzung blieb sich gleich, da die jeweilige mit den Katharern identifizierte Partei sich in der Traditionsfolge der Ketzer wiederfand. Im Jahr 2010 rückt Hildegards Ketzerpredigt erneut in den Fokus, ja, im Rahmen der päpstlichen Katechese ist sie der wohl interessanteste, da untergründig aktuellste Punkt: »Die Katharer – was wörtlich die »Reinen« bedeutet – schlugen eine radikale Kirchenreform vor, um die Missbräuche des Klerus zu bekämpfen. Sie (Hildegard) warf dieser Gruppe vor, die Natur der Kirche selbst verändern zu wollen und erinnerte daran, dass eine wahre Erneuerung der kirchlichen Gemeinschaft nicht aus der Änderung von Strukturen erwachsen könne, sondern nur aus einem ernsthaften Geist der Buße und einem mühevollen Weg der Umkehr.« Auch hier gilt das Interesse nicht Hildegards historischer Ketzerpredigt. Eigentliches Thema ist die Auseinandersetzung um strukturelle Reformen innerhalb des Katholizismus, ein Streit, der aufgrund der Missbrauchsskandale in der katholischen Kirche, die in jüngerer Vergangenheit aufgedeckt wurden, neue Brisanz gewonnen hat. Die ins Konservative gewendete Hildegard bezieht – wie nicht anders zu erwarten – aufseiten der Traditionalisten Stellung

und betont, dass die Lösung keinesfalls in strukturverändern-
den Reformen der katholischen Kirche bestehen kann: »Dies
ist eine Botschaft, die niemals vergessen werden darf.«[25] ...
Niemals bedeutet – wie die Rezeptionsgeschichte Hildegards

Christus, Maria und die Schar der Heiligen und Seligen.
Giusto di Giovanni de' Menabuoi: Christus, Maria und die
Scharen der Heiligen und Seligen (aus: Das Paradies) 1375/76.

lehrt – einstweilen. Gleich ob mit oder ohne offizielle Kanonisation, über den Lauf der Jahrhunderte hinweg zeigte sich
die Heilige kampferprobt. Aufseiten der Protestanten stritt
sie gegen die Katholiken und aufseiten der Katholiken gegen
die Protestanten (vgl. S. 31 f.). Auch ein (rezeptionsgeschicht-
liches) Leben zwischen den Fronten ist sie daher gewohnt. In
welche Richtung die Waagschale diesmal ausschlagen wird?
Auf jeden Fall ist es ratsam, die historische Hildegard aus
dem Streit der Parteiungen herauszuhalten. Die visionäre
Theologin, standesbewusste Vorsteherin zweier Klöster und
Prophetin der Endzeit hatte die Probleme des 12. Jahrhunderts im Sinn, nicht die des 21. Jahrhunderts. So sind es
unterschiedliche moderne Lesarten ihrer Werke und folg-

lich unterschiedliche Hildegard-Bilder, die in der Gegenwart miteinander konkurrieren. Ob konservativ oder alternativ, verharrend oder öffnend: Aus Hildegards Werk belegen lässt sich letztendlich beides. Sicher ist nur Hildegards bleibende Lebendigkeit – und die ist allemal für eine überraschende Kehrtwende gut.

ANHANG

Anmerkungen (Abkürzungen siehe S. 247 f.)

Kapitel 1
Frühe Jahrzehnte

1 Embach 471.
2 L 52.
3 Kl 100.
4 Vauchez, André: Der Heilige, in: Der Mensch im Mittelalter, hrsg. v. Jacques Le Goff, Frankfurt, New York 1992, 341.
5 Kl 101.
6 Kl 104.
7 LJ 69 ff. Zur Frühzeit vgl. auch: Felten, Franz J. : Was wissen wir über das Leben Juttas und Hildegards auf dem Disibodenberg und auf dem Rupertsberg?, in: Falko Daim, Antje Kluge-Pinsker (Hrsg.): Als Hildegard noch nicht in Bingen war. Der Disibodenberg – Archäologie und Geschichte, Regensburg, Mainz 2009.
8 LJ 70 f.
9 Kl 103.
10 Kl 104.
11 Kl 104.
12 Felten, Franz J. : Hildegard von Bingen zwischen Reformaufbruch und Bewahrung des Althergebrachten. Mit einem Exkurs über das Leben der Reformbenediktinerinnen auf dem Disibodenberg, in: Spiritualität im Europa des Mittelalters, St. Augustin 1998, 143 ff.
13 Felten, s. o. 143.
14 Felten, s. o. 146.
15 B 231.
16 Zit. nach Signori, Gaby: Ohnmacht des Körpers – Macht der Sprache, Reklusion als Ordensalternative und Handlungsspielraum für Frauen, in: Ludi, Regula (Hrsg.): Frauen zwischen Anpassung und Widerstand, Zürich 1990, 31.
17 Vgl. Ranff, Viki: Haben Hildegards Visionen Quellen?, in: Bäumer-Schleinkofer, 105 ff.

18 Sci 89.

19 Dempf, Alois: Sacrum Imperium, Darmstadt 2. Aufl. 1954, 262.

20 Prinz, Friedrich: Das wahre Leben der Heiligen. Zwölf histori-
    sche Porträts von Kaiserin Helena bis Franz von Assisi, München
    2003, 218.

21 Kl 106.

22 LJ 72.

23 L 72.

24 L 54.

25 B 110.

26 LJ 77 f.

27 LJ 71.

28 LJ 78.

Kapitel 2
Hildegard im Spiegel der Zeiten

1 Hertzka, Gottfried, Strehlow, Wighard: Die Edelsteinmedizin
   der heiligen Hildegard, Freiburg i. Brsg. 1987³, 11.

2 Embach 397 ff.

3 Vgl. Dinzelbacher, Peter: Elisabeth von Schönau, in: Mein Herz
   schmilzt wie Eis im Feuer, Die religiöse Frauenbewegung des
   Mittelalters in Porträts, Hrsg. Johannes Thiele, Stuttgart 1988, 60.

4 Vgl. Meier, Christel: Nostris temporibus necessaria, Wege und
   Stationen der mittelalterlichen Hildegard-Rezeption, in: FS Johannes Rathofer, Köln, Wien, 1990, 307–325.

5 Zit. nach Jürgensmeier, Friedhelm: St. Hildegard ›prophetissa
   teutonica‹ in: FS Brück, 284.

6 Zit. nach: Newman, Barbara: Seherin-Prophetin-Mystikerin.
   Hildegard von Bingen in der hagiographischen Tradition, in:
   Prophetin durch die Zeiten, 133.

7 Newman 134.

8 Embach 456.

9 Zit. nach Jürgensmeier, Friedhelm, s. o., 286 f.

10 Zit. nach: Newman, Barbara, s. o., 134.

11 Zit. nach Dronke, Peter: Sibylla-Hildegardis, Hildegard und die
    Rolle der Sibylle, in: Prophetin durch die Zeiten, 116.

12 Zit. nach Jürgensmeier, 288.
13 Vgl. Hinkel, Helmut: St. Hildegards Verehrung im Bistum Mainz, in FS Brück, 391.
14 Vgl. Embach 465 ff.
15 Zit. nach Sudbrack, Josef: Erfahrung einer Liebe, Teresa von Avilas Mystik als Begegnung mit Gott, Freiburg, Basel, Wien 1979, 24.
16 Zit. nach Jürgensmeier, 289.
17 Zit. nach Jürgensmeier, 289.
18 Zit. nach Jürgensmeier, 290.
19 Zit. nach Aris, Marc-Aeilko: Die verlorene Hildegard. Lesehemmungen und Lesevorlieben im 19. Jahrhundert, in: Haverkamp, 611 f.
20 Görres, Johann Joseph: Die Christliche Mystik, Bd.1., Regensburg und Landshut 1836, 286 ff.
21 Zit. nach Aris, 614.
22 Aris, 620.
23 Hinkel, Helmut: St. Hildegards Verehrung im Bistum Mainz, in: FS Brück, 403.
24 Rahner, Karl: Visionen und Prophezeiungen, hrsg. v. Josef Sudbrack, Freiburg, Basel, Wien 1989, 61 ff.
25 Kl 40.
26 Otto von Freising, Die Taten Friedrichs oder richtiger Chronica, übers. v. Adolf Schmidt, Darmstadt 1974, 271.

Kapitel 3
Vision, Mystik und Prophetie

1 Dinzelbacher, Peter: Vision und Visionsliteratur im Mittelalter, Stuttgart 1981.
2 Dinzelbacher, Peter: Die Offenbarungen der Elisabeth von Schönau, in: ders.: Mittelalterliche Frauenmystik, Paderborn 1993, 63.
3 Sci 89 f.
4 L 78.
5 L 73.
6 B 26.

7 Dinzelbacher, Peter: Bernhard von Clairvaux, Darmstadt 1998, 312.

8 L 57.

9 L 73.

10 Felten, Franz J.: Hildegard von Bingen 1198–1998 oder: Was bringen Jubiläen für die Wissenschaft?, in: Deutsches Archiv für Erforschung des Mittelalters 59/1 (2003), 178.

11 Felten, s. o., 178

12 Ruh, Kurt: Geschichte der abendländischen Mystik, Bd.1, München 1990, 14 f.

13 Schriften, Bd. 5, übers. von Agnes Wolters, Wittlich 1937, 317.

14 Hildegard von Bingen, Schau der kosmischen Ganzheit, Würzburg 1995, 126 ff.

15 Dinzelbacher, Peter: Christliche Mystik im Abendland, Paderborn, München, Wien, Zürich 1994, 149.

16 McGinn, Bernard: Die Mystik im Abendland Bd. 2, Freiburg, Basel, Wien 1994, 514.

17 L 81.

18 Getrude von Helfta: Gesandter der göttlichen Liebe, übers. v. Johanna Lanczkowski, Darmstadt 1989, 552.

19 Mechthild von Magdeburg: Das fließende Licht der Gottheit, übers. v. Margot Schmidt, Einsiedeln 1955, 47.

20 Zit. nach Dinzelbacher, Peter: Mittelalterliche Frauenmystik, Paderborn 1993, 263.

21 Mechthild von Magdeburg, s. o., 47.

22 L 73.

23 B 169.

24 B 146.

25 B 163.

26 Kl 82 f.

27 LVM 86.

28 LDO 21.

29 L 71.

30 B 226.

31 Meier, Christel: Prophetentum als literarische Existenz, in: Gisela Brinker-Gabler: Deutsche Literatur von Frauen, 1. Bd. München 1988, 78.

32 Meier, Christel, s. o., Bd. 3, 29.

33 Ulrich, Ingeborg: Hildegard von Bingen, Mystikerin, Heilerin, Gefährtin der Engel, München 1990, 206 f.

34 Flasch, Kurt:, in: Frankfurter Allgemeine Zeitung, 14. April 1998, 42.

35 Zit. nach Ketsch, Peter: Frauen im Mittelalter, Frauenbild und Frauenrechte in Kirche und Gesellschaft, Bd.2, Düsseldorf 1984, 51.

36 Genesis Homilie c. 4,4, zit. nach Ketsch, s. o., 45.

37 Augustinus, Über den Wortlaut der Genesis 9. Buch, c.3, c.5. Zit. nach Ketsch, 49 f.

38 Thomas von Aquin, Summa Theologica I, zit. nach Ketsch, 76.

39 Zit. nach Dinzelbacher, Peter: Mittelalterliche Frauenmystik, Paderborn 1993, 44.

40 Muraro, Luisa: Vilemina und Mayfreda, Die Geschichte einer feministischen Häresie, übersetzt von Martina Kempter, Freiburg 1987, 234.

41 Muraro 265

Kapitel 4
Aufbruch zum Rupertsberg

1 L 58.

2 L 77.

3 L 60 f.

4 L 77.

5 L 58 ff.

6 L 62.

7 Kultur des europäischen Mittelalters, München, Zürich 1970, 470.

8 L 63.

9 B 105.

10 B 232 f.

11 B2, 507.

12 B2, 508.

13 B2, 508.

14 Kotzur 98.

15 Bedürftig, Friedemann: Taschenlexikon Staufer, München 2000 17.

16 B2, 374.
17 Altenburg, Tilo: Soziale Ordnungsvorstellungen bei Hildegard von Bingen, Stuttgart 2007, 140f. Anm. 170.
18 B2, 509.

Kapitel 5
Irdische und himmlische Ordnung der Stände

 1 Haverkamp, Alfred: Tenxwind von Andernach und Hildegard von Bingen. Zwei ›Weltanschauungen‹ in der Mitte des 12. Jahrhunderts, in: Lutz Fenske (Hrsg.) Festschrift Josef Fleckenstein, Institutionen, Kultur und Gesellschaft im Mittelalter, Sigmaringen 1984, 515–548.
 2 B 201.
 3 B 203.
 4 L 79.
 5 Sci 261.
 6 Sci 2, 188.
 7 B2, 171f.
 8 Die Benediktsregel, übers. v. Georg Holzherr, Zürich, Einsiedeln, Köln 1982, 66.
 9 B 201.
10 B 202.
11 Symph 107.
12 LVM 283.
13 Vgl. Altenburg, Tilo: Soziale Ordnungsvorstellungen bei Hildegard von Bingen, Stuttgart 2007, 196ff.
14 Das Leben der heiligen Theresia von Jesu, übers. v. Aloysius Alkofer, München und Kempten 1989[7], 475.
15 L 79f.
16 B 95.
17 B 95.
18 B 96.
19 B 98.
20 B 33.
21 B 99.
22 B 100.

Kapitel 6
Gottesbeziehung im Wandel

1 LDO 83.
2 Zit. nach Schipperges, Heinrich: Die Welt der Engel bei Hildegard von Bingen, Salzburg 1963, 66.
3 Bernhard von Clairvaux, Schriften Bd.3, übers. v. Agnes Wolters, Wittlich 1937, 284 ff.
4 Schriften, Bd.5, übers. v. Agnes Wolters, Wittlich 1937, 231 f.
5 Mechthild von Magdeburg: Das fließende Licht der Gottheit, hrsg. v. Margot Schmidt, Einsiedeln, Zürich, Köln 1956, 165.
6 Das Leben der Schwestern zu Töss, übertragen von Margarete Weinhandl, München 1921, 194.
7 Schipperges, Heinrich: Vorwort zu Hildegard von Bingen, Olten 1978, 14.
8 LDO 298.
9 LVM 49.
10 LVM 218 f.
11 LVM 121.
12 LVM 124 f.
13 LVM 248 f.
14 LVM 250.
15 LVM 173.
16 LVM 70.
17 LVM 76.
18 LVM 269.
19 LDO 49.
20 LDO 200.
21 Franz von Assisi: Die Werke, Fioretti, übers. v. Wolfram von den Steinen und Max Kirschstein, Zürich 1979.
22 Das Leben des heiligen Bernhard von Clairvaux, übers. v. Paul Sinz, Düsseldorf 1963, 72 f.

Kapitel 7
Das Buch der göttlichen Werke und das kosmische Kaleidoskop

1 LDO 22.

2 B 164.

3 L 97.

4 LDO 166.

5 LDO 202.

6 Vgl. Führkötter, Adelgundis: Die Gotteswerke, Vom Sinn und Aufbau des Liber divinorum operum der heiligen Hildegard, in: Benediktinische Monatsschrift 29, 1953, 195–204; 306–314.

7 LDO 25.

8 LDO 59.

9 LDO 44 f.

10 LDO 55.

11 LDO 86.

12 LDO 281.

13 Gurjewitsch, Aaron J.: Das Weltbild des mittelalterlichen Menschen, München 1980, 70.

14 Vgl. Ohly, Friedrich: Vom geistigen Sinn des Wortes im Mittelalter 14 f., in: ders.: Schriften zur mittelalterlichen Bedeutungsforschung, Darmstadt 1983.

15 Meier, Christel: Zwei Modelle von Allegorese im 12. Jahrhundert: Das allegorische Verfahren Hildegards von Bingen und Alans von Lille, in: Formen und Funktionen der Allegorie. Symposion Wolfenbüttel 1978. Hrsg. v. W. Haug, Deutsche Vierteljahresschrift für Literaturwissenschaft und Geistesgeschichte, Schriftenreihe Bd.1, 1979, 70–89, 72.

16 Meier, Christel: Die Bedeutung der Farben in der Welt Hildegards von Bingen, in: Frühmittelalterliche Studien 6/1972, 245–355.

17 LVM 159.

18 Sci 268.

19 Böckeler, Maura: Der einfältige Mensch, im Anhang Sci, 400.

20 LDO 152.

21 Vgl. Schmidt, Margot: Zur Bedeutung der geistlichen Sinne bei Hildegard von Bingen, in: Tiefe des Gotteswissens, 117–142.

22 LDO 155.

23 LDO 156.

24 LDO 158.

25 LDO 161.

26 Zit. nach Schmidt s. o., 133 f.

27 Vgl. LDO 92.

28 LDO 54.

29 Symph 109.

30 Die göttliche Komödie, 3. Bd. übers. v. Hermann Gmelin, 2. Aufl., Stuttgart 1970, Bd. I. Inf. VII, 61 ff, 85 ff.

31 Gmelin III, Par. XXIII, 73 ff, 397.

32 LDO 210.

33 LDO 45.

34 Gmelin III, Par. XXVII, 319.

Kapitel 8
Historie oder Orientierung für die Gegenwart?

1 LDO 165.

2 LDO 212.

3 LDO 264.

4 Das wahre Buch vom quellenden Urgrund, übers. v. Richard Wilhelm, München 1996, 5. Aufl., 68 f.

5 Gerl-Falkovitz, Hanna-Barbara: Brückenschlag. Ein Versuch zur Aktualität der Hildegard von Bingen, in: Prophetin durch die Zeiten, 41.

6 Southern, Richard W.: Medieval Humanism and other studies, Oxford 1970, 31.

7 LDO 183.

8 LDO 168.

9 Zit. nach Gössmann: Einige Bemerkungen zum Menschenbild bei Hildegard von Bingen, 30; in: Elisabeth Gössmann: Hildegard von Bingen, Versuche einer Annäherung, München 1995.

10 Sci 2, 139.

11 Sci 133.

12 LDO 278.

13 LDO 100.

14 LDO 80.

15 Das Leben der heiligen Theresia von Jesu, übers. v. Aloysius Alkofer, München und Kempten 7. Aufl. 1989, 210.

16 LDO 167.

17 LDO 63.

18 LDO 137.

19 Sci 2, 28.

20 Sci 2, 29.

21 Vgl. Höing, Annette:»Gott, der ganz Reine, will keine Unreinheit.« Die Reinheitsvorstellungen Hildegards von Bingen aus religionsgeschichtlicher Perspektive, Münsteraner Theologische Abhandlungen Bd. 63, Altenberge 2000, 178 ff. Zitat 185.

22 Sci 2, 434.

23 Newman, Barbara: Hildegard von Bingen, Schwester der Weisheit, Freiburg, Basel, Wien 1995, 162.

24 Sci 2, 29.

25 Sci 2, 23.

26 Sci 2, 273.

27 LDO 196 f. vgl. Sci2, 272 ff.

28 Höing 188 ff.

29 B 140.

30 Gössmann, Elisabeth: Zur theologischen Bedeutung der Mutterschaftssymbolik bei Hildegard von Bingen, in: Tiefe des Gotteswissens, 99 ff., Zitat 111.

31 Vgl. Newman, Barbara, s. o, 124.

32 Gössmann, Elisabeth:»Ipsa enim quasi domus sapientiae«, Die Frau ist gleichsam das Haus der Weisheit. Zur frauenbezogenen Spiritualität Hildegards von Bingen, in:»Eine Höhe über die nichts geht« spezielle Glaubenserfahrungen in der Frauenmystik? hrsg. v. Margot Schmidt, Dieter R. Bauer, Stuttgart 1986, 7 ff.

33 Sci 2, 271.

34 Sci 2, 271.

35 Sci 2, 138.

36 LDO 126.

37 L 91.

38 LDO 53.

39 LVM 102.

40 LVM 181.

41 LVM 133 f.

42 LVM 94.

43 Ich und Du, Stuttgart 1995, 112.

44 Zwiesprache, in: Das dialogische Prinzip, Heidelberg 1984, 5. Aufl., 161.

45 Der Einzelne in der Verantwortung, in: Das dialogische Prinzip, 240.

46 Ich und Du, 90.

47 Sci 137.

48 Zit. nach Böckeler, Maura: ›Der einfältige Mensch‹, im Anhang zu Sci, 385. Zu Carlevaris: Sie kamen zu ihr, um sie zu befragen Hildegard und die Juden, in Haverkamp, 117ff, vgl. die Kritik in Felten: Hildegard von Bingen oder: Was bringen Jubiläen für die Wissenschaft 175 f. Anm. 46.

49 B 25.

50 Buber, Martin: Die Erzählungen der Chassidim, Zürich 1987, 10 Aufl., 192.

51 Glasenapp, Helmuth von: Die fünf Weltreligionen, München 1996, 142 ff.

52 Konfuzius: Gespräche des Meisters Kung (Lun Yü), übers. v. Ernst Schwarz, München 1994[6], 82.

53 Die sieben Geschichten der sieben Prinzessinnen, übers. v. Rudolf Gelpke, Zürich 1959, 124 f.

54 Zit. nach Schimmel, Annemarie: Die Zeichen Gottes, Die religiöse Welt des Islam, München 1995, 48.

55 Symph 136.

Kapitel 9
Natur- und Heilkunde

1 Müller, Irmgard: Zur Verfasserfrage der medizinisch-naturkundlichen Schriften, in: Tiefe des Gotteswissens, 1–11.

2 LVM 27.

3 Hildegard von Bingen. Physica, Liber subtilitatum diversarum creaturarum. Textkritische Ausgabe, hrsg. v. Reiner Hildebrandt und Thomas Gloning, 2 Bde., Berlin, New York 2010.

4 Müller, Irmgard: Die Bedeutung der lateinischen Handschrift Ms. Laur. Ashb. 1323 (Florenz, Biblioteca Medicea Laurenziana)

für die Rekonstruktion der ›Physica‹ Hildegards von Bingen und ihre Lehre von den natürlichen Wirkkräften, in: Haverkamp, 440.

5 Schrader, Marianna; Führkötter, Adelgundis: Die Echtheit des Schrifttums der heiligen Hildegard von Bingen, Graz 1956.

6 Zu diversen Einzelthemen vgl. Riethe, Peter: Hildegard von Bingen. Eine aufschlussreiche Begegnung mit ihrem naturkundlich-medizinischen Schrifttum, Marburg 2011.

7 Schmidt, Margot: Erträge und Ausblicke, in: Tiefe des Gotteswissens 224.

8 Hw 186.

9 Pawlik, Manfred: Einleitung zu Heilwissen 11. Vgl. Sci 115 f.

10 Schipperges, Heinrich: Diätetische Lebensführung nach der ›Regula Benedicti‹ bei Hildegard von Bingen, in: Arzt und Christ 26 (1980), 28.

11 Hw 180.

12 Hw 182.

13 Sci 118.

14 LVM 33 f.

15 Homo patiens, Zur Geschichte des kranken Menschen, München 1985, 14.

16 Sontag, Susan: Krankheit als Metapher, München-Wien 1978, 62.

17 Vgl. Embach 392.

18 Riehe, Peter: Fabel und Mischwesen im Liber simplicis medicinae, in: ders., Hildegard von Bingen, Marburg 2011, 56.

19 BvT 91 f.

20 BvT 87.

21 BvT 123.

22 BvS 44.

23 Hertzka, Gottfried; Strehlow, Wighard: Die Edelsteinmedizin der heiligen Hildegard. Freiburg i. Brsg., 1987, 3. Aufl. 117.

24 LVM 225.

25 LVM 224.

26 LVM 240 f.

27 LVM 253.

28 Gedichte 1789–1805. In: Sämtliche Werke, hrsg. v. Gerhard Fricke und Herbert G. Göpfert, Bd. 1, München 1962, 247.

29 L 69.

30 Vgl. Embach 252 ff.

31 LVM 27.

32 B2, 31.

33 Embach 269.

34 B 117.

Kapitel 10
Öffentliche Predigt und heilsgeschichtlicher Auftrag

1 Vgl. Klaes 20, Anm. 46 und Franz J. Felten, Hildegard von Bingen 1198–1998 oder: Was bringen Jubiläen für die Wissenschaft?, in: DA 59 (2003), 185, Anm. 85.

2 KL 42 f.

3 L 110 f.

4 B 167.

5 B 168.

6 B2, 281.

7 Kl 72.

8 Otto von Freising: Chronik oder die Geschichte der zwei Staaten, übersetzt von Adolf Schmidt, Darmstadt 1980, 559.

9 Sci 335 f.

10 Sci 330ff.

11 LDO 293 ff.

12 Sci 337.

13 L 71.

14 LDO 293.

15 Sci 334.

16 Sci 2,562.

17 Sci 150.

18 B 170.

19 B 2,568 ff.

20 B 171.

21 B 2,321.

22 B 171.

23 Vgl. Grundmann, Herbert: Der Typus des Ketzers in mittelalterlicher Anschauung, in: ders., Ausgewählte Aufsätze, Stuttgart 1976, 314 f.

24 Schipperges, Heinrich: Hildegard von Bingen, München 1995, 27.

25 Sci 346.

26 Vgl. Grundmann, Herbert: Religiöse Bewegungen im Mittelalter, Darmstadt 1974, 18 ff.

27 Zit. nach Kölner Königschronik, übers. v. Karl Platner, Geschichtsschreiber der deutschen Vorzeit Bd. 69, Leipzig 1896, 91.

28 Van Acker, Lieven: Der Briefwechsel der heiligen Hildegard von Bingen. Vorbemerkungen zu einer Edition. Revue Bénédictine 98 (1988) 141–168 u. 99 (1989) 118–154. A. 167.

29 B 27.

30 Klaes, Monika: Von der Briefsammlung zum literarischen Briefbuch, Anmerkungen zur Überlieferung der Briefe Hildegards von Bingen, in: Prophetin, 166. 153–170.

31 Van Acker, s. o., 141.

32 LVM 27.

33 Van Acker, s. o., 147.

Kapitel 11
Rechtes Maß und Grünkraft

1 Hozeski, Bruce W.: Hildegards von Bingen ›Liber vitae meritorum‹, in: Tiefe des Gotteswissens, 206.

2 Holzherr, Georg: Die Benediktsregel, Einsiedeln 1982, 300, Kapitel 64.

3 B2, 295 f.

4 LDO 99.

5 LDO 145.

6 LDO 182.

7 B 199.

8 LVM 94.

9 LVM 113.

10 LVM 113.

11 LVM 94.

12 LDO 73.

13 B2, 306.

14 B2, 428.

15 Van Acker, Lieven: Der Briefwechsel zwischen Elisabeth von

Schönau und Hildegard von Bingen, in: Instrumenta Patristica 23 (1991), 409–417.

16 LDO 99.

17 B 199.

18 Porete, Margareta: Der Spiegel der einfachen Seelen, Zürich und München 1987, 23.

19 Porete, Margareta: Der Spiegel, s. o. 123.

20 Deutsche Predigten und Traktate, übers. v. Josef Quint, München 1979, 61.

21 Deutsche Predigten und Traktate, s. o. 73.

22 B 109.

23 LDO 131.

24 LDO 235 f.

25 LDO 167.

26 LDO 122.

27 Sci 133.

28 LDO 137.

29 LDO 269.

30 LDO 128.

31 LVM 131.

32 LDO 130.

33 LVM 145.

34 LVM 148.

35 LVM 110.

36 LDO 47.

37 LDO 158.

38 LDO 128.

39 B2, 300.

40 Zit. nach McGinn, Bernard: Die Mystik im Abendland, Bd.2, Freiburg, Basel, Wien 1994, 514.

41 Vgl. Elisabeth von Schönau: Werke, eingeleitet, kommentiert und übersetzt von Peter Dinzelbacher, Paderborn, München, Wien, Zürich 2006.

42 Oehl, Wilhelm: Deutsche Mystikerbriefe, München 1931, 142.

43 Zit. nach Dinzelbacher, Peter: Elisabeth von Schönau, in: Mein Herz schmilzt wie Eis im Feuer, Die religiöse Frauenbewegung des Mittelalters in Porträts, hrsg. v. Johannes Thiele, Stuttgart 1988, 61 f.

44 Zit. nach Beyer, Rolf: Vision und Ekstase, Mystikerinnen des Mittelalters, Bergisch Gladbach 1989, 103.
45 Oehl, s. o.,148 f.
46 B 197.

Kapitel 12
Ein hartnäckiger Dämon

1 L 115.
2 L 116f; vgl. B2131ff.
3 L 112 ff.
4 L 117.
5 L 118.
6 L 121.
7 Das Leben der heiligen Theresia von Jesu, übers. v. Aloysius Alkofer, München und Kempten 1989, 7. Aufl., 243 ff.
8 Vgl. Klaes, 45.
9 Dinzelbacher, Peter: Angst im Mittelalter, Paderborn 1996, 59.
10 L 122.
11 L 124.
12 Teresa von Avila: Weg der Vollkommenheit, Leutesdorf, 2. Aufl. 1993, 155.
13 L 124 f.
14 B2, 297.
15 B 53 f.

Kapitel 13
Welt- und Seelenharmonie

1 L 69.
2 Vgl. u. a. Stühlmeyer, Barbara: Die Gesänge der Hildegard von Bingen. Eine musikologische, theologische und kulturhistorische Untersuchung, Hildesheim, Zürich, New York 2003.
3 B 100.
4 B 239.
5 Die Unsichtbare Loge, hrsg. v. Norbert Miller, Wien 1960, 60.
6 B 240.

7 B 240.

8 B 236 ff.

9 LVM 209 f.

10 Zit. nach Echtermeyer: Deutsche Gedichte, Düsseldorf 1968, 369.

11 LVM 286.

12 LDO 171.

13 B 39.

14 Schneider, Marius: Die Schöpfungsriten, in: ders., Klangsymbolik in fremden Kulturen, Beiträge zur harmoikalen Grundlagenforschung, Wien 1979, 12.

15 Zit. nach Zipp, Friedrich: Vom Urklang zur Weltharmonie. Werden und Wirken der Idee der Sphärenmusik, Kassel 1998, 45.

16 Zipp 44.

17 Zipp 46.

18 Hammerstein, Reinhold: Musik der Engel, Untersuchungen zur Musikanschauung des Mittelalters, München 1962, 118.

19 Hammerstein, s. o., 116.

20 Die Benediktsregel: Eine Anleitung zum christlichen Leben, s. o., 162.

21 Seuse, Heinrich: Deutsche mystische Schriften, Düsseldorf 1986, 307 f.

22 LVM 193.

23 LVM 88.

24 LVM 181.

25 LVM 226.

26 LVM 227.

27 LVM 243.

28 LDO 171.

29 Pir Zia Inayat Khan: Gott erklingt als Symphonie, in: Christoph Quarch (Hrsg.): Unsere Welt ist heilig. Auf dem Weg zu einer globalen Spiritualität, Freiburg, Basel, Wien 2009, 40 f.

30 Thich Nhat Hanh: Vor allem eines – Achtsamkeit, in: Quarch, s. o., 27.

31 Zit. nach Godwin, Joscelyn: Musik und Spiritualität, Bern, Wien, München 1989, 91.

32 Dschalaluddin Rumi: Licht und Reigen, übers. v. Johann Christoph Bürgel, Bern, Frankfurt a. M. 1974, 116.

33 Zit. nach Schimmel, Annemarie: Rumi, Ich bin Wind und du bist Feuer, München 1978, 208.
34 LVM 292 f.
35 Licht und Reigen, 131.
36 B 231.
37 Zit. nach Jockel, Rudolf: Islamische Geisteswelt, Darmstadt 1954, 224.

Kapitel 14
Letzte Kämpfe und Beginn des Heiligenkultes

1 B 165.
2 B2, 33 f.
3 B 237.
4 B 242 f.
5 B 245.
6 Porete, Margareta: Der Spiegel der einfachen Seelen. Wege der Frauenmystik, übers. v. Louise Gnädinger, Zürich und München 1987.
7 L 132.
8 Vgl. Angenendt, Arnold: Heilige und Reliquien. Die Geschichte ihres Kultes vom frühen Christentum bis zur Gegenwart, 2. überarb. Aufl., Hamburg 2007, 149 ff.
9 Vgl. Lauter, Werner: Hildegard von Bingen – Reliquien und Reliquiare. Versuch eines Überblicks, in: Im Angesicht, 503 ff.
10 L 132.
11 Simon, Adelheid: Die Reliquien der heiligen Hildegard und ihre Geschichte, in: FS Brück, S. 373. ′
12 Simon, s. o., 373.
13 Simon, s. o., 378.
14 Simon, s. o., 380.
15 Sci 351.

Kapitel 15
Zur Heiligsprechung Hildegards

1 L 132.
2 Newman, Barbara: Seherin, Prophetin, Mystikerin, in: Prophetin durch die Zeiten, 141 f.
3 vgl. Klaes 245 ff.
4 Klaes 265.
5 Klaes 269.
6 Klaes 249.
7 Klaes 253 ff.
8 Klaes 277.
9 Klaes 251.
10 Klaes 253.
11 Klaes 273.
12 Vgl. Newman 143.
13 Krasenbrink, Josef: Die ›inoffizielle Heilige‹. Zur Verehrung Hildegards diesseits und jenseits des Rheins, in: Prophetin durch die Zeiten, 501.
14 Klaes 73.
15 Vgl. Angenendt, Arnold: Heilige und Reliquien. Die Geschichte ihres Kultes vom frühen Christentum bis zur Gegenwart, 2. überarb. Aufl., Hamburg 2007, 179 ff.
16 Vgl. Angenendt, s. o., 102 ff.
17 Vgl. Angenendt, s. o., 141.
18 Vgl. Angenendt, s. o., 172 ff.
19 Newman 142.
20 Einsehbar unter www.abtei-st-hildegard.de, Rubrik: Hildegard von Bingen, Georg May: Der Kanonisationsprozess Hildegards im 13. Jahrhundert, Abschnitt VIII. Ausgang.
21 Krasenbrink, Josef: Die ›inoffizielle Heilige‹, 503.
22 Katechese Papst Benedikts XVI. zu Hildegard von Bingen 1. Sept. 2010. Einsehbar unter: www.abtei-st-hildegard.de, Rubrik: Hildegard von Bingen/Hildegardverehrung.
23 Flasch, Kurt: in: Frankfurter Allgemeine Zeitung, 14. April 1998, 42.
24 Katechese Mittwoch 8. September 2010.
25 Katechese Papst Benedikts VXI. zu Hildegard von Bingen 8. Sept. 2010.

Literatur/Abkürzungen

Quellen

B Briefwechsel, übers. v. Adelgundis Führkötter, Salzburg 1965.

B2 Im Feuer der Taube. Die Briefe, vollständige Ausgabe, übers. v. Walburga Sorch, Augsburg 1997.

BvT Das Buch von den Tieren, nach den Quellen übers. und erläutert v. Peter Riethe, Salzburg 1996.

BvS Das Buch von den Steinen, nach den Quellen übers. und erläutert v. Peter Riethe, Salzburg 1979.

Hw Heilwissen, Von den Ursachen und der Behandlung von Krankheiten nach der hl. Hildegard von Bingen, übers. v. Manfred Pawlik, Augsburg 1990.

Kl Briefwechsel mit Wibert von Gembloux, hrsg. und übers. v. Walburga Storch, Augsburg 1993. Hierin auch: Die Klausnerinnen, Unvollendete Lebensbeschreibung Hildegards durch Wibert von Gembloux, 100–116.

Klaes Leben der heiligen Hildegard von Bingen, Kanonisation der heiligen Hildegard, übers. und eingeleitet v. Monika Klaes, Fontes Christiani Bd. 29, Freiburg, Basel, Wien 1998.

L Das Leben der heiligen Hildegard, berichtet von den Mönchen Gottfried und Theoderich, aus dem Lateinischen übers. und kommentiert v. Adelgundis Führkötter, Salzburg 1980.

LDO Welt und Mensch (De operatione Dei), übers. und erläutert v. Heinrich Schipperges, Salzburg 1965.

LJ Leben der Frau Jutta, Inkluse, in: Franz Staab, Aus Kindheit und Lehrzeit Hildegards, in: Prophetin durch die Zeiten, 69 ff.

LVM. Der Mensch in der Verantwortung. Das Buch der Lebensverdienste (Liber Vitae Meritorum), übers. und erläutert v. Heinrich Schipperges, Salzburg 1972.

Sci Wisse die Wege, übers. und bearbeitet v. Maura Böckeler, Salzburg 1987.

Sci2 Scivias – Wisse die Wege, übers. und hrsg. v. Walburga Storch, Freiburg, Basel, Wien 1992, vollständige Übersetzung.

Symph Symphonia, Gedichte und Gesänge, Lateinisch und Deutsch, von Walter Berschin und Heinrich Schipperges, Gerlingen 1995.

Sekundärliteratur

Bäumer-Schleinkofer, Änne: Hildegard von Bingen in ihrem Umfeld – Mystik und Visionsformen in Mittelalter und früher Neuzeit, hrsg. v. Änne Bäumer-Schleinkofer, Würzburg 2001.

Embach, Michael: Die Schriften Hildegards von Bingen. Studien zu ihrer Überlieferung und Rezeption im Mittelalter und in der Frühen Neuzeit, Berlin 2003.

FS Brück Hildegard von Bingen 1179–1979, hrsg. v. Anton Ph. Brück, Festschrift zum 800. Todestag (Quellen und Abhandlungen zur mittelrheinischen Kirchengeschichte 33), Mainz 1979.

Haverkamp, Alfred (Hrsg.): Hildegard von Bingen in ihrem historischen Umfeld. Internationaler Kongreß zum 900jährigen Jubiläum, 13.-19. September 1998, Bingen am Rhein, Mainz 2000.

Im Angesicht Gottes suche der Mensch sich selbst, Hildegard von Bingen (1098–1179), hrsg. v. Rainer Berndt, Berlin 2001.

Kotzur, Hans-Jürgen (Hrsg.): Winfrid Wilhelmy (Bearb.), Hildegard von Bingen 1098–1179, Mainz 1998.

Prophetin durch die Zeiten Hildegard von Bingen, Prophetin durch die Zeiten, Festschrift zum 900. Geburtstag, hrsg. v. Edeltraud Forster, Freiburg, Basel, Wien 1997.

Tiefe des Gotteswissens – Schönheit der Sprachgestalt bei Hildegard von Bingen, Internationales Symposium in der Katholischen Akademie Rabanus Maurus, Wiesbaden-Naurod vom 9. bis 12. September 1994, hrsg. v. Margot Schmidt, Stuttgart-Bad Cannstatt 1995 (Mystik in Geschichte und Gegenwart: Abt. 1 Christliche Mystik, Bd. 10).

Sonstige zitierte Werke finden sich in den Anmerkungen. Die Literatur zu Hildegard ist inzwischen schier unüberschaubar. Ich habe mich daher auf Grundlegendes beschränkt. Bis 1998 vgl. Hildegard von Bingen, Internationale Wissenschaftliche Bibliographie, hrsg. v. Marc-Aeilko Aris, Michael Embach, Werner Lauter, Irmgard Müller, Franz Staab, Scholastica Steinle, Mainz 1998.

Im Internet ist besonders http://www.landderhildegard.de/ zu empfehlen.

Zeittafel

1098 Geburt Hildegards. Sie ist das zehnte Kind von Hildebert und Mechthild, die aus altem, hohem Adel stammen. Der Geburtsort ist nicht sicher.

1106 Hildegard wird Jutta bzw. einer Witwe zur Erziehung und Vorbereitung auf ein geistliches Leben übergeben.

1112 Anschluss an das Mönchskloster Disibodernberg gemeinsam mit Jutta und einer weiteren jungen Frau.

spätestens im Jahr 1115 Hildegard legt zwischen ihrem 15. und 18. Lebensjahr das ewige Gelübde ab.

1136 Tod Juttas von Sponheim. Wahl Hildegards zur Magistra.

1141 Hildegard erhält im Alter von 43 Jahren den göttlichen Auftrag, ihre Visionen aufzuschreiben. Beginn mit der Niederschrift von ›Scivias‹.

1147/48 Bestätigung der Sehergabe durch Papst Eugen III.

1150 Umsiedlung auf den Rupertsberg mit etwa zwanzig Nonnen.

1151 Abschluss der Visionsschrift ›Scivias‹.

1151/52 Konflikt um Richardis.

1151–1158 Abfassung des natur- und heilkundlichen Werkes.

1154 Zusammentreffen mit Friedrich Barbarossa in der Kaiserpfalz Ingelheim.

1155 Ritt zum Disibodenberg; Streit um Klostergüter.

1158 Festschreibung der Abmachungen mit dem Kloster Disibodenberg in zwei Bestätigungsurkunden des Erzbischofs Arnold von Mainz.

1158–63 Abfassung der zweiten Visionsschrift: ›Liber vitae meritorum‹.

bis 1157 Die Sammlung der Lieder ›Symphonia celestium revelationum‹ wird abgeschlossen.

ab Ende 1150er Jahre Hildegard unternimmt mehrere Predigtreisen.

1163 Ausstellung einer Schutzurkunde für das Rupertsberger Kloster durch Friedrich Barbarossa.

1163–1174 Verfassung des dritten Visionswerkes: ›Liber divinorum Operum‹.

1165 Zweitgründung Eibingen.

1169 Exorzismus an Sigewize.

um 1170 Überarbeitung der Briefe und Zusammenstellung in einem Briefbuch durch Mönch Volmar.

1173 Tod Volmars, Propst des Klosters und Hildegards Mitarbeiter und Vertrauter.

1174 Mönch Gottfried vom Disibodenberg wird Propst und Sekretär Hildegards und beginnt mit der Abfassung ihrer Vita.

1176 Tod Gottfrieds.

1177 Wibert von Gembloux wird Hildegards Sekretär.

1178 Konflikt um einen begrabenen Edelmann. Verhängung des Interdikts über das Rupertsberger Kloster.

1179 Aufhebung des Interdikts durch den Mainzer Erzbischof Christian von Mainz.

17.9.1179 Tod Hildegards im Alter von 81 Jahren.

1226 Der Konvent des Klosters Rupertsberg beantragt die Heiligsprechung Hildegards.

1237 Das Protokoll zur Heiligsprechung genügt formalen Kriterien nicht.

Ab 1243 Die Heiligsprechung verläuft im Sande.

2012 Heiligsprechung und Erhebung zur Kirchenlehrerin.

Bildnachweis

akg-images, Archiv für Kunst und Geschichte, Berlin: S. 17, 28, 37, 60 (British Library, London), 63, 145 (British Library, London), 193, 197 (Jean-Claude Varga), 209 (British Library, London), 224 (The National Gallery, London)

The Bridgeman Art Library: S. 124 (British Library, London)